金融实践
教学案例集

COLLECTION OF
FINANCIAL PRACTICE
TEACHING CASES

区俏婷 杨 欣 程露莹
黄晓东 李 聪 李 峰
◎编著

中国财经出版传媒集团

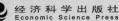

经济科学出版社
Economic Science Press

·北 京·

图书在版编目（CIP）数据

金融实践教学案例集／区俏婷等编著．－－北京：
经济科学出版社，2024．8．－－ISBN 978-7-5218-6261-4

Ⅰ．F830

中国国家版本馆 CIP 数据核字第 2024C7T430 号

责任编辑：刘战兵
责任校对：隗立娜
责任印制：范　艳

金融实践教学案例集

JINRONG SHIJIAN JIAOXUE ANLIJI

区俏婷　杨　欣　程露莹　黄晓东　李　聪　李　峰　编著

经济科学出版社出版、发行　新华书店经销

社址：北京市海淀区阜成路甲 28 号　邮编：100142

总编部电话：010 - 88191217　发行部电话：010 - 88191522

网址：www. esp. com. cn

电子邮箱：esp@ esp. com. cn

天猫网店：经济科学出版社旗舰店

网址：http：//jjkxcbs. tmall. com

北京季蜂印刷有限公司印装

710 × 1000　16 开　21.25 印张　355000 字

2024 年 8 月第 1 版　2024 年 8 月第 1 次印刷

ISBN 978 - 7 - 5218 - 6261 - 4　定价：85.00 元

（图书出现印装问题，本社负责调换。电话：010 - 88191545）

（版权所有　侵权必究　打击盗版　举报热线：010 - 88191661

QQ：2242791300　营销中心电话：010 - 88191537

电子邮箱：dbts@ esp. com. cn）

前　言

在当今全球化与数字化并行的时代，金融行业正经历着前所未有的变革与挑战。从区块链技术的兴起到人工智能在金融领域的广泛应用，从全球金融市场的波动到金融科技的迅猛发展，每一个动态都深刻地影响着经济的脉络和社会的福祉。面对这样的时代背景，培养具有前瞻性视野、扎实理论基础及实战分析能力的金融专业人才显得尤为重要。因此，我们编写了这本《金融实践教学案例集》，旨在通过真实、丰富、具有代表性的案例，为读者搭建一座理论与实践相结合的桥梁，助力其深入理解金融市场的运作机制，提升解决实际问题的能力。

《金融实践教学案例集》是一部集学术性与实用性于一体，覆盖了金融市场、金融机构、金融产品、金融风险管理和金融科技等多个维度的综合性教材。全书精选了国内外金融领域内的经典案例与事件，不仅涵盖了传统商业银行、证券投资、公司金融、金融风险管理、国际金融、金融衍生工具、金融市场、金融机构、金融监管的基础知识，还深入探讨了互联网金融、绿色金融、金融科技创新等前沿话题。每个案例均按照背景介绍、事件发展、分析评论和启示思考的结构编排，旨在为读者提供全方位、多角度的学习体验。本书在写作过程中突出了以下几个特点：

一是时代性。本书紧跟金融行业的发展趋势，特别关注了金融科技、普惠金融、绿色金融等新兴领域的案例，确保内容的前沿性和时效性。

二是全面性。选取的案例覆盖了金融市场的各个领域，包括传统银行业务、证券市场、公司金融、国际金融的基础知识，还深入探讨了供应链金融、绿色金融、金融科技创新等前沿话题以及金融监管与合规的重要议题。

三是深度与广度并重。各个案例不仅详细剖析了事件本身，还深入挖掘了其背后的经济逻辑、政策环境和社会影响，同时提供了国际比较视角，拓宽了读者的全球视野。

四是教学适用性。书中案例设计兼顾理论教学与实践操作，既适合金融学、金融工程与金融科技等专业的高年级本科与金融专业研究生教学使用，也适合作为财经类专业参考教材和金融从业人员的阅读材料。

五是启发思考。本书的案例包含正文和使用说明两部分。案例正文部分生动有趣地介绍了案例事件经过及前因后果，使用说明部分则系统地说明了案例适合对象、相关理论、案例背景、案例关键点等，每个案例结尾附有启示与思考部分，引导读者进行批判性思考，鼓励提出个人见解，提高分析和解决问题的能力。

本书根据案例的主题分为六篇。第一篇为公司金融，第二篇为绿色金融，第三篇为金融科技，第四篇为供应链金融，第五篇为商业银行，第六篇为金融风险。本书由区俏婷负责总体框架的设计、写作大纲的编写以及全书的统稿和定稿。具体分工如下：区俏婷编写案例一、案例二和案例四；杨欣编写案例五、案例六和案例九；程露莹编写案例七、案例十和案例十二；黄晓东编写案例八、案例十五和案例十六；李聪编写案例三、案例十七和案例十八；李峰编写案例十一、案例十三和案例十四。

总之，《金融实践教学案例集》旨在成为连接金融理论与实践的纽带，帮助读者在复杂多变的金融世界中把握规律，预见趋势，做出更加明智的决策。我们期望这本书能够成为广大师生、金融从业者及对此领域感兴趣的读者的宝贵资源，共同促进金融知识的传播与金融人才的培养，为金融行业的健康发展贡献力量。另外，本书在编写过程中参考了大量的国内外文献资料，在此一并向有关作者表示衷心的感谢。由于时间紧迫，书中难免有错误、疏漏之处，恳请各位专家和读者不吝赐教。

编者

目　　录

第一篇　公司金融

案例一 时隔十年，美的集团第二次大裁员

摘要：本案例主要描述美的集团时隔十年大裁员的缘起、过程及左手裁员右手扩张让人不解的"双面"操作。创立于20世纪60年代末的美的集团，是中国民营企业最早的样本。美的集团在改革开放初期涉足家电行业，伴随着中国经济的腾飞，成长为中国规模最大的家电巨头。55岁的美的集团董事长方洪波作为中国第一代职业经理人，在2012年接棒后带领美的集团顶着巨大的压力一步步转型，随着从追求规模到追求效率的转型、数智化变革的推进以及对库卡、高创等公司的成功并购，美的集团试图通过加大企业端业务（面向企业的业务）的投资，逐步从中国家电企业向全球化科技集团蜕变。然而，新冠疫情"黑天鹅"突然来袭，国内外供给与需求均受到极大冲击，家电需求日渐疲软。叠加原材料、能源、海运价格暴涨，2022年美的集团的营业收入和净利润增速均承受了巨大压力。为了穿越周期，度过行业寒冬，方洪波决定再次裁员。但令人疑惑的是，美的集团左手裁员的同时，右手加快收购、重仓企业端业务，这谜之操作究竟为何？美的集团的企业端业务能否扛起大旗，创造"第二增长曲线"让美的集团华丽蜕变？在整个家电行业都加大企业端业务投资的大背景下，美的集团如何杀出重围独领风骚？这是摆在方洪波面前的一个又一个难题。

一、引言

恐怕没有人会想到，市值高达3736亿元的美的集团，也会裁员。

2022年5月19日，社交平台脉脉突然流传出"美的集团要裁员50%，有的事业部已全部裁撤"的消息，一石激起千层浪，大家对于美的集团的大裁员都是议论不已。而针对裁员，美的集团脉脉平台官方账号回应称："鉴

于对内外部环境的判断，公司将有序收缩非核心业务，暂缓非经营性投资，多措并举，进一步夯实增长潜力，提高经营业绩。"这基本佐证了美的集团"大裁员"消息的真实性，至于50%的裁员比例，方洪波斥为"无中生有"，但据媒体报道及多方消息，美的集团此次裁员幅度将达到20%～30%。

然而，就在2021年，美的集团实现了3433.61亿元的营业收入，首次突破3000亿元大关。美的集团的营收规模是格力电器的1.8倍，是国内家电行业营收规模最高的企业，利润285亿元，盈利规模同样是行业第一，并且2021年的营收增速高达20%以上。业绩高速增长，为何仍需大裁员？更加令人困惑的是，在大裁员的同时，美的集团加大投资，频繁地在企业端业务进行并购活动。美的集团左手裁员，右手扩张，究竟为何？这些做法是否与美的集团勇于在逆境求生中寻求变革、自我颠覆的血液基因有关？为人称道的具有过人战略眼光的方洪波此时是否在下着一盘大棋？这些问题都萦绕在所有关注着美的集团一举一动的人们的心头。

二、美的集团——全球化的科技公司

美的集团于1968年成立于广东顺德，2013年9月18日在深交所整体上市。美的集团的主要产品包括空调、冰箱、洗衣机、厨房家电及各类小型家电。现拥有中国最完整的空调产业链、冰箱产业链、洗衣机产业链、微波炉产业链和洗碗机产业链；拥有中国最完整的小家电产品群和厨房家电产品群。目前，美的集团拥有五大业务板块，分别是智能家居事业群、工业技术事业群、楼宇科技事业部、机器人与自动化事业部和数字化创新业务板块。其中除智能家居事业群外，均为企业端业务。2021年，美的集团在全球拥有约200家子公司、35个研发中心和35个主要生产基地，员工超过16万人，业务覆盖200多个国家和地区。其中，在海外设有20个研发中心和18个主要生产基地，遍布10多个国家。在全球设有60多个海外分支机构，产品远销200多个国家和地区。

2021年5月，《福布斯》发布第19期全球企业2000强榜单，美的集团位列第183位，较上年跃升46位，同时还入选"福布斯中国2021年度中国十大工业数字化转型企业"和"福布斯中国2021年度中国十大工业互联网企业"。2021年8月，《财富》世界500强榜单发布，美的集团跃居第288位，较上年提升19位，连续六年跻身世界500强企业行列。另外，奥维云网的数据显示，2021 年，美的集团在中国全面推进落实"数一"战略，在 25 个主要家电品类中，家用空调、干衣机、电饭煲、电风扇、电压力锅、电磁炉、电暖器 7 个品类在国内线上与线下市场份额均排名行业第一。

三、引领转型的方洪波

美的集团能取得今天的成就，背后离不开职业经理人方洪波的功劳。美的集团创始人何享健曾说："我最大的成就，就是发现了方洪波。"方洪波最为人称道的是其超越同行的全球视野。在时代巨变、全球经济动荡与中国经济新常态下，方洪波一叶知秋，前瞻性地看到了变化，谨慎地引领着美的集团的转型发展。

在方洪波执掌美的集团的 10 年间，他主导了美的集团的多次重大变革，带领美的集团勇于自我否定。他推动美的集团实现了整体上市、收购库卡、收购东芝家电、进军医疗设备和电动汽车部件领域、私有化小天鹅和威灵公司、开展智能化数字化转型、加大科技化投入等。其中可圈可点之处确实很多。无论是在广度、深度，还是高度、速度上，方洪波都将美的集团带入了一个新的发展阶段。下面将详尽介绍美的集团的发展历程与重大变革，我们不难发现，在每次重大变革中，方洪波过人的战略眼光以及推动改革时的果断、坚定及隐忍都给人留下了极其深刻的印象。

四、美的集团：如何穿越时代

美的集团似乎生来就有变革、转型、升级的基因，50 多年来一直持续地进行战略调整，而每一次调整都会带来十年以上的红利。

（一）主动减员瘦身，从规模扩张到追求效率

2004 年，美的集团的营收达到了 300 亿元，公司开始进入了快速扩张的通道，在随后的几年内，美的集团收购了小天鹅、华凌、荣事达等多家企业，品类得到极大拓展。通过多笔收购，2010 年，美的集团实现了"冰洗空"联合作战。在这段频繁收购的期间，美的集团坚定地执行"低成本与规模化"的发展战略，而这个经营战略是过去 30 年家电行业的基本游戏规则。

2010 年销售额虽然突破了 1000 亿元，但美的集团的净利润还不如同行

业内制造单一产品的企业净利润。2011年，美的集团的财务数字出现了3年来的首次下滑。在销售规模同比增长近六成的情况下，其利润仅增长了14%，除冰箱以外的所有产品均呈现利润下滑的现象。

千亿元产值却不盈利的事实使方洪波看到了隐忧。方洪波的战略洞察力和战略思维使他坚定地认为，造成这种现象的根本原因是美的集团跟其他家电企业没有太大的差别，都是靠规模优势发展起来的，并没有形成自己真正意义上的、差异化的核心优势。而要扭转这个局面，必须要勇于自我否定和大刀阔斧地进行变革。

因此，2012年方洪波一上任随即对"虚胖"的美的集团"动刀"，开启了企业的转型变革。为了实现公司的转型和战略，方洪波提出美的集团要开始"做减法"，通过各种维度的考核指标，果断剔除缺乏核心竞争力且长期亏损，以及规模过小、利润微薄的业务和产品。最终，方洪波决定大幅砍掉现有的产品品类。

方洪波大砍SKU（产品类别）的做法引起轩然大波，不仅受到了公司董事会、高层和员工的反对与质疑，还受到了媒体的批评，同行似乎也看到了机会。但方洪波顶住了压力，力排众议，最终使美的集团的SKU从2.2万个左右减少至2000多个。而对产品品类的大"瘦身"必然会伴随着剧烈的裁员，美的集团的员工人数从2011年高峰期的19.6万人缩减至2015年的11万人出头，裁员比例超过四成。方洪波当时提到的目标是，"到2017年销售额做到2000亿元时，员工总数控制在10万人以内"。

经历了3年低谷后，2014年，美的集团营收终于恢复到2011年的水平，但净利润是2011年的3倍，首次突破了百亿元大关，达到了105亿元。方洪波自豪地说："美的集团过去几年，没有新增一亩土地、一平方米厂房，钱都投到技术创新、产品创新、劳动力效率提高上。"

（二）数智化变革

1. 数字化1.0时代

2012年，在外部，天猫、京东等电子商务平台的快速发展，给美的集团等以自建渠道为主的企业带来了很大的渠道压力。在内部，当时美的集团有10个事业部，彼此相对独立，每个事业部有自己的系统、数据和流程，所有信息都是孤岛，各事业部的流程、管理方式、数据都不统一。当时仅信息管理系统（IT系统）就有100多套，在美的集团内部这些系统不能集成，更不可能自动分享。例如，仅 ERP（企业资源规划）系统就有 6 种不同的选型。

2012 年，美的集团整体上市，由原来较为分散的二级产业集团统一为一个集团。整体上市给美的集团带来了新的挑战，也就是美的集团如何像一个集团一样统一运营。于是，美的集团做了一个重大选择，将已经建立多年并稳定运行的信息系统推倒重来。为打破孤立、分散的困境，美的集团拉开了数字化转型的序幕，方洪波定下"一个美的集团、一个系统、一个标准"的变革决心。而这背后意味着一个流程、一个数据、一个系统。

基于这个战略，美的集团重构了所有的流程、IT 系统，统一了数据的标准，这是美的集团数字化转型的基础。为了实现数字化，美的集团将产品开发、订单交付等众多业务流程全部标准化，同时把供应商与客户标准化，美的集团甚至不惜将 ERP 等系统推倒重做，以实现数据系统互通。系统研发出来后，美的集团把整个系统落实到各个事业部。之后，无论是数字化建设还是项目建设，都是在这个基础上进行各种数字化能力的提升。可以说，这个数据系统为美的集团的数字化转型打下了坚实的基础。

2. "互联网+"时代

2015 年，外界开始大谈"互联网+"要颠覆传统行业。美的集团在公司中展开大讨论，确定了"双智"的战略——"智能家居，智能制造"。

2015 年，美的集团对内全面支持智能产品上市，大力提升智慧家居系统架构与平台能力，并搭建用户社区平台，实现了与消费者直接互动，管家系统初具雏形。对外开放融合，完成了与京东、阿里、小米、微信等系统云平台及底层协议的对接，实现了美居平台与各平台的兼容；建立了与国际主流协议 IOT（interoperability test）的对接和技术跟进；推进了与家装方案商、路由器、移动互联网平台、智能硬件、第三方应用的对接。

2015 年，美的集团在机器人新产业拓展上全面布局，与全球机器人巨头日本安川电机共同设立了工业机器人及服务机器人公司，同时公司参股安徽埃夫特智能装备有限公司 17.8% 股权，收购德国公司库卡股份，积极布局机器人新产业，打造第二跑道。自 2012 年以来，美的集团累计投入使用近千台机器人，自动化改造投入约 50 亿元。美的集团广州及武汉空调全智能工厂，借助设备自动化、生产透明化、物流智能化、管理移动化与决策数据化，实现了订单、供应、研发、生产乃至配送全过程实时监控，大幅提高了生产的自动化率。

3. 数字化 2.0 时代

2016 年以后，美的集团的业务发生了重大变革，从以前层层分销、以产定销的模式变成以销定产的模式。从原来的大订单供应模式转变为碎片化的订单模式。这种不确定性对交付的柔性与效率提出了很高的要求。因此美的集团开展了数字化 2.0 的转变，以支撑业务的转型。美的集团开始运用数字化配合公司进行业务的转型，对其制造和供应链进行了数字化的升级改造。

随后，集团决定在内部全面推行"从消费者到生产者"模式（customer to manufacturer，C2M），从传统的"以产定销"转型为"以销定产"，让消费者数据驱动企业的经营生产。这一转型减少了库存，提高了效率。

在美的集团内部，这种以客户为导向的产销模式被称为"T + 3"模式，即把产品从下单到交付分为 4 个阶段——下单、备料、生产和发运，每个阶段都需要一定的周期，T0 是下单周期，T1 是备料周期，T2 是生产周期，T3 是发运周期。

4. 数字化 3.0：工业互联网

2018 年初，在美的集团空调广州南沙智慧工厂，美的集团开始了工业互联网的尝试。公司通过智能网关技术，把 41 类 189 台设备连接起来，具备了工业互联网的硬件能力。除了硬件之外，美的集团还在数字化转型中积累了软件能力，再加上在制造业近 50 年的经验，打造了一个"硬件、软件、制造业"三位一体的工业互联网平台。

通过引入工业互联网体系，美的集团空调广州南沙智慧工厂的劳动生产效率提高了 28%，单位成本降低了 14%，订单交付周期缩短了 56%，原材料和半成品库存减少了 80%，自主开发的注塑平面库自动配送系统让物流周转率提升了 2 ~ 4 倍，每月产能从 30 万套增长到 90 万套，成为工信部第一批工业互联网试点单位。

2018 年 10 月，美的集团发布了 M. IoT 工业互联网 1.0，并通过旗下的美云智数公司，对外输出"制造业知识、软件、硬件"三位一体的制造业数字化转型解决方案。2020 年 11 月，美的集团又发布了工业互联网 2.0。通过这次升级，美的集团工业互联网的能力层更加清晰、更加丰富，形成了"四横八纵"的赋能制造业升级转型格局。

5. 数智驱动战略

2020 年末，美的集团将沿用了十年的"产品领先、效率驱动、全球经营"三大战略，升级为"科技领先、用户直达、数智驱动、全球突破"四大战略主轴。而"全面数字化、全面智能化"是美的集团继 2012 年制定"产品领先、效率驱动、全球经营"三大战略主轴和转型之后的又一次重要集团战略更新。该战略要求美的集团以用户为中心，实现贯穿研发、制造、营销、售后的全价值链条数字化，并从以销售硬件为主的模式转变为以软件驱动硬件、内容产生服务的新模式。这一战略使美的成为一家科技型公司，用数据来驱动全价值链运营。

另外，美的集团也把过去的"消费电器、暖通空调、机器人与自动化系统、创新业务"四大板块更迭为"智能家居事业群、机电事业群、暖通与楼宇事业部、机器人与自动化事业部和数字化创新业务"五大业务板块。

五、危机四伏

（一）突如其来的新冠疫情

2020 年，一场席卷全球的新冠疫情令各国政府、居民和企业措手不及。大部分的行业和企业均受到新冠疫情的严重冲击。在 2020 年疫情最严重的时期，人们居家隔离，企业停工停产，物流中断，全球产业链、供应链受到严重破坏。2021 年，发展中国家深陷疫情泥潭中，这些国家是主要的原材料供应地，供应链中断导致以工业原材料、能源为主的大宗商品的供应变得紧张。而此时包括中国在内的工业国家及发达国家已完成或陆续开始复工复产，带动了原材料需求的大幅回升。供需的失衡，再叠加 2020 年以来全球极度宽松的货币政策、动荡不已的地缘政治，都极大地刺激了工业原材料等大宗商品价格的大幅攀升。2021 年，众多工业原材料及能源的价格已达到历史高位，并且在 2022 年上半年继续维持在高位震荡。大宗商品价格的居高不下，很快就传导至 PPI（工业生产者价格指数），欧美国家的 PPI、CPI（居民消费价格指数）增速在 2022 年纷纷"爆表"，创下了历史新高。

面对大宗商品价格的连续攀升，工业企业的成本从 2020 年下半年便开始大幅上升，而家电企业首当其冲。家电的主要原材料为铝、铜、钢铁、塑料等，而原材料的成本占到企业营业成本的 80%。因此，面对工业原材料价格的猛涨，家电企业的毛利润率在 2020 年下半年，便出现了快速下降。

（二）行业龙头，扛不住"原材料之殇"

从美的集团 2021 年的财报中可以看出，2021 年全年美的集团原材料成本高达 1751.02 亿元，同比增加 21.2%，占营业成本比重达到 84.47%。除了原材料价格的暴涨外，疫情以来海运物流涨价、能源价格持续大幅攀升等一系列消极因素都对美的集团的利润形成挤压。这直接导致了美的集团的毛利润率从 2019 年的 28.86% 大幅下降至 2020 年的 25.11%，并进一步跌至 2021 年的 22.48%。由于原材料价格大幅上涨，美的集团的毛利润率在 2019 年延续持续提高态势并好不容易超越竞争对手格力电器的情况下，2020 ~ 2021 年这两年间则快速蒸发了接近 6.5 个百分点，又重新回到白色家电三大巨头中毛利润率最低的位置。这令美的集团的经营压力越来越大。

除美的集团外，它的竞争对手格力电器在近两年毛利润率也出现不断下滑的问题，其毛利润率从 2019 年的 27.58% 下降至 2020 年的 26.14%，并进一步下滑至 2021 年的 24.49%。两年来毛利润率下滑了约 3 个百分点。因此可以看出，这两年来格力电器毛利润率的下降总幅度远低于美的集团。再看看海尔智家，其毛利润率在 2018 年后一直是三大巨头中最高的。在原材料猛涨的这两年，其毛利润率不降反升，2019 年，海尔智家的毛利润率为 29.83%，2020 年基本保持平稳，为 29.68%，随后在 2021 年逆势上升至 31.23%。

2021 年，美的集团营业收入增速高达 20%，远超格力电器、海尔智家，但毛利润率却远远不及前两者，增收不增利的问题再次出现。不仅是毛利润率大幅下降，归母净利润率和营业利润率的增速也出现断崖式下降。2019 ~ 2021 年，美的集团的归母净利润增速从 19.68% 下滑至 4.96%，营业利润增速从 16.11% 下滑至 5.68%。面对传统家电业务出现的困境，美的集团大力布局的暖通与楼宇、机器人与自动化、数字化创新业务等新兴业务板块却未能扛起大旗，第二增长曲线尚未成器。

因此，在传统业务出现困境、新增业务尚需加大投入的情况下，方洪波再次走到了需要做出艰难抉择的十字路口。

（三）尚未成器的企业端业务

1. 成长可圈可点

在消费端（主要是家用电器板块）面临"寒冬"的背景下，支撑美的集团业绩的重要力量只能落在其企业端业务板块上。早在 2020 年 12 月，美的集团调整了其战略布局，确立了企业端、消费端两手抓的新战略，明确加大对 To B 产业的投资。2021 年 12 月 31 日，美的集团将业务板块分为五大战略事业群，分别为智能家居（家用电器）、工业技术（家电、汽车、工控）、楼宇科技（楼宇暖通、电梯、整体方案设计）、机器人与自动化、数字化创新。后四者为"To B 业务"。2022 年初在美的集团的经营管理年会上，董事长方洪波强调了集团高层的决策：坚持将企业端业务作为第二引擎，开创全新局面。

2022 年上半年，美的集团楼宇科技事业部营收 122 亿元，同比增长 33.1%；工业技术事业群营收 121 亿元，同比增长 13.3%；机器人与自动化事业部营收 122 亿元，其中，库卡中国收入增长 36%；数字化创新业务营收 52 亿元，同比增长 42.4%。因此，四大 To B 事业群里贡献较大的是楼宇科技事业部，以及机器人与自动化事业部。

美的集团机器人与自动化业务近几年的表现也可圈可点。2017 年美的集团斥资 292 亿元，收购德国库卡集团约 95% 股权，增加了机器人及自动化业务。可惜早期库卡表现并不好，2017～2020 年，库卡所在的"机器人与自动化系统"板块共亏损 31.4 亿元。但进入 2021 年后，库卡经营状况开始触底反弹。2021 年上半年，库卡销售收入 15.28 亿欧元，同比增长 30.9%，库卡中国销售收入 2.62 亿欧元，同比大增 97.2%。

2. 同行竞争激烈，营收贡献有待提高

实际上，随着消费端家电行业的逐渐饱和，家电企业逐渐向企业端转型已经是大势所趋。除了美的集团之外，目前海尔、格力、海信、TCL 等家电企业也都在向企业端业务发力。在这片蓝海里，国内"白电三巨头"——美的、格力、海尔将展开正面比拼。

在企业端业务上，格力电器将转型的目光瞄准了智能装备、工业制品、绿色能源这三大业务。目前格力电器自主研发的智能装备产品已经超百种规格，覆盖了伺服机械手、工业机器人、智能仓储装备、智能检测、换热器专用机床设备、无人自动化生产线体、数控机床等十多个领域，基本完成了从工业机器人到核心零部件、数控机床的产业化布局，为客户定制化的工业机器人集成应用、大型自动化生产线提供了解决方案。另外，2021 年 8 月，格力电器通过司法拍卖竞得银隆新能源 30.47% 股权；同年 11 月，格力电器又以 30 亿元拿下盾安环境 38.78% 股份，加码新能源业务。

海尔智家的企业端业务主要聚焦于创新的数字协同体系，实现了从产品、生产到销售、服务一整条价值链的重构，极大地提高了资源效率。借此机会，海尔智家又利用顶尖制造研发优势，在下游率先建立了贯通的物流和数据系统，用数字化布局零售管理和渠道赋能体系，并由此形成了强大的"产品 + 渠道"的底层能力。同时，海尔智家可以为房地产和工程商提供 14 个套系 130 余款跨品牌、多品类的产品，并能根据工程商标段进行灵活的方案配套，还能面向工程商提供包括资金、技术、售后支持等完善的服务。

因此，白色家电的三大巨头在企业端业务上的竞争存在众多交叉的领域。并且可以预知，在这片蓝海中，未来的竞争将会越来越激烈。目前，企业端业务对美的集团的营收贡献还十分有限。2021 年美的集团的企业端业务总收入为 750 亿元，占总营收的比重为 21.8%。从 2022 年上半年的财报来看，美的集团企业端业务的营业收入占比有所上升，但也仅为 24.8%，消费端业务的营业收入依然占据着 75% 以上的比例。另外，企业端业务暂时还不能带来大量的现金流，前期更需要大量资金来支持收购、并购等动作。因此，目前来看，美的集团的企业端业务尚未成器。

方洪波自己也坦言，美的集团企业端业务多元化，但目前效果显然还难以达到预期，美的集团仍未能从企业端找到新增长曲线。

（四）收购德国库卡带来的薪酬压力

除了上面提到的近两年来暴涨的原材料价格带来的毛利率大幅下降外，美的集团 2016 年收购德国库卡带来的薪酬压力也是另外一个原因。

事实上，在美的集团重回扩张的路上，收购德国库卡是一个关键事件。德国库卡是全球四大机器人生产企业之一，代表着自动化领域的创新，是工业 4.0 的推动者，是汽车工业自动化解决方案的引领者之一。库卡集团借助其 30 余年在汽车工业中积累的技能经验，也为其他领域研发创新的自动化解决方案，如医疗技术、太阳能工业和航空航天工业等领域的解决方案。目前，库卡的主要业务包括机器人本体制造、系统集成以及物流运输三大板块，全部与机器人业务高度相关。

库卡集团的优势与上面提到的美的集团的"双智"战略吻合。通过收购库卡集团，美的集团可以充分借鉴库卡集团在工业机器人与系统解决方案领域的领先技术，帮助美的集团实施战略，提升智能制造水平和发展智慧家居，实现公司制造实力升级，拓展 B2B 产业空间。同时，库卡集团旗下的瑞仕格公司是全球知名的医疗、仓储和配送中心的自动化解决方案供应商，包括提供仓储、分拣、运输、物料处理等解决方案。瑞仕格公司丰富的产品和解决方案能够协助美的集团发展第三方物流业务，提升自动化物流仓储运输效率，完成公司在物流领域的布局。

然而，2017年美的集团斥资292亿元完成对库卡的收购后，却没有获得控制权及核心技术。随之而来的却是美的集团人员明显增长、人均薪酬大幅提高、业绩不及预期、股价持续下跌，让美的集团承受了巨大的压力，而收购库卡后人员明显膨胀、人均薪酬大幅提高、业绩不及预期都可以视为此次裁员背后的"隐形推手"。2017年，美的集团完成对德国库卡的收购后，全球范围员工人数从11.24万人增至13.68万人，增幅21.71%，是上市以来增幅最高的一年。更重要的是，对库卡的收购直接拉高了美的集团整体的人均年薪，同比增长了72.47%。但库卡的收入却一路下滑，直到2021年才回升至35.65亿欧元，但其中来自中国的收入只有6.81亿欧元。

六、事件回顾

（一）十年后历史重演，美的集团踏入同一条河

在上述背景下，方洪波在2022年4月的投资者交流会上坦言，"未来三年，行业将迎来前所未有的寒冬，公司面临的最大挑战是不确定性，要稳字当头"。方洪波的预言是有依据的。2021年以来，国内众多家电品牌进行了一轮连锁大卖场的撤场或调整。家电零售方面，LG等外资品牌的电视业务也接连退出国内知名电器零售公司国美。而在美的集团裁员消息被曝出来之前，国美公司也被曝出总部裁员40%的消息。

很快，2022年5月18日，网络上便出现了美的集团计划大裁员的消息，引起了轩然大波。2022年5月19日，美的集团回应称，"鉴于对内外部环境的判断，公司将有序收缩非核心业务，暂缓非经营性投资，多措并举，进一步夯实增长潜力，提高经营业绩"。这就证实了裁员的消息。没错，正如十年前因"行业寒冬"而裁员，十年后方洪波预见行业将再次处于寒冬时，美的集团再次举起了"砍刀"，裁员过冬。

裁员的另一个原因是，虽然经历了2012年的大裁员，美的集团的员工人数已下降至10万人左右，但随着美的集团连续并购东芝家电、德国库卡，员工人数重回增长轨道，2017年达到13.68万人，之后又陆续增长至2021年末的16.58万人，基本回到了上一轮大裁员前的水平。面对冗余的人员，对美

的集团而言，裁员也许是现阶段最好的选择。

在这次裁员风波中，人员将根据业务的调整而调整。美的集团消费端业务将保留家电核心品类，"不赚钱"的部门将被优先裁撤，企业端业务保留"四大四小"。其中"四大"包括机器人与工业自动化、楼宇科技、新能源汽车零部件、储能，"四小"包括万东医疗、安得智利、美云智数、美智光电，其他关停并转。整体来说，美的集团对消费端业务更强调"优化"，对企业端业务更强调投入。同时裁员还会按岗位划分，品牌市场、职能型部门内绩效评分差的优先被裁。据媒体相关报道，美的集团此轮裁员波及各个事业部，除工厂员工外，裁员比例达到20%～30%。根据2021年美的集团年报，当期美的集团在职员工总数为16.58万人，经过测算，美的集团2022年大概会裁掉3.3万～5万名员工。

（二）双面美的集团：一边缩紧，一边扩张

而实际上，从2020年新冠疫情暴发以来，两年多时间里，美的集团在企业端业务上收购不断。即便2022年方洪波在会议上提出要准备"过冬"，但丝毫没有影响美的集团的收购步伐。

2022年4月，美的集团公布收购两轮电动车零部件厂商天腾动力。2022年5月20日，美的集团发布公告称，此前披露子公司拟全面收购并私有化德国库卡的议案已获库卡年度股东大会审议通过，收购总价款约1.5亿欧元（约合人民币10.5亿元）。这意味着，经过7年的努力，美的集团终于将全球工业机器人巨头——德国库卡收入囊中。

2022年5月23日晚，A股上市公司科陆电子公告称，美的集团将通过"委托表决权＋定增"的方式，从深圳资本集团手中拿下科陆电子实控权。此外，科陆电子拟向美的集团定增，以3.28元/股发行不超过4.23亿股，募集资金不超过13.86亿元，将全部用于偿还有息负债。2022年5月27日，美的集团宣布在佛山落地其"数字科技产业园"新园区。该园区占地539亩，将进驻三个项目：家用空调事业部创新科技园项目、楼宇科技事业部顺德高端制造基地项目以及广东美创希科技有限公司项目（负责高端电子研究）。公司计划对该园区投资100亿元，吸纳人才超2000名。

但是，美的集团这些举动其实和其裁员的"收缩非核心业务"并不矛盾。比如，收购的科陆电子正好属于"四大"中的储能板块。对美的集团而言，此次入主科陆电子将进一步扩张其储能业务。美的集团表示，能源管理

是美的集团点燃第二引擎、在企业端核心业务上布局与突破的关键领域。储能产业符合国家支持的战略方向，发展空间广阔。而科陆电子具备行业竞争优势，在储能赛道中兼具自研技术、项目经验、海外认证、渠道资源等方面的能力，是国内少数有能力参与储能项目全产业链的储能集成商，并已实现对相关核心部件的自主研发。成为科陆电子的控股股东后，美的集团拟将其作为开展能源管理业务的主要平台之一。同时，全面收购的科陆电子属于"四大"中的机器人与工业自动化板块，而这又正好完全契合美的集团 2021 年"科技领先、数智驱动"的战略主轴。

如前所述，企业端业务是家电行业的战略转型方向。因此，在此轮裁员中，美的集团才会提出消费端业务以优化为主，企业端业务保留"四大四小"，并以加大投资为主。尽管企业端业务尚未成器，前期投入较大，但一旦形成规模，盈利能力就会十分稳定。有业内人士分析称，相对来说企业端业务受经济波动的影响较小，是迫切想要改善盈利状况的美的集团应对行业寒冬的利器。因此，当前加快企业端业务的布局不仅是长远战略所需，更是当前美的集团面对传统家电行业"寒冬"被迫而为的事情。

"越是寒冬的时候我们反而要更加坚定地投资未来"，这是美的集团董事会在 2021 年年报"致股东"中的一句话。对美的集团而言，这个"未来"就是把企业端业务打造成第二增长曲线。转型之路任重道远，但行业寒冬却更加严峻地袭来，对于美的集团这个家电龙头来说，通过裁员"瘦身"或许是一种更加快速有效的"过冬"方式吧。而在"过冬"的路上，美的集团依然未忘初心，通过并购"增肥"来实现它的雄心壮志。

七、尾声

就像美的集团 2021 年的年度报告中"致股东"里所说的："伟大的企业必然经历过周期的轮回与洗礼，当下时代，不确定性已成为主流和常态，疫情危机成为企业分化或提升竞争能力的加速器，但科技推动变革依旧是时代的主旋律。"在家电行业寒冬来临、各种新兴产业与技术日新月异、市场持续更新、家电行业巨头加速抢夺企业端业务的激烈竞争背景下，美的集团如何逆水行舟化危为机，时时刻刻考验着美的集团人的耐心及决心。所幸，美的集团长期持续地进行自我颠覆性变革和战略布局，善于在不确定性的环境中建立起确定性的优势，让美的集团在奔赴更广阔的星辰大海的路上具备了长期生长的力量。

案例使用说明

一、教学目的与用途

1. 适用课程：公司金融、企业战略管理、财务报表分析。

2. 适用对象：本科生、研究生、MBA 学员的案例教学，也可供有一定实践经验的工作人员或管理者学习。

3. 教学目的：本案例以美的集团大裁员为主线，详述了其时隔十年再次大裁员的过程，及"左手裁员、右手扩张"这种让人不解的"双面"操作。案例通过美的集团的变革及战略布局、传统家电行业的寒冬、新冠疫情对全球经济的冲击引发了美的集团大裁员，探讨了大裁员的原因、影响并解开了美的集团"左手裁员、右手扩张"之谜。具体教学目标如下：（1）熟悉"第二增长曲线"有关知识和理论。（2）掌握影响企业盈利能力的因素及提高盈利水平的途径的有关知识和理论。

二、启发思考题

以下几个思考题可以预先布置给学生，让学生在阅读案例时进行思考：

1. 美的集团为什么要进行大裁员？

2. 影响一家企业净利润率的主要因素有哪些？美的集团可以通过哪些方式提高企业的净利润率？

3. 什么是"第二增长曲线"？美的集团应该如何打造"第二增长曲线"？

三、理论依据及分析——"第二增长曲线"

（一）"第一增长曲线"与"第二增长曲线"

"第二增长曲线"理论由著名的英国管理大师查尔斯·汉迪（Charles Handy）提出。他结合对"第一增长曲线"的研究，以及对众多企业长年累月的观察，提出了企业"第二增长曲线"理论。

　　一切事物的发展都遵循"生命周期"的自然规律，即经历从诞生、成长、成熟、衰退的过程。这个过程表现为一个 S 形曲线（称为"第一增长曲线"）（见图 1），企业现有的产品业务都逃不过由盛转衰的宿命。第二增长曲线是寻找成长加速度、切换新业务、寻找新空间的过程，它意味着颠覆式创新。而企业想要保持不断增长，需要尽可能地延长"第一增长曲线"，并在"第一增长曲线"到达极限点之前，启动独立的"第二增长曲线"。

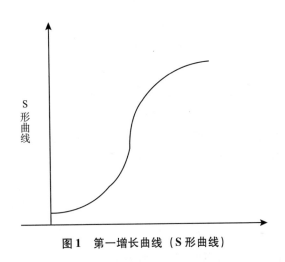

S 形曲线

图 1　第一增长曲线（S 形曲线）

（二）创新模式

　　创新模式有两种：一种是在原有曲线上持续改进；另一种是两条曲线转换期间的非连续性创新。连续性创新是指任何产业、技术、产品、企业，沿着 S 形曲线的周期，进行持续改善、渐进式增长的创新，也被称为"延续性创新""渐进式创新""积累性创新"等。

　　根据创新理论，在原有连续性技术的基础上，可能产生两种不同的非连续性技术：第一种是在原 S 形曲线上方，表示比原技术更好的突破性技术，比如常规动力到核动力的飞跃，我们称之为"正向非连续性技术"；第二种是在原 S 形曲线下方，起始阶段比原有的技术更低，但发展潜力巨大，随着新技术的进步，对原有技术形成破坏性的打击，因此可以称为"反向非连续性技术"或"低端破坏性创新"（见图 2）。

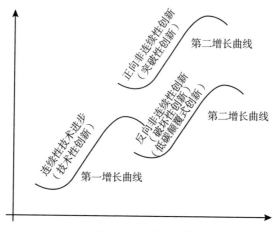

图 2　两种不同的非连续性创新

一般而言，成熟企业在面临正向非连续性创新时，似乎总是能够引领行业潮流，但出现反向非连续性创新时，往往丧失其行业领先的地位。克里斯坦森引用了《磁盘/趋势报告》中的一组数据进行论证。在第一增长曲线的连续性创新中，如果初创企业和领先企业竞争，领先企业获胜的概率为80%；在正向非连续性的突破性创新中，领先企业的胜率是67%；而在反向非连续性的破坏性创新（颠覆式创新）中，领先企业的胜率仅为33%。

（三）"第二增长曲线"开启的时点

根据查尔斯·汉迪《第二曲线：跨越"S型曲线"的二次增长》对"创新"的诠释及实施步骤，我们可以看到，第二增长曲线必须在第一增长曲线到达巅峰之前就开始增长（见图3），只有这样才能有足够的资源（金钱、时间和精力）承受在第二增长曲线投入期经济效益的下降，如果在第一增长曲线到达巅峰并已经掉头向下后才开启第二增长曲线，那无论是在纸面上还是在现实中就都行不通了，因为第二增长曲线无法增长得足够高，它无法依靠第一增长曲线的资源来度过投入期。查尔斯·汉迪把从拐点开始的增长线称为"第二增长曲线"。任何一条增长曲线都会滑过抛物线的顶点（增长的极限），持续增长的秘密是在第一增长曲线到达巅峰之前开始一条新的S形曲线。这时，时间、资源和动力都足以使新曲线度过它起初的探索挣扎期。

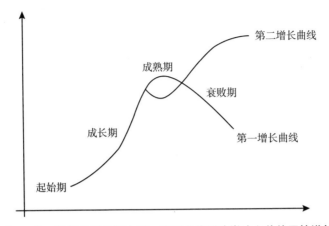

图3　第二增长曲线必须在第一增长曲线到达巅峰之前就开始增长

（四）　如何开启"第二增长曲线"

第二增长曲线不是从无到有创造出来的，而是从第一增长曲线中生长出来的。它不是让企业放弃主营业务去布局新业务，而是通过创新、加强主营业务，从更多的创新中分选出第二增长曲线的新业务。李善友（2019）在《第二曲线创新》中给出了第二增长曲线产生的公式性表述：创新＋选择（市场选择）＋隔离＝第二增长曲线。

（1）"第二增长曲线"的创新和选择应顺应"趋势"。趋势是事物发展的动向。趋势是客观存在的，并非主观的臆想。企业不仅要了解自身和环境的现状，还应了解自身和环境的趋势，研究并把握住趋势是企业发展的重要课题。趋势分为"企业个体趋势"和"环境趋势"，所谓把握趋势，就是让企业个体趋势最大限度地迎合环境趋势。

（2）"第二增长曲线"里的"隔离"往往表现为"独立小机构"，这是确保创新能存活的关键因素。若没有"隔离"，原本的变革对象将成为变革的执行者，初生的第二增长曲线雏形会被第一增长曲线抢占资源，枯竭而亡。

四、关键要点

"左手裁员、右手扩张"，看上去似乎是矛盾的事情，但把这两者同时放在家电行业大背景以及美的集团公司战略布局上看，就显得逻辑自洽了。本案例主要在于对美的集团时隔十年后再次大裁员的行为进行分析，并与美的集团所处家电行业的环境与大力布局企业端业务的战略建立联系，进一步对2022年大裁员的本质及其动机进行深入分析，从而使读者理解美的集团战略布局的思路。

案例二　格力电器股价为何跌跌不休？

摘要：本案例主要描述格力电器2021年以来长达两年的股价持续下跌的过程、原因及影响。被称为"铁娘子"的董明珠掌舵格力电器十年，使格力电器成为中国空调行业当之无愧的老大。因此在许多投资者的眼中，格力电器一直被奉为价值投资标的中的经典标杆，给投资者带来了丰厚的投资收益。然而花无百日红，昔日的大白马股如今已经历了长达两年的股价持续下跌，且目前依然在低位徘徊。股价从两年前的最高位已下降了50%以上，市值蒸发了1600亿元。格力电器的持续下跌是市场"错杀"还是"先知先觉"？格力电器股价跌跌不休的原因又是什么？是它自身的原因还是行业的原因抑或是两者兼而有之？它未来该何去何从？这都是格力电器目前不得不直面的难题。

一、引言

格力电器作为中国空调行业的老大，目前正陷入了困境。昔日的大白马股在过去的两年里被资本市场无情地抛弃了。

2020年，格力电器股价累计上涨了50%，并在12月达到了历史高位63.79元。而这并不是格力电器的股价第一次经历如此大幅度的上涨。事实上，在过去的十年里，格力电器经历了一波又一波的上涨，带给长期投资者丰厚的收益，是我国A股中当之无愧的大白马股。

然而，事情的转折发生在2021年。2021年，格力电器的股价急转直下，从历史高位一路下跌，为了挽救股价，向资本市场传递信心，公司进行了三轮股票回购，然而却收效甚微。2021年一年股价跌幅高达约40%。2022年，格力电器的股价下跌情况并没有得到改善，股价在2022年3月下跌至历史低位27.65元，随后一直在低位徘徊。2022年12月26日，格力电器的股价为 32.35 元，与 2020 年的历史高位相比已几近腰斩，市值蒸发了 1600 亿元。

股价跌跌不休，机构与北上资金频频卖出格力电器的股票。昔日的大白马股为何被资本市场无情抛弃？格力电器未来的路该如何走？在它不断地谋求转型、逆境求生之时是否已出现曙光？这正是本案例试图解决的问题。

二、事件角色介绍

（一）格力电器——长期占据空调行业"老大"的位置

格力电器是一家多元化、科技型的全球工业集团。其消费产品领域覆盖家用空调、暖通空调、冰箱、洗衣机、热水器、厨房电器、环境电器、通信产品、智能楼宇、智能家居；工业产品领域覆盖高端装备、精密模具、冷冻冷藏设备、电机、压缩机、电容、半导体器件、精密铸造、基础材料、工业储能、再生资源。公司的产品远销 180 多个国家及地区，致力于为全球消费者提供优质的产品，创造美好生活。

长期以来，格力电器空调一直占据国内的最大市场份额，有着良好的品牌影响力，是许多居民购买空调的首选。格力电器的大部分销售额来自线下市场，一家公司占据了线下市场的近 2/5。据统计，2020 年内销的家用空调中，格力电器的销量占比 36.9%，居行业首位，这已是格力电器连续第 26 年家用空调在国内市场销量保持领先。

2021 年，格力电器凭借突出的综合实力，在福布斯"全球企业 2000 强"排行榜中列第 252 位，在《财富》世界 500 强排行榜中列第 488 位。根据《暖通空调资讯》发布的数据，2021 年格力电器中央空调是中国中央空调行业销售规模唯一超过 200 亿元的品牌，实现了中央空调市场"十连冠"，其中在多联机中，格力电器以超 20% 的占有率稳居民族品牌首位；在单元机中，格力电器更是以 34.8% 的占有率遥遥领先于第二名。根据《产业在线》2021 年度家用空调内销销量数据，格力电器空调以 37.4% 的份额排名行业第一，实现 27 年领跑。

（二）A 股中最负盛名的大白马股之一

如果要评选 A 股最负盛名的白马股，曾被外资买爆、受到高瓴资本青睐的格力电器应是最热门夺冠个股之一。仅仅是上市以来给投资者带来的分红回报，就可以轻松秒杀99%的上市公司了。从1996年上市到2021年，格力电器只向股市募集了50亿元资金，但这些年累计向投资者分红已经超过1000亿元。在2020年巅峰时期，格力电器股价累计涨幅一度超过500倍，给长期持有的股民带来了巨大的收益，其中最经典的例子是，2021年10月15日董明珠本人高调表示，她上市时持有的1万股格力电器股票现在已经变成4000多万元。

格力电器的股价在2016年后经历了两波气势如虹的持续上涨，2016~2020年，除了2018年受到宏观经济大环境的影响外，几乎没有太多的回调。整体来看，公司股价这五年间上涨幅度非常惊人，再加上丰厚的股息分红，格力电器股票是当之无愧的大白马股。

2020年，许多价值投资股纷纷上涨。这一年被称为白马股的春天，A股走出了结构性的牛市行情。格力电器股价也从股票市场受疫情冲击最严重的"疫情底"中快速反弹，从2020年3月的低点40.53元上涨至2020年12月的63.79元，累计涨幅超过50%。

从格力电器的北上资金交易情况上看，2016~2020年，北上资金流入资金量不断攀升，并在2019年后开始加速流入，2020年尤为明显。2020年，格力电器北上资金净流入额达到192.39亿元，一举成为2020年北上资金净流入额前十榜单中的第一名。北上资金对格力电器的持仓数量超过了12亿股，市值高达800亿元，为此深交所还不停地预警，因为其北上持仓数量已经超过了格力电器流通股的26%。

三、事件回顾

2021年，格力电器股价一改2020年持续上升的态势，在2020年12月2日一路攀升至63.79元历史新高后，格力电器长期走牛的股价便突然见顶回落，此后在近两年时间里一直跌跌不休，萎靡不振至今。2021年单年跌幅39.17%，2022年持续走低，甚至在2022年10月一度跌至27.83元，创2017年6月19日以来新低。截至2022年12月23日收盘，格力电器的股价为32.78元，2022年跌幅接近4%，与2020年的高位相比，市值已经缩水将近50%，股价腰斩。但在格力电器不断下跌的过程中，越来越多的股民因为"便宜"的股票价格而入场抄底。

在创下最高点的当季度末，格力电器的股东总人数为 48 万户，而 2021 年三季报披露的股东人数为 88.80 万户，40.8 万户在它下跌时"逆行"抄底。虽然格力电器的股票价格在之前曾短暂企稳，但在 2022 年 3 月 27 日其股价下跌 1.71%，并最终报收 31.52 元后，又重回下跌趋势中。从事后来看，这些抄底入场的股民悉数被套。这些抄底的股民有些是因为格力电器从高点回落下来，自认为"足够便宜"而入场，有些股民可能是因为格力电器在 2022 年 2 月发布的高分红预案而入场。但是，格力电器的股价并没有出现他们预期中的上涨走势。

值得一提的是，在散户投资者源源不断进场的同时，机构投资者却在撤退。2021 年，格力电器已跌出北上资金净流入前 100 榜单。2021 年 11 月，格力电器被北上资金净卖出逾 33 亿元，成为当月净卖出额最多的个股。截至 2021 年 12 月初，北上资金持仓只剩下上年高点时的一半，持股市值也从之前高达 800 多亿元下降至 234 亿元。2022 年 3 月，在北上资金净流出的月排行榜上，格力电器排在第 11 位，且排在家电行业的第一位，被北上资金抛弃的趋势依然不改。

此外，从格力电器的主力进出报告数据中也可以得到佐证。2021 年年报的数据显示，机构家数为 130 家，较 2020 年年报 1183 家大幅减少了 1053 家，减幅为 89.01%。并且，机构投资者累计持有股数也在持续减少。

另外，从前十大流通股东来看，格力电器披露的 2021 年中报显示，2021 年格力电器前十大流通股东中，有四家机构减持了格力电器的股票。除了新进股东耶鲁大学捐赠基金（Yale University Endowment）之外，其他股东均未增持。从 2021 年全年来看，忽略格力电器员工持股计划的影响，除了阿布达比投资局对格力电器进行增持外，其他十大股东均未增持，且香港中央结算有限公司、珠海格力电器集团有限公司、中央汇金资产管理有限责任公司这三大股东继续进行了减持。到 2022 年 6 月，十大流通股东的减持行为似乎并未得到改善。从格力电器披露的 2022 年中报来看，有三家机构对格力电器进行了减持，其他机构投资额大多保持不变。

从估值来看，截至 2022 年 11 月 1 日收盘，格力电器的估值已经跌至 5 年来的历史最低值。其滚动市盈率只有 6.43 倍，不仅远低于 2020 年 12 月的峰值 25.7 倍，也远低于近五年的历史估值中枢值 12.25 倍。反观老对手美的集团与新晋强有力的竞争对手海尔智家，它们的估值虽然在 2022 年也出现较为明显的回调，但是相比于格力电器，市场给予的估值明显要更高。

四、前因后果

（一）内部原因

1. 业绩不振，空调"一哥"地位不复存在

2013 年，董明珠和雷军两人约定以 5 年为期，赌小米公司营收能否超过格力电器，赌注为 10 亿元。5 年之后，雷军在小米公司十周年演讲中公开认输。不过，在随后的 2019 年，小米的总营收达到 2060 亿元，超过了格力电器的 1982 亿元。2020 年，格力电器掉队更加严重。不仅美的、小米、海尔智家的营收纷纷超过格力电器，而且就连格力电器的空调业务收入也被美的反超了。

在新冠疫情的影响下，格力电器 2020 年实现营收 1704.97 亿元，同比下降 14.97%；实现归母净利润 221.75 亿元，同比下降 10.21%。净资产收益率（ROE）则从 2019 年的 24.52% 大幅下降到 2021 年的 19.68%。而反观格力电器的竞争对手美的，即便在疫情的严重冲击下，美的 2020 年创造了 2857.10 亿元营业收入，同比上涨 2.27%，归母净利润同比上涨 12.44%，为 272.23 亿元。同时，格力电器的空调营收被美的超越，空调"老大"地位易主。

2021 年格力电器实现 1878.69 亿元营收，同比上涨 11.69%；创造了 230.64 亿元归母净利润，同比上涨 4.01%；基本每股收益为 4.04 元。虽然从表面上看，营收与净利润均实现增长，但由于格力电器 2020 年的业绩"惨不忍睹"，因此在上年基数较低的情况下，次年稍加恢复自然会有一个不错的增长速度。即便如此，格力电器 2021 年的成绩单相比于美的集团与海尔智家而言并不算亮眼。2021 年，美的集团实现营收 3412.33 亿元，增速高达 20.6%，与格力电器相比优势进一步扩大，实现归母净利润 285.73 亿元，同比增速虽然远远不及营收增速，仅为 4.96%，但依然高于格力电器的 4.01%。

另外，空调行业排名第三的海尔智家，这几年增长势头迅猛。2020 年，海尔智家营收增速为 4.68%，远高于格力电器的营收增速，也高于同期美的的 2.27%。净利润增速为 8.17%，也远高于格力电器同期的净利润增速。2021 年，海尔智家净利润增速高达 47.21%，毛利润率在原材料价格暴涨的

冲击下不降反升，高达 31.23%，远高于格力电器的 24.28%。

因此，相比于同行，不难看出，格力电器在近两年来的业绩的确疲软。

2. 多元化战略的失败

事实上，不管从何种角度看，格力电器遭遇经营"瓶颈"已是市场共识。

格力电器空调在市场上长期形成的绝对地位的确是优势，但其业务线过于单一，空调收入占总营收的比重常年维持在 70% 以上，一度高达 85%。资源过于集中、过分依赖空调的营收结构也会对其自身产生反噬。因此，从 2012 年开始，格力电器也开始尝试多元化。

一方面，在空调领域，格力电器已从家用拓展至商用以及特殊工况空调，后续将立足空调主业，重点向冷藏冷运、军工国防、医疗健康等领域继续拓展；另一方面，格力电器还拓展了冰箱、电饭煲等产品，当前公司拥有 46 个品类的家电产品，其中生活电器有 38 个品类。2021 年上半年，格力电器推出"全域养鲜"冰箱以及净悦、星焕系列洗衣机等新品。但相较空调，无论是多元化业务率先推出的其他家电，还是后来的智能装备业务、手机，再到新能源汽车业务，其产品市场认知度仍较低，这一结果几乎意味着多元化战略的失败。

3. 线上战略推动滞后

格力电器的线下销售体系可以说是使格力电器快速发展的灵魂。而如今，这样的体系却成了格力电器的"桎梏"。

格力电器采用股份制区域经销模式已经 20 多年，但是在电商崛起的背景下，格力电器的线下经销模式开始显得有些臃肿。层层批发代理的股份制区域经销模式最大的缺点就在于中间环节加价推高了产品价格，降低了市场竞争力。而在 2020 年 4 月，董明珠还公开表示"不愿意转型线上，因为不想格力电器五六十万线下门店销售人员失业"。实际上，2020 年，董明珠最终完成了 13 场全国巡回直播。这只是格力电器渠道变革的一个缩影。格力电器的渠道变革之路可以说从 2019 年 11 月就开始了。通过这样的方式，格力电器试图让自己的线下经销体系帮助自己的线上单量实现增长。

然而，在渠道变革过程中，经销商"倒戈"其他家电品牌，元老级人物"叛走"，在 2019 年格力电器开展新一轮渠道变革后频繁上演。而如今尚未在新零售转型中尝到甜头的格力电器，却在与经销商的利益冲突中，感受到传统渠道改革带来的阵痛。

4. 三次股权回购计划收效甚微

2020 年 4 月至 2021 年 9 月，作为国内家电行业曾经的"老大"，格力电器先后共进行了三次巨额股份回购，合计斥资 270 亿元人民币，达到 A 股股权回购之最。

2020 年 4 月，格力电器公布首次股票回购计划，准备以不高于 60 亿元人民币的股份总额回购公司股份。最终，格力电器在 2021 年 2 月 24 日以最大上限完成任务，合计回购超 1 亿股，成交总金额为 60 亿元。2020 年 10 月，格力电器公布第二期回购计划，拟回购总额同第一期。第二期回购于 2021 年 5 月 17 日完成，合计回购超 1 亿股，本次回购总成交额达 60 亿元。2021 年 5 月 26 日，格力电器宣布进行第三期回购，并于 2021 年 9 月 9 日完成，资金总额达 150 亿元，突破 A 股回购记录。

格力电器虽多轮斥资回购股份，但从其股价表现可以看出，总体上并未达到预期效果，股价依旧狂跌不止。数据显示，2020 年 7 月 16 日，即格力电器首次回购股份当日，其股票收盘价格比前一天下降 2.69 元，实施股份回购后，股价不升反降。无独有偶，2021 年 5 月 17 日，格力电器第二期股份回购结束当日，收盘价格为 41.260 元。同样，股价较之前并没有明显上升。进入 2021 年 4 月，格力电器股价更是一路下跌，从前两期的股价表现可以看出，股份回购并没有达到预期的效果，第三期的回购效果更是令人失望。2021 年 9 月 9 日，即格力电器第三期回购结束当日，股票价格更是创下历史新低。

2021 年 9 月 29 日，距离第三期股份回购结束不到 20 天，格力电器发布回购注销公告宣布，将第三期已回购股份的 30%，继续用于实施原定的股权激励计划，而剩余的 70% 股份，公司拟变更其用途，以减少注册资本。据悉，本次回购注销股份约达 2.21 亿股。受其注销第三期回购股份消息的影响，格力电器出现小幅度卜涨。可见，此举对了过去半年持续卜跌的格力电器来说，确实起到稳定股价的作用。但即便稳定了股价，却并不能从根本上解决上述的自身问题，因此也并不能长期有效地扭转股价的运行趋势。

（二）外部原因

1. 突如其来的新冠疫情

2020 年初，一场新冠疫情突如其来，给世界带来了深重的灾难。新冠疫情使企业停工停产，给产业链、供应链的稳定性带来了严峻的挑战。

而格力电器的主要产品为空调，空调业务的营业收入占到格力电器总营业收入的70%以上。空调作为传统的大件家电，购买后需要运输并上门安装。而由于疫情的影响，在疫情最严重的时候，人们居家隔离，即便空调被生产出来，消费者购买后，由于物流的中断，空调也无法进行运输并上门安装，因此对格力电器的营收产生了极大的影响。而格力电器的竞争对手美的由于产品结构多元化，且其小家电等不需要上门安装的产品营收占比较大，因此，相比之下，新冠疫情对格力电器的影响大得多。

另外，由于消费者在疫情期间被要求居家隔离，人们的消费方式从线下转换为线上。而在2020之前，格力电器的销售主要依赖线下，对线上的建设投入和重视程度远远不及美的。因此，疫情的冲击使格力电器措手不及。

格力电器发布的2020年半年报预告称，新冠疫情限制了行业终端市场营销与活动，导致居民消费需求变得更加疲软；公司净利润相比上年同期下降48%~54%。从格力电器公布的2020年、2021年两份年报可以看出，格力电器的存货周转率从2019年的6.51大幅下降到2020年的4.78，并进一步下降至2021年的4.03。

2. 暴涨的原材料价格

根据财报数据，2021年，格力电器创造了1878.69亿元营业收入，同比上涨11.69%；净利润同比上涨4.01%，仅为230.64亿元。之所以会出现这种增收不增利的情况，主要是由于原材料价格持续上涨，导致格力电器的营业成本居高不下，并拖累了整体净利润表现。

在家电原材料中，铜、铝、钢等金属在生产制造中占据较大比重。从2020年开始，这类大宗商品价格持续上涨。以铜、铝为例，长江有色网数据显示，2021年这两种原材料均价分别上涨了20.37%和30.6%。

财报显示，格力电器毛利润率从2019年的27.58%下降到2020年的26.14%，并进一步大幅下降至2021年的24.28%。2021年，格力电器原材料成本为862.27亿元，同比增加13.64%，占营业成本的比重高达88.27%。格力电器在年报中称，2021年受全球贸易摩擦、地缘政治以及疫情等因素影响，全球经济受挫，大宗原材料价格暴涨，市场竞争与成本压力逐级传导至整个供应链条。

3. 遭遇行业寒冬

2017年以来，我国空调销量开始低于产量，行业产销率逐年下滑，2019

年我国空调产量为 21866 万台，比 2018 年增长了 6.74%，超出销量 500 万台，产销率为 97.9%，行业存在产能过剩问题。据中商产业研究院预测，2020 年我国空调总产量将达 23593.9 万台，缓慢增长约 7%，空调行业整体处于成熟期。

在行业已经达到天花板时，再叠加疫情导致的宏观经济恶化、成本上升及产业链需求端的冲击，行业就容易陷入困境。"家电板块正在呈现向下趋势"成为券商分析师们在 2021~2022 年对这一行业发展的一致描述。

从 2021 年开始，诸多因素加速提升家电行业的紧迫感。除了上面提到的原材料价格上涨给家电企业带来较大的成本压力之外，2021 年下半年，房地产行业的下行也波及了家电行业。据统计，在房地产开发方面，2022 年 1~8 月我国累计投资 90809 亿元，同比下降 7.4%，增速连续 18 个月下滑，连续 5 个月负增长；房地产开发公司房屋施工面积 868649 万平方米，同比降低 4.5%；房屋新开工、竣工面积分别为 85062 万平方米、36861 万平方米，分别降低了 37.2%、21.1%；商品房销售面积 87890 万平方米，同比下降 23.0%；房地产开发企业土地购置面积同比下滑 49.7%。

另外，疫情反复也直接或间接导致居民工作的不稳定以及收入减少。国家统计局发布的数据显示，2018~2020 年，居民收入增速呈下降趋势。2022 年 4 月初我国发布了 2022 年第一季度消费者信心总指数，消费者信心总指数虽以 102.9 依旧维持在"有信心"的乐观区间，但同比下降 3.5、环比下降 2.9 的变化还是表现出环境变化下人们消费积极性的下降。随着市场消费热情的冷却，除了受疫情催化影响销量上涨的冷柜，以及部分新兴品类如干衣机、洗地机等保持较高增速外，多数刚需家电品类呈现市场下滑态势。

五、昔日的大白马股将何去何从？

伴随着空调行业进入三年寒冬，在布局多年的多元化业务尚无起色且未来依然不被外界看好的困境下，昔日被投资者奉为"大白马股"的格力电器路在何方？

诚然，无论是主动而为还是时势迫之，格力电器已经在加快自身的改革转型，渠道的变革及多元化战略初现曙光。虽然目前来看，格力电器的小家电和造手机的多元化战略依然被外界认为是失败的，但它的跨界造芯片已显露出一丝曙光。在当初纷纷被外界不看好和嘲笑的情况下，格力电器硬是坚持了下来。

珠海零边界集成电路有限公司通过投入 10 亿元注册资本于 2018 年 8 月 14 日成立，以芯片设计与营销等业务作为运营范围。该公司的大股东为珠海格力电器，并由董明珠担任公司法人，该公司按照 100% 的比例出资。

2021 年以来，"缺芯"成为产业之痛，手机、家电、汽车、计算机等行业的缺芯潮，让芯片产业成为人们关注的焦点之一。格力电器造"芯"的故事也为更多人所知，让人们看到了格力电器布局芯片行业的战略眼光。与前两次赌气似的手机与汽车业务相比，2018 年格力电器布局芯片，似乎靠主业更近一点。其目的很清楚：一方面向空调行业未掌控的产业链上游的芯片产业进军，期望完成对整个空调行业产业链的控制；另一方面也能依次拓展业务。

在屡次遭受讥讽、备受质疑的情况下，格力电器坚持了 4 年，如今零边界公司已经能够大量生产芯片，到 2022 年底累计出货量超过 1 亿颗，年均出货量达到 3600 多万颗。格力电器对外表示，公司在半导体领域已经取得了重大进展，自研芯片、器件都得到了量产验证。格力电器实现了 32 位 MCU 微控制单元芯片的量产，年产量超 1000 万颗。另外，前瞻产业研究院发布和《2022 年全球 CPU 芯片行业技术全景图谱》公布了截至 2022 年 9 月全球 CPU 芯片行业专利申请数量排名前 10 位的申请人，格力电器榜上有名。

在家电寒冬中，家电三大巨头逆境求生，纷纷打造第二增长曲线。巨头们均加快对企业端业务的布局，虽然业务各不重叠，但却拥有同样的特征，均投向智能制造、新能源等具有一定潜力的新兴产业。在新一代智能制造技术飞速发展，新能源汽车的电机、压缩机等产品部件供不应求的背景下，格力电器也将转型的目光瞄准了智能装备、工业制品、绿色能源这三大企业端业务。

目前，格力电器的企业端业务已展现出强劲的生长力，2022 年上半年，格力电器工业制品板块营收同比增长 57.79%，绿色能源板块营收同比增长 131.57%，增长十分迅速。格力电器虽然是以空调起家，但工业制品、绿色能源、智能装备等多元业务正在逐步成为格力电器在空调产业之外的"第二增长曲线"。

格力电器 2022 年第三季度营收为 522.67 亿元，同比增长 11%；净利为 68.38 亿元，同比增长 10.50%；扣除非经常性损益后净利为 69.59 亿元，同比增长 16.56%。而相比于美的集团的业绩，格力电器还是要出色不少。

2022年10月28日，美的集团公布了2022年的三季报。财报显示，第三季度集团创造了877.06亿元营收，同比上涨0.2%；公司实现了84.74亿元净利润，同比上涨0.33%。前三季度创造了244.7亿元净利润，同比增长4.33%。从2022年11月开始，格力电器的股价企稳并稍有回暖，但是否真正触底反弹，尚未可知。

六、尾声

格力电器股价在2021~2022年这两年里跌跌不休，或许是资本市场为昔日的空调"一哥"敲响了警钟。疫情的冲击、行业天花板已现并陷入寒冬、过去的多元化战略失败、渠道变革迫在眉睫，这些问题一次又一次地让格力电器陷入外界的质疑声中。然而，也许深受董明珠的影响，格力电器的血液中早已深深地烙上了她不服输的印迹。在绝境中，格力电器依然坚持着自己的选择，无论是芯片还是新能源车，都让外界开始看到它的跨界多元化的决心。

在寒风瑟瑟的家电行业，三大白电巨头均在企业掌门人的带领下破釜沉舟，逆流而上，到底谁能"破局"，或许在未来，资本市场又能提前给出答案。

案例使用说明

一、教学目的与用途

1. 适用课程：公司金融、企业战略管理、证券投资学。

2. 适用对象：本科生、研究生、MBA学员的案例教学，也可供有一定实践经验的工作人员或管理者学习。

3. 教学目的：本案例以格力电器股价持续下跌为主线，分析了格力电器股价下跌的缘由。从空调主业业绩的不振、多元化战略的失败、线上渠道改革的滞后等因素引出格力电器股价下跌的内部原因；从新冠疫情的冲击、原材料价格的暴涨、行业寒冬等因素导出股价下跌的外部原因。另外，本案例还主要从格力电器正大力发展的企业端业务对其未来发展之路的影响方面进行了探讨。具体教学目标如下：（1）熟悉价值投资的有关知识和理论，掌握如何从宏观经济、行业以及公司三个维度对公司股票价值进行分析。（2）掌握产业生命周期理论与"第二增长曲线"的有关知识和理论。

二、启发思考题

可以预先向学生布置以下问题，让学生结合问题阅读相关案例并进行自主思考：

1. 根据价值投资理念，如何判断格力电器的投资价值？
2. 为什么说目前我国空调行业已达到天花板？
3. 格力电器应如何打破空调行业的天花板，从而打造"第二增长曲线"？

三、理论依据及分析

（一）价值投资理论

1. 价值投资理论的主要内容及特征

价值投资理论以寻求投资对象的内在价值为中心，如果企业的内在价值比企业的市值要高，那么企业就有投资的价值。在进行投资分析时，价值投资人会从宏观经济、产业发展、企业发展等方面对投资对象进行全方位的研究。该学说具有如下特征：

（1）风险来源。价值学派认为，投资风险主要源于投资人没有注意到投资对象内在价值的变化。所以，投资人要想减少投资中出现的风险，就必须对目标公司进行正确的评估和分析。

（2）市场有效性。价值学派不同意"市场有效性假设"，他们相信，所有的信息都不可能完全反映在市场中。所以，投资人可以通过研究投资对象来获取超额利润。

（3）投资组合差异。价值学派并不提倡投资者建立一个证券交易组合，投资者应将资金投入自己所熟知的公司和业务中，对一家公司进行深入的研究，才能更好地掌握公司的发展前景，从而获得更大的投资回报。

2. 价值投资理论的分析方法

价值投资学说建立在对股价进行基本分析的基础上，其首要目标是寻找投资对象的内在价值，并得出其必然会回归到自身水平的价值层次。投资人在确定了投资对象的内在价值后，就可以根据目标市场上的价格变化来决定如何进行投资。

价值投资理论指出，证券的市场价格与证券的内在价值在大部分时候是不匹配的，也就是说证券的价格大部分时候偏离其内在价值（但不会总是偏离在一个方向，这个偏离有正有负），当股价比其本身内在的价值低时，投资者可以买进，当价格比内在价值高的时候卖掉，这样就能赚到钱。价值投资这一理论最早出现在本杰明·格雷厄姆和戴维·多德的《证券分析》一书中，该书奠定了价值投资理论的基础，并系统详尽地介绍了价值投资理论。两位作者介绍了这样几个问题和概念：

一是市场内在价值。市场内在价值指的是股票的内部属性所赋予的价值，是它所应当有的市场价格。这种内在价值不是资产负债表中的账面价值，如有一些企业账面价值可以很差，但是却有很强的盈利能力，或者具有很高的发展潜力，所以评估这种内在价值一直是比较困难的工作。而又因为股票价格以股票的内在价值为锚点而波动，因此评估内在价值就显得非常重要。

二是安全边际。安全边际是指判断错误的时候可以回旋的余地有多大。在评估一家上市公司的内在价值之后，需要和这家公司当前的股价做比较。如果潜在的盈利空间足够大，那么安全边际也会较大。这样的做法可以给自己在判断上市公司内在价值的时候留有足够的容错空间。安全边际是价值投资的核心，因为价值投资的内在价值判断往往是模糊的、不精确的，只有留有足够的安全边际，才能让价值投资策略相对安全，提高盈利的概率。

三是回报。理性看待持有的证券，不要期望超出合理范围的回报。不能让过分乐观或者贪婪的情绪干扰自己的理智。以一个合乎常理的期望去做投资，往往可以比那些持有高回报收益目标的人更接近成功。理论的基本假设是：上市公司有价证券的价格波动很大，但其本质价值是稳定的，是可以计量的。短期内，股票市场的价格往往脱离其本质价值，但市场有自我修正机制。从长期来看，其内在价值和市场价格趋于相同。价值投资的本质是在市场价格比本质价值低很多的时候买进有价证券，在市场价格大幅度高估的时候卖出。本质价值和市场价格之间的安全保证越大，投资风险越小，期待回报越高。

在充分运用基本分析法的基础上，要分析投资对象所处的整体环境和产业发展状况，重点在于对投资对象进行微观层面的分析。宏观环境分析主要是对影响企业投资价值的政治、经济等宏观经济环境进行分析，一般包括政府政策、近期经济情况等。中观产业研究是指研究和剖析本产业目前的发展状况和发展前景，企业内部价值的变动与其所在产业的发展情况密切相关。在产业分析完成后，要对目标公司进行调查和研究，通过对公司的财政和运营情况进行调查，可以更好地掌握公司的发展动向，全面掌握公司的内在价值。

3. 几种常见的价值投资策略

基于以上对价值投资的概述，以及人们对价值投资战略的实际实施习惯，我们可以把价值投资策略大体上分为三大类：一是买入稳定优质的高盈利高分红类股票的选股策略；二是买入短期被低估的公司股票的选股策略；三是买入成长潜力巨大的公司股票的选股策略。第一种选股策略延续了早期传统的价值投资方法。传统型价值投资策略在国内已经形成了一定的体系，首先需要选择那些盈利能力强的上市公司，最好它们还具有稳定持续的高分红，然后根据这些指标的高低，判断持有这只股票带来的期望分红是否"值得"买入。第二种选择低估值的价值投资法，其实是一种利用市场价格波动产生的偏差来进行套利的行为。这一类投资方法的核心是确认标的股票资产信息的真实性，确保没有隐含的财务造假或者政策风险等额外"陷阱"。在此前提下，两家业务运营状况和盈利状况完全相同的公司，股价更低的那家更加值得买入。第三种成长型价值投资策略就是选择成长型的股票。有些人会把成长型投资和传统价值投资区别对待，但本质上它们是一致的。成长型股票投资，通过动态评估分析来估计上市公司未来具有的内在价值，以获取这个未来价值和当前价格的价差，从而获取高额的利润。成长型价值投资既有选择强者恒强的跟随高成长业绩的公司的投资策略，也有通过社会需求分析、政策导向分析等基本分析选择股票的投资策略。

（二）产业生命周期理论

根据产业生命周期理论，大多数产业都会经历初创期、成长期、成熟期、衰退期的发展过程。在各个产业的发展过程中，产业内的公司数目、财务限制、市场架构、商品售价、革新水平等都会不断改变，而这种改变会对不同的商业行为产生直接的影响（Klepper，1996）。

　　产业的整个生命周期反映了一个产业的发展历程,如图1所示,这个生命周期曲线是从产业总体角度对行业发展进行归纳表述,它是一个行业的总体发展过程,它是从行业的总体角度来描述的,而在这条曲线中的各个阶段,可以通过行业销售量增长数量、市场成长速度、潜在的需求提升、产品类型、竞争对手数量、市场份额情况、出入障碍、技术创新以及使用者的消费行为等标志来辨认。特别是在行业发展初期,由于产品还没有得到市场的普遍认可,行业中的公司数量很少,行业发展速度也比较缓慢,呈现一条缓慢的曲线;在行业跨越最初的起步阶段后,随着产业得到市场的认可,需求和生产规模也不断扩大,领域内公司的数目增加,整个产业快速增长,表现为一条更陡的曲线;在经历了成熟期后,产业内公司的数目增多、竞争更加激烈,与此同时,在行业中,以产品为主导的设计也随之产生,但没有太多的创意空间,市场的需求逐步下降,这样,整个产业就进入了一个稳定的发展阶段;最后,随着市场需求的逐步减少,以及新技术和设备的不断更新换代,老产品将不能持续发展,最终被淘汰离开市场。

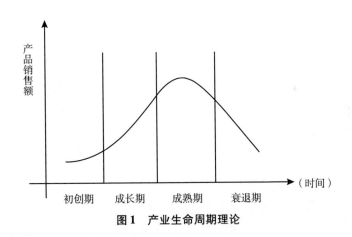

图1　产业生命周期理论

　　在产业发展的开始阶段,公司因缺乏对产品的市场认知,应该尽量选择使产业结构成型的战略,选择适当时机进入行业,并在原料供给方面尽可能获得成本上的竞争优势。成长型企业应该在适应市场需求的情况下,对产品的生产进行相应调整,同时,改进生产流程,创新生产技术,加速产品的更新换代,并通过持续不断地开发新产品来获取竞争优势。在成熟阶段,市场上已有的制造商已经趋于稳定,企业的市场份额变动较小,与此同时,随着主流设计的兴起，其创新创意空间受到限制，因此公司必须采取与价格无关的措施，如改进服务品质、改进售后服务等来增加其在市场上的竞争能力。最后，在产业衰退阶段，行业由繁荣转向衰败，市场需求量下降，产业逐步瓦解，在这个时期，产业应该实行抽资转向战略，从原来所属的产业中撤出，再选择新的行业并长久发展下去。

四、关键要点

格力电器曾经历了长达十年的股价上涨，为何近两年被资本市场无情抛弃？其股价下跌的幅度之大和时间之长也让许多曾经笃定地相信格力电器的投资者感到迷茫。本案例的关键在于对近两年来格力电器股价跌跌不休的原因进行分析，从格力电器内部原因与外部原因分别展开剖析。另外，本案例对格力电器在转型发展过程中大力推动的企业端业务进行展望，试图对格力电器未来发展之路及资本市场表现做一些分析。

案例三 大而不能倒?

——海航集团的爆雷

摘要： 随着民营企业的发展，市场经济迅速发展，多数企业可能会为了提高经营业绩而实施多元化经营战略，而许多企业由于受市场发展不健全和企业自身战略机制的影响，会出现资金链紧张、股价下跌等经济后果，导致财务风险加剧，甚至出现破产的可能。本案例介绍了海航集团的发展概况，分析了公司多元化经营战略及其发展过程中的流动性风险、筹资风险、投资风险、信用风险及营运风险。帮助读者更深入地理解企业经营过程中各种风险产生的原因及风险产生的影响。

一、引言

企业追求做大做强，是因为大企业具有更高的风险承受力和更多的资源，市场竞争力更强。当大型企业尤其是金融机构面临破产时，政府必须采取行动，防止倒闭引发连锁反应，对社会造成更大伤害，这就是"大而不能倒"的概念。例如 2008 年雷曼兄弟倒闭引发的全球金融危机。2021 年《财富》世界 500 强排行榜中，中国民营企业数量增加，不少企业占据市场主导地位，涉及公众利益。大型科技公司涉足多个领域，具备重要的基础设施特征。然而，大型企业风险更复杂，容易引发系统性风险。

二、背景

2018 年以来，我国经济面临着复杂严峻的外部环境，经济面临下行压力，民营企业和小微企业经营困难加重，一些长期积累的风险不断爆发。特别是，中美经贸摩擦、企业资金链趋紧等问题导致资本市场异常波动，民营企业发展信心不稳。2018 年 11 月 1 日，习近平总书记主持召开民营企业座谈会并发表重要讲话，高度评价改革开放以来民营经济为我国发展做出的重大贡献，充分肯定了民营经济的重要地位和作用，深入分析了当前民营经济发展遇到的困难和问题，明确提出了大力支持民营企业发展壮大 6 个方面的政策举措，为保持民营经济良好的发展势头注入了强大动力，为民营经济走向更加广阔的舞台注入了坚定信心。

海航曾经是中国航空业第四大行业巨头，风光一时，20 多年来，海航迅猛发展，成为国际航空业的一个传奇，也成为全球商界的一个传奇。2000 年 1 月，随着经营多元化，海航在自身基础上，成立了庞大的海航集团，而海航则继续专营民航业务。在《财富》世界 500 强名单中，海航集团连续多年上榜，成为一个令人羡慕的"神话"。同时，海航在这个神话里，成为一颗最耀眼的明星。然而，海航集团的实力无法支撑这个神话。多年来，海航集团靠借钱并购，巨债缠身，积重难返，陷入万劫不复的流动性陷阱中，出现了严重的资不抵债问题。

海航集团破产重整，犹如一个巨人轰然塌下，震惊了业界。海航集团旗下的核心成员海南航空进入破产重整阶段。辽宁方大集团入主海航且成为最大股东，使沸沸扬扬的海航爆雷事件告一段落。

神话最终破灭了。

三、事件发展

经过长期的挣扎，海航集团于 2021 年 1 月申请破产并宣布重组计划，震惊了业界。近年来，国内大型民企的债务问题日益凸显，万达、复星等企业先后陷入财务困境。这类大型民营企业集团陷入财务困境的事件是非常具有代表性的。对其陷入财务困境的情况进行研究具有重要的理论和现实意义。

海航集团自 2017 年就已经开始出现现金流问题，后来受新冠疫情的冲击，财务问题进一步加剧。但除了"天灾"之外，还有"人祸"。没有疫情，海航最多只是风险暴露得晚一点儿而已。从 2018 年开始，海航集团陷入流动性问题，随之而来的是经营困境，实在无法继续下去后，主动请求当地政府介入。不过在一年内处理 3000 多亿元资产后，海航仍有 7000 多亿元债务，被称为"亚洲债务最多的企业"。

海航债券违约过程从 2018 年公开发行的第一期可持续债"18 海航 Y1"开始，到 2021 年 2 月 24 日海航的信用主体及债项评级被下调到 C 结束。海航在 2018 年 9 月至 11 月期间发行了五期可持续公司债，共计 50 亿元，资金用途为置换存量有息债券和补充公司流动资金，中诚信国际给出的评级全部为 AAA；2018 年 10 月 26 日，发行 2018 年度第一期超短期融资券"18 海南航空 SCP001"，实际筹集资金 10 亿元，资金全部用于偿还公司存量债务，提高直接融资的比例，优化负债结构。

这一期间公司的融资及其他情况如下：

2018 年

9 月 14 日，公开发行 2018 年可续期公司债（第一期）"18 海航 Y1"。

9 月 27 日，公开发行 2018 年可续期公司债（第二期）"18 海航 Y2"。

10 月 19 日，公开发行 2018 年可续期公司债（第三期）"18 海航 Y3"。

10 月 26 日，发行 2018 年度第一期超短期融资券"18 海南航空 SCP001"。

11 月 5 日，公开发行 2018 年可续期公司债（第四期）"18 海航 Y4"。

11 月 27 日，公开发行 2018 年可续期公司债（第五期）"18 海航 Y5"。

2019 年

3 月 5 日，发行 2019 年度第一期超短期融资券"19 海南航空 SCP001"。

4 月 30 日，2018 年无可分配利润。

7 月 22 日，发行 2019 年度第二期超短期融资券"19 海南航空 SCP002"。

7 月 27 日，被证监会出具警示函。

11 月 29 日，发行 2019 年度第三期超短期融资券"19 海南航空 SCP003"。

12 月 11 日，被上交所通报批评、相关责任人记入诚信档案。

2020 年

3 月 2 日，颁布递延支付"16 海南航空 MTN001"当期利息的公告。

4 月 7 日，对"19 海南航空 SCP002"的兑付展期。

4 月 30 日，2019 年无可分配利润。

9 月至 10 月，依次发布对"18 海航 Y1""18 海航 Y2""18 海航 Y3""16 海南航空 MTN001""18 海航 Y4"的延期付息公告。

11 月 10 日，对"19 海南航空 SCP003"的兑付展期。

2021 年

1 月 12 日，对"19 海南航空 SCP002"再次展期。

1月29日，中诚信国际下调海航主体信用及2018年的五期可续期公司债的债项信用等级至AA。

2月2日，新世纪评级下调海航主体信用和"11海航02"债项信用评级至BB。

2月18日，海航接受破产重整。

2月23日，中诚信国际再次下调海航主体信用及2018年的五期可续期公司债的债项信用等级至C。

2月24日，新世纪评级再次下调公司主体信用和"11海航02"债项信用评级至C。

海航集团不仅是行业龙头之一，在整个民营企业界也是一家大型企业，2019年，在中国民营企业500强里，集团以6000多亿元的营收仅次于华为，位列第二。海航集团的创立和成长，与地区的发展同频共振。海南航空成立初期，资金不够，便利用政府颁发的经营许可证从银行贷款4亿元，还通过"民间众筹"筹集到2.5亿元融资，终于获得了第一笔资产。海航集团通过高超的资本运作，实现了资产20年增长3.6万倍的神话。

尝到资本甜头的海南航空，就此一发不可收拾。如果说一开始的"空手套白狼"是迫于生计，那么后来就纯粹是欲望驱动。2003年海南航空在经营好主业的同时，大力发展与主业相关的酒店、旅游和金融业务。自此之后，海南航空开启了疯狂的"买买买"模式，先后收购香港航空、香港快运等企业，后成立了大新华物流公司，入资、并购十几家上下游企业，又打造连锁商超王国，将多家超市收入囊中，并于2007年正式创立海航资本，同年还将房地产列为企业发展的重头戏。在2008年金融危机席卷全球、航空业纷纷收缩战线的情况下，集团仍主动出击，抛出了"超级X计划"——2020年海航集团营业收入要达到8000亿~10000亿元，进入"世界100强"，2030年营业收入要达到15000亿元，进入"世界50强"。此外，海南航空还确立了八大业务板块：航空、旅业、商业、物流、实业、机场、置业、酒店。关于海南航空的膨胀速度，有这样一组数据：2009年，集团旗下公司不到200家；2011年初，集团旗下公司接近600家。两年时间，公司数量就扩大了3倍！但没有最疯狂、只有更疯狂，在爆发流动性危机的2017年，海航的疯狂程度再上台阶。当年，海航以22.1亿美元收购曼哈顿公园大道245号大楼；持续增持德意志银行股份，5月份持股比例升至9.92%，成为德意志银行最大股东；以20亿美元收购香港惠理集团；以7.75亿美元收购嘉能可石油存储和物流业务 51% 的股权；以 13.99 亿新加坡元（68.72 亿元人民币）收购新加坡物流公司 CWT。2016 年和 2017 年两年间，海航净投资就高达 5600 亿元。从总资产的角度来看，海航的膨胀速度更为惊人。根据 Wind 数据库的数据，2016 年年中，海航集团的总资产为 5428 亿元，到了 2017 年底，其总资产规模飙升至 12319 亿元。20 年时间，海航资产完成从千万元到破万亿元的增长，增长了 10 万倍！

表面上，海航集团在进行疯狂的多元化扩张，但这背后更加危险的，则是激进运作、野蛮掠夺的资本操作。海航集团还进一步发挥了"民间众筹"的威力，玩起了 P2P，参与了多家互联网理财平台，多管齐下、全面捞钱。"发布标的超过限额""自融""不具备资质向公众募集资金"等乱象迭起。或许是空手套来的钱不心疼，海航集团大手笔的投资，简直像扔钱一样轻率。海航看中的需要几十亿美元投资的项目，尽职调查的时间都不超过一个月。例如，在 2015 年的 3 个月里海航接连在欧洲完成了 5 笔重磅交易，而金额高达百亿元人民币的收购项目，最长的尽调期居然只有 25 天。这种资管方式，风险极大。

2020 年，海航集团对旗下 63 家企业申请破产重整，成为新中国历史上金额最大的破产重整案例，而在工作组对海航集团摸底的过程中，各种乱象更是触目惊心。银行、债券持有人、供应商、员工等，仅股东和债权人就有 43 万名之多。

在联合工作组进驻前，没有人清楚庞大且错综复杂的海航系真正的资产和负债底数。联合工作组自 2020 年 2 月 29 日进驻后的一项重要工作就是摸底，花费数月时间对海航集团及旗下 2000 余家企业的资产、负债、关联往来等逐一核查，理清了整个集团的资产底数、管理结构、股权关系和债权关系。联合工作组副组长任清华发给顾刚全新的完整版的几家上市公司及集团公司的股权关系树状图，每一张都近三米长。她说："组长，看清明上河图。"海航集团内部人士对《中国经济周刊》记者说："这是海航历史上第一次摸清了整个集团的资产底数、管理结构、股权关系和债权关系。"摸底的结果是：严重资不抵债。"资产和负债的差距巨大，已经不是通过卖资产能解决的问题。"工作组相关人士透露。

或许令联合工作组最意想不到的是 3 家上市公司的资金被违规占用的情况，海航基础、海航控股以及供销大集（原西安民生）3 家上市公司均发布了《关于上市公司治理专项自查报告的公告》，其中详细披露了大股东及关联方非经营性资金占用、未披露担保等情况，仅海航控股就被占用资金 375 亿元。其中，被关联方拆借资金 96 亿元，借款被关联方实际使用 138.7 亿元，为关联方提供担保形成的资金划扣 86.7 亿元，关联方代收款项 50.8 亿元，帮大股东兑付员工理财 8.2 亿元；供销大集子公司购买的理财产品的最终资金 137 亿元被控股股东或其关联方借用，子公司为控股股东或其关联方提供担保导致资金被划扣 53 亿元；海航基础被关联方非经营性资金占用 55.7 亿元。

一直以来，海航集团内部有严格的等级分层，同时高度集权化。一位海航内部人士分析，高度集权化管理导致了资产流向的不透明，每家公司虽是独立实体，但在管理上根本无法保持独立，"一个人的调令就能随便调动旗下所有公司的资金，没有任何防火墙"。这最终导致了大股东对上市公司资金的巨额占用。现海南省副省长，曾担任海航集团破产重整工作组组长的顾刚在内部信中说："每周开例会的时候，想起这一周工作的艰辛，想起过去那种野蛮生长挖下的要处理的一个个大坑，想起我们很多决策的粗糙，想起要研究一项项被别人利用商业条款灭失掉的资产，我就会充满愤怒和不满，这么好的一个集团怎么就走到了今天？"这或许也是很多人的疑问和惋惜。

自海航集团进入破产程序以来，共接收了 2 万亿元债权申报，最终确认债权 1.1 万亿元。海航集团重整后被拆分为四个板块独立运营，各自回归主业健康发展。

在海航系的 4 个重整案中，海航集团有限公司等 321 家企业合并重整案涉及的企业主体最多，涉及的债权最多，重整计划安排也是最复杂的，主要通过信托计划实现资产管理与债务清偿。

四、海航事件风险分析

（一）宏观周期风险

商业周期是指经济中出现交替、循环的收缩与扩张现象，一般包括繁荣、衰退、萧条和复苏四个阶段。绝大多数市场主体会选择紧跟商业周期扩张与收缩。

2020 年，在特殊的宏观大背景下，国内企业的盈利能力和盈利状况都出现了较大幅度的下降，企业的资金回笼也出现了较大的问题，这变相增加了企业的外部融资需求。也就是说，全球经济的持续走低会影响到企业的创新能力、现金创造能力和资产运营能力。海航集团作为身处其中的一员也不可能不受影响，这一点从其上市板块的海航基础和供销大集的资产运营表现中就可以看出来。在经济增长大幅放缓的背景下，海航集团却逆势扩张，并且其扩张后的资源并不能带来很好的现金流，再加上扩张本身也需要大量的现金流，这就使海航集团最终陷入了财务困境。

（二）国际形势风险

海航的营业范围并不局限于国内，作为国内四大航空之一，海航前几年一直致力于构建高效互动的国际航线网络，截至 2019 年底，海航国际航线共258 条，覆盖亚洲、欧洲、北美、南美和大洋洲，对 66 个海外城市开放。然而随着国际航班竞争的加剧与国际形势的日渐严峻，海航面临着较为严峻的外部经营形势。

在中美贸易摩擦中，美方的主要手段为提高关税和限制并购。这不仅会直接影响到中国的出口贸易，还会影响到中国的产业升级。更严重的是，作为世界第一大和第二大经济体，中美两国间的贸易摩擦可能在全球范围内掀起贸易保护主义的高潮，这会使本来就很低迷的世界经济雪上加霜。海航集团在美国有大量的投资，中美贸易争端的不断升级，必然影响其正常的经营活动，加大其陷入财务困境的可能。同时，中美两国的经济体量巨大，两者之间的贸易争端也必然会波及海航集团其他有产业布局的地区。

（三）同业竞争风险

海航所在的航空业是一个高进入壁垒、高集中度、周期性明显的重资产行业，与 GDP 增长高度相关，受经济波动、安全情况、油价和汇率等外部因素影响，同时面临高铁等其他运输方式的竞争。尽管海航集团产业布局广泛，但航空业对其经营活动影响仍大。民航业竞争加剧，毛利率大幅下降，原因有三：一是准入门槛降低，民营资本进入；二是航空价格管制解除，机票定价更灵活；三是铁路和公路建设加快，对民航产生替代竞争，尤其是高铁对中短航线造成冲击。主业盈利下降使海航集团资金链紧张，为求生存，不得不举债扩大规模，提升竞争力。银行借贷是主要资金来源，高债务增加了财务风险。

（四） 多元化扩张带来的内部控制问题

企业多元化扩张是企业经营的异质市场数量增加的行为。从行业相关性来讲，多元化扩张可以分为相关多元化扩张和非相关多元化扩张两类。在实施相关多元化扩张时，企业相关性资产可以进行共享，更易于实现相关性行业之间的协调与合作，营运效率更高，企业整体收益更多。然而，实施非相关多元化扩张时，企业资产规模增大而相关性减弱，原本的主营业务技术设备无法在整个集团内部进行共享，企业在不具备深厚的非相关行业知识和经验时，不得不投入大量的人力、物力和时间，从而对主营业务造成不利影响。海航集团属于非相关多元化扩张。该扩张分散了海航主营业务的资源，影响了海航主营业务的市场竞争力。在非相关多元化产业结构中，集团内部控制混乱，相互持股，纵横重叠，形成一种畸形的多层级金字塔式控股。集团总部通过控股子公司，以少量资金迅速扩张资产，再通过子公司控制一批"孙"公司。但是，这种金字塔式控股的基础并不牢固，由于财务杠杆存在放大效应，只要集团个别成员出现问题，就很容易全线崩溃，唯一出路就是贱卖资产。

（五） 流动性风险

2019 年，海航控股未能按照相关协议偿还部分本金和利息，产生了债券违约。虽然其商讨结果是延期，但根据有关贷款协议，其借款银行、出租人和债权人有权要求海航控股在任何时候偿还相关贷款、融资租赁资金、资产证券化项目的应付账款和债券。除此之外，其一直采用的负债经营战略本身就存在较大隐患，在资产充足率不高的情况下，经营存在着较大的流动性风险。

海航的破产重组主要是资金链断裂引起的。而资金链断裂，在很大程度上是由于企业管理层和治理层失职，导致内部控制失效，资金严重入不敷出，拆东墙也补不了西墙，企业陷入了无尽深渊。

海航的流动性风险在国内航空业中最为严重，其现金及现金等价物净流量连续 3 年皆为负数。资金是企业的"血液"，资金的循环流动是否健康，流入及流出资金期限是否匹配，决定了企业的生存和发展。海航在 2014 ~ 2021 年投资活动现金净额、筹资活动现金净额和经营活动现金净额均呈现曲折变动，变动较大。随着企业的不断扩张，企业销售收入增加，与经营有关的现金流不断上升，经营现金净流入在 2015 年同比增长 108.78%，这主要是因为航油价格下降导致运输成本减少，降低了企业经营成本。2018 年由于燃油成本的大幅上升导致公司运营成本增加，企业经营现金净流入出现小幅下降。2020 年公司经营现金净流入首次跌成负值，主要是受到疫情影响，经济低迷，外出旅行和办公的旅客减少，航空票款销售额大幅下降。

海航的现金流风险来自多方面，其中之一是投资不合理。从投资活动来看，投资活动产生的现金流出一直在上升，但投资活动产生的净额始终为负，在多元化扩张进程中，海航看到热门产业的盈利，却忽视了航空运输业与其相关性不大，投资决策盲目。尤其是在 2016 年进军电子产销领域，公告显示，以 59.82 亿美元盲目收购英迈国际，由于资金不足，海航已经出现三次债务逾期，2020~2023 年公司还有四期借款，最终无力偿还，于 2022 年出售。收购英迈后其实际业绩并不达标，虽然营业收入高，但是实际净利润并不高，显然海航此次收购并不合理，对收购目标了解不足。

另外，导致流动性风险爆发的原因是海航集团未能有效地进行资金营运管理，下属部门或子公司各自管理资金往来，形成了各自为政的局面。企业缺乏稳健的资金管控机制，对应收关联方账款不重视，2017 年下半年，海航受国家宏观经济和多元化战略影响，爆发资金链危机。一方面，大规模对外并购一直蚕食着企业应对外部风险的能力，高杠杆的筹资结构更是加速了风险的传导速度，一时间，企业资金流动性紧张的传闻在市场上流传，股价大幅度下跌，导致投资者失去信心。另一方面，公司管理层已经意识到流动性风险的存在，但是并没有在第一时间选择防范风险，而是走上了加大杠杆继续扩张的道路，最终导致企业走上重整之路。企业内部控制不完善，资金期限不匹配，导致风险管理失效，资金流动性风险加剧。

（六）筹资风险

筹资风险主要是企业筹集资金过程中产生的风险，筹资方式、负债规模和结构以及偿债能力指标都可以反映企业的筹资能力，除 2021 年海航吸收方大集团投资是主要的资金来源之外，2014~2020 年其筹集资金的来源主要是借款，吸收投资、发行债券和其他方式获取的资金一直保持较小的比例，占比不超过 50%（见表 1）。这说明企业筹资方式过于单一，资金来源有限，过度依赖借款筹资会导致借款利率过高，企业可能会因此面临较大的偿债压力，从而产生筹资风险。

表1　　　　　　　　　　海航2014～2021年筹资活动现金流入　　　　　　　单位：亿元

报表项目	2014年	2015年	2016年	2017年	2018年	2019年	2020年	2021年
吸收投资收到的现金	27.40	28.00	231.04	29.71	0.70	0.30	25.20	83.99
取得借款收到的现金	405.72	236.72	206.03	409.79	396.51	337.98	65.16	0.89
发行债券收到的现金	69.67	24.93	24.85	175.39	70.91	41.23	—	—
收到其他与筹资活动有关的现金	46.02	64.38	24.73	16.48	40.52	18.81	9.44	—
筹资活动现金流入小计	548.82	354.02	486.64	631.36	508.64	398.32	99.80	84.88

资料来源：海航公司年报。

海航的负债规模在2014～2016年不断扩大，流动负债金额一直略低于非流动负债，但是负债结构相对来说比较合理。2017～2020年，流动负债金额超过非流动负债，流动负债的占比逐年上升，在2020年达到95.74%，主要原因之一是之前年份的多元化扩张较快，涉及非相关多元化的板块规模庞大，占据了大部分资金。面临着定期还款的巨大压力，海航选择了周转快的一年内到期的非流动负债。由于经营不善，利润低，企业只能不断借新债还旧债，陷入了恶性循环，导致流动负债激增。2021年，由于海航重整计划完成，公司对截至2021年12月31日的长期借款余额根据重整计划中规定的普通债及留债安排执行相应会计处理，非流动负债中的长期借款因此激增，同时租赁负债由于公司开始执行新租赁准则，确认融资租赁及经营租赁负债也出现大幅度上升，非流动负债占比远超过流动负债占比。

（七）投资风险

企业的筹资风险可能引发投资风险，而投资结构和回报则反映了企业的投资能力。海航在2014～2015年主要投资于固定资产和无形资产，对内购买飞机和发动机，对外购买酒店并进军房地产行业。2016年，海航通过收购英迈国际大规模对外投资，进军电子产销领域，导致子公司及其他营业单位支付的现金净额占投资活动现金流出的一半以上。2017年，并购导致固定资产支付现金大幅上升。2018～2020年，海航支付的其他与投资活动有关的现金主要由应付利息构成，这是因为收购英迈国际后，海航发行股票和债券筹资以偿还分期付款。然而，2021年由于重整，海航的投资活动大幅缩减，投资支出下降。此外，2014～2021年这八年的投资现金净额一直为负值，表明公司的投资投入大于投资回报，投资方面存在巨大风险。

海航 2014～2017 年固定资产、无形资产、可供出售金融资产、投资性房地产和长期股权投资逐年递增，表明公司扩张速度加快。然而，疯狂扩张带来的恶果开始显现，海航开始贱卖资产回笼资金。投资收益波动大。2016～2017 年投资收益上升主要是被收购单位投资收益稀释，非海航的盈利能力提升。2018 年收购东北电气出现亏损，2020 年亏损达 922.56 亿元。新冠疫情对航空业造成冲击。2021 年方大集团注资为海航带来新机遇，投资收益有所好转。

2014 年，企业对外投资占比低，盈利指标平稳增长，主要投资航空主业。2015～2019 年，海航投资重点转向非主业领域，如房地产、电子分销、金融和保险，资产快速扩充，营收上升。但新并购板块经营不善，期间费用上涨，净利润下降。非相关产业并购对盈利改善有限，集团毛利率大幅下跌并稳定在低位，期间费用增速长期高于毛利率。大规模并购导致主营业务和商业模式模糊，航空主业地位削弱。后期扩张集中在非相关多元化产业，资源分散，难以与主营业务联系，导致加权平均利润降低，盈利能力受损，产业结构不合理影响了各板块平衡和可持续发展能力。

（八）营运风险

营运风险对企业经营发展具有直接影响，是财务风险的重要组成部分。营运能力按资产不同分为应收账款周转能力、存货周转能力、流动资产周转能力和总资产周转能力。

海航的应收账款以航空票款为主，若回款不及时或拖欠时间长，会增加坏账风险。海航的应收账款周转率在 2014～2019 年逐渐下降，但高于行业均值，至 2020 年低于行业均值，说明其收账速度逐渐放慢。应收账款持续增加，主要是应收航空票款和技术费用增加。同时，坏账率上升，反映出海航多元化扩张后，营业收入未同比例增长，营运效率降低，风险增加。海航的流动资产主要是货币资金和其他应收款，但周转率远低于行业均值。2014～2017 年，流动资产上升，主要是货币资金增长。但 2019 年对外投资机场后，货币资金急速下滑，加上 2020 年新冠疫情影响，货币资金跌至 82.36 亿元，而其他应收款因债务担保增加 234 亿元。2021 年，因重整计划，其他应收款下降 475 亿元。海航的总资产周转率偏低，2017 年后因销售增加和合并Ingram Micro 等公司有所改善。虽然 Ingram Micro 公司的加入使集团整体状况看似好转，但总资产周转率一直低于行业均值。海航扩张过快，忽视了资产质量和协同效应，导致了后期危机。同时，应收账款和存货周转率优势消失，表明海航的扩张速度是以协同质量为代价的。

五、海航集团债务危机解决措施概述

财务困境下，海航集团选择出售非主业资产以缓解资金压力。然而，受中美贸易摩擦和新冠疫情的影响，市场环境恶化，处置资产变得困难。海航集团曾通过处置海内外优质资产来拯救现金流，其中包括贱价出售优质资产。由于金融强监管和回归主业的压力，海航集团出售了大量金融和融资租赁业务，专注于航旅业务。尽管出售资产缓解了流动性压力，但也造成了财务损失，并可能损害长期发展。集团的负责人强调要聚焦航空主业，但建议在处理非航空主业资产时要有选择性，保留具有增长潜力的业务板块。然而，航空运输业目前不景气，海航集团需要在保持主业的同时，寻找新的盈利增长点，如整合旅游、航空服务等。

六、结语

海航控股的债券违约事件并非仅由新冠疫情引发，而是多种因素累积所致。其中涉及宏观经济下行、突发事件、公司盲目扩张和债务压力，以及财务问题如现金流紧张、营运能力不足和盈利能力低下。连续的违约导致现金流进一步紧张，影响了后续经营，损害了企业的声誉，并引发连锁反应。负债经营对企业有利有弊，适当运用可降低融资成本，但不当操作可能导致债务期限错配和流动性问题。企业战略和内控对企业经营至关重要，盲目扩张和内控问题可能加剧困境。我国债券市场虽逐渐成熟但仍不完善，信用评级需进一步改进。目前评级不能真实反映风险，不利于投资者做出正确判断和监管。债券市场需进一步发展和更新评级制度，以促进其繁荣和完善。海航债券违约体现了高评级违约现象，反映了企业融资中的信用风险问题。海航破产重组是因现金流不足，剖析其债务结构有助于优化航空公司融资决策。其多元化扩张未带来规模效应和协同效应，反而引发了财务危机。分析海航经营战略有助于航空公司制定合理战略。企业应强化风险防范、加强内控、优化债务结构，避免财务困境。同时，债券市场应构建违约防范体系，妥善应对风险，促进良性发展。

案例使用说明

一、教学目的与用途

适用课程：公司金融、金融风险管理、国际金融。

适用对象：本科生、研究生、MBA 学员的案例教学，也可供有一定实践经验的工作人员或管理者学习。

教学目的：本案例以海航集团为研究对象，对企业进行风险识别、评价和控制研究，主要目的在于：通过对海航筹资风险、投资风险、现金流风险以及营运风险进行初步识别，判断风险等级，根据风险结果找出风险成因并提出相关的风险控制措施，以期帮助企业明晰财务状况，加强风险控制。具体教学目标如下：（1）熟悉公司财务分析的相关知识和理论。（2）掌握公司财务分析的相关知识和理论。（3）掌握公司信用风险、流动性风险等识别、度量、管理等知识和理论。

二、启发思考题

以下几个思考题可以预先布置给学生，让学生在阅读案例时进行思考：

1. 企业多元化发展的利弊。
2. 如何进行及时有效的风险识别？
3. 如何有效进行公司风险管理？

三、理论依据及分析

（一）多元化经营战略

公司多元化战略是一种商业竞争模式，公司可以开发上下游产业或者不相关产业，扩充企业规模，提升自身实力，实现企业向更高水平发展。企业在经营过程中，如果自身实力允许，都会进军新领域，进行多元化经营，以有效提升企业竞争力。多元化能够紧密结合企业本身的主营业务，与企业原有业务协同，延长产业链，提高附加值，获得更加稳定的收益。企业实施多元化战略大多是为了分散风险，提升竞争力，但并不是所有企业在实施该战略之后都可以降低财务风险。部分学者认为多元化经营可以分散财务风险，然而也有部分学者认为多元化经营会增加财务风险，因此建议企业要有针对性地进行财务风险管理。企业多元化扩张是企业经营的异质市场数量增加的行为。从行业相关性来讲，多元化扩张可以分为相关多元化扩张和非相关多元化扩张两类。实施相关多元化扩张有利于企业相关性资产进行共享，更易于实现相关性行业之间的协调与合作，营运效率更高，企业整体收益更多。然而，实施非相关多元化扩张时，企业资产规模增大而相关性减弱，原本的主营业务技术设备无法在整个集团内部进行共享，企业在不具备深厚的非相关行业知识和经验时，不得不投入大量的人力、物力和时间，对主营业务造成不利影响。

（1）同心多元化经营战略指企业在保证主营业务、以主业为核心的前提下，利用企业现有的资源开发新型产品。此种多元化经营战略适合企业的主营业务缺乏创新、逐渐失去竞争优势时采取。

（2）水平多元化经营战略指公司现有的产品和服务很难满足客户的新需求，因此公司会根据新需求选择生产新产品。水平多元化的特点是产品拥有相同的客户群。

（3）垂直多元化经营战略指企业在经营过程中可以选择向前延伸或者向后延伸产业。向前延伸是指企业可以对本公司的产品进行加工组合，创造新产品，获得更大的市场份额。向后延伸意味着企业并购原材料供应厂，保证公司原料、零配件的供应，风险较小。

（4）混合式多元化经营战略指企业扩充与主营业务相关性低的产品或服务。

（二）风险管理理论

基于全过程风险管理相关研究，风险管理可以分为五个过程：识别、测量、分析、实施、评估。其中风险措施主要是指为了规避风险与降低项目的风险水平，针对项目的风险识别结果而专门制定风险应对策略。

1. 风险识别

风险识别首先是通过已有的经验对风险进行研究和判断，其次是对过去产生的相关反馈进行整理分析，进而找出所有的相关因素，有针对性地进行预防和规避。风险识别内容包括：首先，分析存在何种风险；其次，对风险的成因进行判定；最后，确定存在的风险所导致后果的严重程度如何。风险识别有以下五个特点：不确定性、连续性、主观性、个别性以及全面性。

2. 财务风险度量

财务风险度量是在对企业财务风险进行识别之后，采用一定的方法对这些风险进行评价定级的方法，以明确风险的概率和强度，为控制财务风险提供依据。财务风险评价方法很多，其中有功效系数法、Z 值法、F 评分模型等。

3. 财务风险管理

（1）投资组合理论。投资组合理论最早由美国经济学家马科维茨（Harry Markowitz）于 1952 年提出。投资者可以利用投资组合实现资源的最大化利用，实现风险和回报之间的理想平衡。多元化战略在一定程度上类似于投资组合理论。通过多元化，投资分散在不同的行业。随着行业数量的增加，行业风险降低，甚至接近于零。但是过多不相关的多元化将失去主要行业的竞争力，导致其他行业资金不足，危及企业的健康发展。企业的合理多元化可以降低风险，同时降低风险对企业的财务影响，分散风险，稳定企业的运营。

（2）风险转移与分散理论风险转移是指将企业所面临的风险转移到其他金融产品或机构。控制风险是指把风险保持在可承受水平内，并保持风险可控。风险分散的理念根植于马科维茨的 CAPM 模型。利用不同资产的组合可以降低总体风险水平。

凯夫斯（R. E. Caves）和史蒂文斯（G. V. Stevens）在 20 世纪 70 年代提出风险分散理论。企业在经营过程中，产品服务之间的相关性越低，风险分散的效果就越好，企业完全可以通过经营其他不相关的产业来规避风险。所谓"不要把鸡蛋放在一个篮子里"，企业应该将公司的资金和人力分配到更多领域，以避免单个企业的衰落造成重大损失。企业实行多元化，可以采用独立投资和并购两种方式，两者都可以实现一定程度的风险分散，风险管理的专业水平关系到公司的生产能力以及公司目标能否实现。

（3）协同效应理论。1965 年，安索夫提出了经济协同效应理论。企业各部分的独立性和互联性形成的整体能力是一种协同战略，其价值主要体现在内外部资源的优化、营销能力的拓展、研发。协同效应是企业实施相关多元化战略的主要动力。协同效应理论认为企业可以通过并购获得经营协同、管理协同和财务协同，从而分散风险，提高规模效应。经济协作主要体现在通过大规模生产降低成本、提高生产效率和提高整体业务绩效。管理协同是指收购因管理效率低下而产生经营问题的企业，实现自身管理资源的优势。财务协同是指企业通过并购降低资本成本和税收成本，提高利润。

（4）委托代理理论。20世纪30年代，伯利和米恩斯提出委托代理理论。委托代理理论认为，企业的经营权和所有权应该分离。管理人员进行多元化和扩张可能是为了追求经营业绩，但可能导致过度投资，这不是从公司自身未来发展的角度出发的。此外，当公司的自由现金增加时，管理者也倾向于利用多元化来减少股东的股息，分散他们的业务风险。此外，大股东对公司拥有绝对控制权和决策权，有时，大股东为了自己的利益而关注不适合企业的业务，这种多元化扩张将损害公司的整体利益。

（三）财务困境

简单来说，财务困境就是指经营性现金流量不足以偿还集中到期的债务，导致企业陷入流动性危机，最终可能会导致破产清算或重组。企业从财务正常发展到财务困境，一般是一个连续的过程，通常不存在明显的分界点。企业的财务风险贯穿于企业所有财务活动之中。当企业无法履行对债权人的义务时，就意味着发生了财务困境，但是发生财务困境并不意味着破产，对企业来说，破产清算或破产重组只是解决财务困境的一种方式。财务困境发生在债务违约之前，真正导致企业资产损失的是财务困境成本，其中直接成本是因为破产清算或重组而产生的直接费用支出，如律师费、会计师费等；间接成本是因为企业资信状况恶化而造成的企业价值损失，如上游供应商的流失、融资成本上升。我国企业处置财务困境一般采取资产重组、债务重组和破产清算等方法。

诱发企业陷入财务困境的原因众多，归纳如下：第一，过重的利息负担是导致财务危机的一个关键因素。当企业的资金成本超过其借贷带来的利益时，财务困境便可能随之而来。第二，财务困境与治理结构之间存在一定的关联性。第三，企业的多元化扩张策略与财务危机的发生也有着密切的联系。第四，企业面临的刚性支付压力以及投资回报的不确定性，同样可能将企业推向财务困境的边缘。第五，通过虚构财务报表来人为提高公司估值，也是导致企业陷入财务困境的一个重要原因。

财务危机预警主要通过指标判定和模型判定两种途径来完成。判定指标主要有 14 个：ROA、资产负债率、流动资产比率、速动资产比率、营运资本总资产比率、流动资产收入比率、公司规模、资本机构、业绩与当前资产变现能力等。与此同时，国外学者还提出了 Z – Score 模型、Logit 模型、Probit 模型。阿尔特曼（Altman，1968）使用 Z – Score 模型来预警企业财务困境的发生。该模型通过建立一个基于多种财务指标的线性函数公式来预测企业的财务困境。奥尔森（Olhson，1980）提出 Logit 模型来预测企业财务困境。该模型重点关注公司的经营绩效、流动性、财务结构和公司规模。但该模型过于复杂，故实际中很少有企业运用。

应对财务困境的措施主要有如下几种：一是优化企业资本结构。虽然高负债能够带来一定的税收优惠收益，但也使企业面临很大的资金链断裂风险。当企业面临财务困境时不妨优化其资本结构，谋求新的筹资渠道。二是实行稳健的财务政策。如果公司在日常经营中能够小心谨慎，将会减小陷入财务困境的风险。三是资产重组。企业可以通过资产重组快速改善企业业绩。四是从长短期两方面着手，包括改善运营管理、预算管理、资产置换、债务重组、战略优化等。

（四）Z – Score 模型

美国金融经济学家爱德华·阿尔特曼 1968 年采用多变量分析技术对企业的财务状况进行判别，以预测企业两年内破产的可能性。经过大量的实践检验，其预测的正确率可以达到 75% 左右。阿尔特曼首先选择了 1946～1965年 33 家破产的制造业企业，再通过抽样选取了与其配对的 33 家正常经营的企业作为样本，运用 22 个财务指标通过数理统计进行分析筛选，最终建立了在 22 个财务比率基础上的 5 变量 Z – Score 模型，分别从企业资产的流动性、获利能力、财务结构、偿债能力和发展能力等方面综合反映企业财务状况。阿尔特曼经过大量调查和分析，选取了五个财务比率，并给予它们大小不同的权重，最后进行加权计算得到一个综合性风险分，这个得分就可以反映公司财务危机的程度。

Z – Score 模型中使用的变量的含义及计算如表 1 所示。

该模型的表达式为：$Z = 1.2X_1 + 1.4X_2 + 3.3X_3 + 0.6X_4 + 0.99X_5$。

表1   Z-Score 模型变量释义及计算公式

模型变量	释义	公式
X_1	反映流动性和规模的特点	（流动资产 - 流动负债）÷资产总额
X_2	衡量企业积累的利润，反映企业的经营年限	（未分配利润 + 盈余公积）÷资产总额
X_3	衡量企业在不考虑税收和融资影响时，其资产的生产能力情况，是衡量企业利用债权人和所有者权益总额取得盈利的指标	（利润总额 + 财务费用）÷资产总额
X_4	衡量企业的价值在资不抵债前可下降的程度，反映股东所提供的资本与债权人提供的资本的相对关系，反映企业基本财务结构是否稳定，也反映债权人投入的资本受股东资本的保障程度	所有者权益总额÷资产总额
X_5	衡量企业产生销售额的能力，表明企业资产利用的效果	营业收入综合÷资产总额

Z-Score 模型的判别条件如表2所示。

表2   Z-Score 模型的判别条件

Z 值	财务状况释义
$Z < 1.81$	极差，企业面临着严重的财务危机，破产的可能性很大
$1.81 \leqslant Z \leqslant 2.675$	不稳定，表明企业的财务状况不明朗，经营状况不稳定
$Z > 2.675$	良好，企业的财务状况和经营现状良好，发生财务危机的可能性很小

Z-Score 模型的缺陷如下：

第一，仅考虑两种极端情况（违约与没有违约），对于负债重整或虽然发生违约但是回收率很高的情况没有进行另外较详细的分类。

第二，权数未必一直是固定的，必须经常调整。

第三，并未考虑景气循环效应因子的影响。

第四，公司违约与否与风险特性的关系实际上可能是非线性的。

第五，缺乏经济的理论基础，也就是为什么仅这几个财务变量值得考虑，难道其他因素（如公司治理变量）没有预测能力吗？

第六，对市场的变化不够灵敏（运用的会计资料更新太慢）。

第七，无法计算投资组合的信用风险，因为 Z – Score 模型主要是针对个别资产的信用风险进行评估，对整个投资组合的信用风险无法衡量。

（五）F 评分模型

F 评分模型的前身是 Z – Score 模型。在研究过程中，有学者发现 Z – Score 模型存在一定局限性，通过不断优化调整，考虑了现金流量等因素，最终衍生出基于 Z – Score 模型的财务风险预警新模式——F 评分模型。

F 评分模型公式如下：

$$F = -0.1774 + 1.1091X_1 + 0.1074X_2 + 1.9271X_3 + 0.0302X_4 + 0.4961X_5$$

F 评分模型与 Z – Score 模型中各比率的区别就在于其 X_3、X_5 与 Z – Score 模型中的 X_3、X_5 不同。X_3 是一个现金流量变量，它是衡量企业所产生的全部现金流量可用于偿还企业债务能力的重要指标。一般来讲，企业提取的折旧费用也是企业创造的现金流入，必要时可将这部分资金用来偿还债务。X_5 测定的是企业总资产在创造现金流量方面的能力。相对于 Z – Score 模式，它可以更准确地预测出企业是否存在财务危机（其中的利息是指企业利息收入减去利息支出后的余额）。

F 评分模型中的 5 个自变量的选择是基于财务理论，其临界点为 0.0274。若某一特定的 F 评分低于 0.0274，则将被预测为破产公司；反之，若 F 评分高于 0.0274，则公司将被预测为继续生存公司。

（六）债券及债券违约

债券是指筹资者为了筹集资金而发行的一种金融工具，发行人通过出售债券给投资者而获得资金。发行人承诺按期向投资者支付利息，在债券到期时偿还本金。投资者又称债权人，有要求发行人按期偿还本息和破产清算时优先偿还的权利。债券具有流动性，投资者也可以通过出售未到期的债券提前收回本金。按照发行主体划分，债券可以分为国债、地方政府债、公司债等债券；按照是否上市划分，债券可以分为上市债券和非上市债券；按照偿还期限的不同划分，债券可以分为超短期债券、短期债券、中期债券及长期债券。

债券违约是指发行人违反约定，到期时没有如实履行义务。一般来说，对于债券的发行人，到期前已经被证明不能按期偿还本息、到期前发生破产清算或重组、即使重组了也不能按期还本付息、到期时不能偿还或用贷款来偿还等情况，被定义为债券的违约。

债券信用风险不仅包括债券违约给投资者带来损失的可能性，也包括债券发行主体信用评级下降导致债券价值降低给投资者带来损失的可能性。债券信用风险具有风险的潜在性、长期性、破坏性，以及控制的艰巨性等特点。很多逃废债务的企业，明知还不起也要负债，这种高负债造成了企业的低效益，潜在的风险也就与日俱增。思想道德的败坏也是导致信用风险的主要原因。在信用风险管理上，由于信用风险预测机制、转移机制、控制机制没有完全统一，造成管理难度很大。信用风险是金融机构和投资者面临的主要金融风险类型。

（七）信用评级理论

信用评级是指评级机构为社会提供的决策参考。评级机构作为专业的、独立的第三方机构，通过分析受评主体履行约定的能力和意愿，来反映其违约的可能性。在金融市场中，信用评级可以为市场参与者提供决策参考。上市公司拥有良好的资信评级，能够树立良好的形象，提高竞争力，方便以较低的成本筹资；投资者以资信评级为依据，买入适合的证券。信用评级也为监管部门提供了监管依据，监管者会着重注意资信评级差的经济主体，保持市场的稳定。伴随着我国市场经济体制的日益完善，信用评级的重要性也更加明显。

信用评级结果反映了证券按照交易合同约定完成兑付的可能性，是证券估值定价的基础。信用评级能有效帮助投资者更为全面地认识证券的客观优劣势，掌握更多的信息和依据来评估证券产品的风险和投资价值，基于评级结果进行风险防范，做出科学的投资决策。

（八）公司财务报表分析

财务报表是财务管理的最终劳动成果，实施财务报表分析，能为企业经营活动及投资决策提供参考依据，辅助企业管理层做出正确决策，以提高企业的经营管理质量。财务报表能够全面反映企业的财务状况、经营成果和现金流量情况。但仅凭财务报表上的数据并不能全面说明企业经营状况和经营成果，只有将企业的财务指标与有关的数据进行比较才能说明企业财务状况，因此要进行财务报表分析。财务报表分析主要涉及对企业资产负债表、利润表、现金流量表的主要报表项目和相关的财务指标进行分析。财务报表分析是由不同的使用者进行的，他们各自有不同的分析重点，也有共同的要求。从企业总体来看，财务报表分析的基本内容主要包括以下三个方面：

（1）分析企业的偿债能力，分析企业权益的结构，估量对债务资金的利用程度。

（2）评价企业资产的营运能力，分析企业资产的分布情况和周转使用情况。

（3）评价企业的盈利能力，分析企业利润目标的完成情况和不同年度盈利水平的变动情况。

我国的《企业财务通则》中为企业规定了三种财务指标：一是偿债能力指标，包括资产负债率、流动比率、速动比率；二是营运能力指标，包括应收账款周转率、存货周转率；三是盈利能力指标，包括资本金利润率、销售利润率（营业收入利润率）、成本费用利润率等。各类指标的计算方法及分析见表3。

表3　　　　　　　　　　　各类指标的计算方法及分析

指标类型	计算公式	指标分析
短期偿债能力指标	（1）流动比率＝流动资产/流动负债×100% （2）速动比率＝速动资产/流动负债×100% 其中，速动资产＝货币资金＋交易性金融资产＋应收账款＋应收票据	一般情况下，流动比率越高，短期偿债能力越强，从债权人角度看，流动比率越高越好；从企业经营者角度看，过高的流动比率，意味着机会成本的增加和获利能力的下降。速动比率越高，企业偿债能力越强，但却会因企业现金及应收账款占用过多而大大增加企业的机会成本
长期偿债能力指标	（1）资产负债率＝负债总额/资产总额×100% （2）产权比率＝负债总额/所有者权益总额×100%	一般情况下，资产负债率越低，表明企业长期偿债能力越强；从企业所有者来说，该指标过低表明对财务杠杆利用不够；企业的经营决策者应当将偿债能力指标与获利能力指标结合起来分析。一般情况下，产权比率越低，企业的长期偿债能力越强，但也表明企业不能充分发挥负债的财务杠杆效应
运营能力指标	周转率（周转次数）＝周转额/资产平均余额 周转期（周转天数）＝计算期天数/周转次数＝资产平均余额×计算期天数/周转额	运营能力主要用资产的周转速度来衡量，一般来说，周转速度越快，资产的使用效率越高，则运营能力越强。资产周转速度通常用周转率（周转次数）和周转期（周转天数）来表示

续表

指标类型	计算公式	指标分析
获利能力指标	营业利润率 = 营业利润/营业收入×100%	该指标越高，表明企业市场竞争力越强，发展潜力越大，盈利能力越强
	成本费用利润率 = 利润总额/成本费用总额×100%	该指标越高，表明企业为取得利润而付出的代价越小，成本费用控制得越好，盈利能力越强
	成本费用总额 = 营业成本 + 营业税金及附加 + 销售费用 + 管理费用 + 财务费用	
	总资产报酬率 = 息税前利润总额/平均资产总额×100%	一般情况下，该指标越高，表明企业的资产利用效益越好，整个企业的盈利能力越强
	息税前利润总额 = 利润总额 + 利息支出	
	净资产收益率 = 净利润/平均净资产×100%	一般认为，净资产收益率越高，企业自有资本获取收益的能力越强，运营效益越好，对企业投资人、债权人的保证程度越高

（九）财务杠杆理论

财务杠杆理论是指当存在固定的财务费用时，公司的息税前利润的小幅波动会引起每股收益的大幅波动。对于债券融资来说，当公司债券融资所得到的息税前利润率高于债券发行利率时，公司的负债经营就可以增加公司的税后利润。换句话说，公司的盈利水平越高，那么扣除固定的财务费用以后所剩下的投资者回报也会越多。因此当公司使用负债经营模式时，使用财务杠杆原理需要注意期望投资收益率应高于债券发行利率。财务杠杆反映了权益资本报酬的波动性，随着财务杠杆增大，财务风险也被放大，因此财务杠杆系数可以用以评价企业的财务风险。

财务杠杆受多种因素影响，在获得财务杠杆利益的同时，也伴随着不可估量的财务风险。财务杠杆的影响因素如下：

一是息税前利润率。在其他因素不变的情况下，财务杠杆系数与息税前利润率呈现反向变动的关系。在其他因素不变的情况下，息税前利润率对净资产收益率的影响是同向变化的。

二是负债的利息率。在息税前利润率和负债比例一定的情况下，负债的利息率对财务杠杆系数的影响是同向变化的，对于净资产收益率的影响是反向变化的。

三是负债比率（资本结构）。负债比率对财务杠杆系数的影响与负债利息率的影响相同，即：负债比率对财务杠杆系数的影响总是同向变化的。负债比率对净资产收益率的影响表现在正负两个方面，当息税前利润率高于负债利率时表现为正影响，反之表现为负影响。

（十）信息不对称理论

信息不对称是指由于一方缺乏另一方的信息，导致双方的地位不对等。金融市场中的信息不对称是指交易双方中一方由于缺乏另一方的信息，导致无法做出对自己最有利的决策。信息不对称的后果根据事前、事后分为两种，分别是逆向选择和道德风险。逆向选择是指贷款者的资金被最有可能违约的借款者借到，这是因为在金融市场中最有可能发生违约的借款者，往往是最积极的、支付利息最高的人。由于逆向选择会导致贷款者遭受损失，因此贷款者可能就不会发放任何资金。道德风险是指借款者借到资金后会倾向于做出高风险的决策，从而博取更高的收益，即使失败了也不必承担完全责任，但是这种行为往往不利于贷款者，很可能导致贷款不能如期偿还，因此贷款者可能不会借出任何资金。

第二篇　绿色金融

案例四 特斯拉被"踢出"标普 500 ESG 指数，ESG 真如马斯克所炮轰的那样是"骗局"吗？

摘要：本案例主要描述了特斯拉公司被"踢出"标普 500 ESG（环境、社会和公司治理）指数（以下简称"标普 ESG 指数"）的过程、原因及影响。创立于 2003 年的特斯拉，在马斯克的带领下，一直致力于实现世界加速向可持续能源转变，从而实现为人类创造更美好生活的愿景。然而，这家致力于带领世界向可持续能源转变的全球电动车龙头公司，居然被标普 ESG 指数"踢出"榜单，而埃克森美孚作为一家化石能源公司，却被标普 ESG 指数奉为榜样。标普 ESG 指数也因此被马斯克炮轰为"骗局"。致力于减排的特斯拉为什么会被踢出标普 ESG 指数？标普 ESG 指数真如马斯克所炮轰的那样是"骗局"吗？这个事件后特斯拉的 ESG 之路该何去何从？这都是特斯拉和马斯克不得不直面的问题。

一、引言

特斯拉作为全球知名电动车龙头公司被"踢出"标普 ESG 指数，这在消息爆出来前，恐怕没人会想到。

2022 年 5 月，著名的指数服务商标准普尔公布了旗下标普 ESG 指数的年度调整信息。在 2022 年的标普 ESG 指数中，入围公司包括化工巨头埃克森美孚公司，而在被"踢出"指数的企业名单中，特斯拉赫然在列。除名消息一出，立即引起市场的广泛关注。面对自己的公司被"踢出"标普 ESG 指数，而埃克森美孚却被标普 ESG 指数列为表现优秀的前十大企业之一，特斯拉的首席执行官马斯克愤怒地炮轰标普 ESG 指数是"大骗局"。

特斯拉在很多人眼中是一家伟大的公司，它坚持推动电动汽车的发展与普及，凭借坚定的信念打破了"电动车已死"的传言，并最终连续多年占据着全球电动汽车市场份额的首位。特斯拉一直坚持致力于"加速世界向可持续能源的转变，为人类创造更美好生活"的愿景。

2022 年 3 月，比往年提前了两个月的时间，特斯拉发布了 2021 年度《影响力报告》，详细地列出了其在 ESG 各项指标中的优异表现。那么，作为一家在环保上没多大"原罪"，甚至在 ESG 各项指标中均有着不错表现且有远大抱负的公司，为何会被标普 ESG 指数除名？是标普 ESG 指数哗众取宠还是特斯拉真的名不副实？如果是后者，特斯拉的 ESG 风险又来自哪里？这次除名事件对特斯拉将会产生什么影响？

二、特斯拉——全球知名的新能源汽车巨头

特斯拉于 2003 年在美国硅谷成立。作为一家汽车公司，该公司在选址方面具有鲜明的特色，在初步发展阶段，公司就将硅谷确立为开设地点。该公司的建立改变了硅谷清一色的电子和计算机产业的现状，也使这家汽车公司与周边公司显得格格不入。但就在这种环境下，特斯拉从硅谷走出，并成为新能源汽车巨头。

就在大量传统巨头无法挺过难关的时候，特斯拉一路坚持，并呈现出良好的发展趋势。2020 年 6 月 10 日，该公司股票的收盘价格为每股 1025.05 美元，市值高达 1901.22 亿美元，市值首度超过福特汽车，成为美股市场价值最高的汽车公司，这一天具有划时代的意义。特斯拉无论在股价还是在行业排名上都领先于大多数汽车行业巨头。

当前，特斯拉公司致力于从事研发、产销性能较高的电动汽车以及先进的系统部件，并向第三方提供电动汽车动力系统的研发以及代工生产服务。该公司曾提出，要设法普及纯电动车辆，使它的价格在所有消费者的消费能力范围以内。《特斯拉远景规划及中国供应链的机遇》报告指出，"特斯拉的愿景——加速世界向可持续能源的转变……特斯拉的目标是：直面、击败燃油汽车"。特斯拉的首席执行官马斯克非常诚实地说："我不是为了颠覆而颠覆，我是为了使人类有更美好的生活。"从远大的理想到产业化之间存在着巨大的鸿沟。特斯拉的创新力源自对事物本质的理解和对创造美好生活的追求。

三、ESG 及 ESG 指数

（一）ESG 及 ESG 评价体系

2006 年联合国负责任投资原则组织（UNPRI）正式提出了 ESG 概念，即环境（environment）、社会（social）和公司治理（governance）的英文缩写，将三者作为可持续发展的核心评估指标，明确了社会责任投资原则，从环境、社会和公司治理三个维度评估企业经营的可持续性与对社会价值观念的影响。它超越了传统的只注重财务绩效的单一评价标准和投资理念，从契合时代发展的视角来看待企业的表现。表 1 为 ESG 评级机构部分常见的 ESG 指标。

表 1   **ESG 评级机构常见的 ESG 指标**

环境（E）	社会（S）	公司治理（G）
环境政策	精准扶贫	股权结构
绿色技术	乡村振兴	会计政策
节能减排措施	公益慈善	风险管理
温室气体排放	社区沟通	信息披露
废弃物污染及管理政策	员工福利与健康	道德准则标准

资料来源：根据网络资料整理。

随着国际组织和投资机构将 ESG 概念不断深化，逐渐构建出了较为系统、全面的绩效评估方法，涌现出了明晟（MSCI）、富时罗素（FTSE Russell）、晨星（Sustainalytics）、道琼斯（Dow Jones）、汤森路透（Thomson Reuters）等一系列有影响力的 ESG 评价机构。ESG 已经成为绿色金融体系的重要组成部分，成为当代社会进行企业社会投资的基础，它能让企业从长远的角度出发来制定公司政策，也有利于投资者获取长远的利益。

ESG 评价体系也称 ESG 评级（ESG ratings），是由商业和非营利组织创建的，以评估企业的承诺、业绩、商业模式和结构如何与可持续发展目标相一致。它们首先被投资公司用来筛选或评估其各种基金和投资组合中的公司。求职者、客户和其他人在评估商业关系时也可以使用这些评级，而被评级的公司本身也可以更好地了解其优势、劣势、风险和机会。市场投资主体可以基于 ESG 评价，通过对公司的 ESG 绩效进行观测，对其在投资行为、推动经济长远发展、承担社会责任方面做出的贡献进行评价。

1. 环境责任（E）

ESG 中的环境责任侧重于企业行为对环境的影响，即主要对公司生产运营活动中的绿色投入、对资源与能源的永续利用、对破坏生态环境的物质的处理方式、是否按照政府的环境监督管理要求执行等方面进行考察。隶属于伦敦证券交易所集团的富时罗素将环境分为公司的供应链情况、生物的多样性、水资源的使用情况、污染物排放和资源使用、气候变化五大方面。全球最大的 ESG 数据及研究服务和指数提供商之一明晟公司（MSCI）也对环境领域的涵盖方面进行了定义，如表 2 所示。

表 2   MSCI 关于 ESG 的评级内容

评级机构	4 个层面	13 项议题
MSCI	气候变化	碳排放
		产品碳足迹
		财务环境影响
		对于气候变化的脆弱性
		水资源压力
	自然资本	原材料采购
		生态多样性与土地利用
		有害排放和废弃物
	污染物与废弃物	包装材料与废弃物
		电子垃圾
	环境机会	清洁技术机会
		绿色建筑机会
		再生能源机会

资料来源：MSCI。

可见，企业在控制自身污染的情况下，还可以抓紧环境机会，发展绿色能源。在其他机构的评级标准中，环境领域通常还会考虑绿色投入情况、环境管理政策等。

2. 社会责任（S）

社会责任代表着企业的经营管理要有助于社会发展，不能违背规律。它是一种超越了法律的存在，属于对组织在道德方面的要求，是组织的自愿行为。企业社会责任主要是指要求企业不再以利润作为唯一目的，而要对消费者、环境、社会做出贡献。它旨在对公司与政府等利益主体的相关期望、诉求进行考察，关注公司利益主体之间是否能保持平衡。

企业是社会的基本构成单元，为人类提供了生活所需的各类产品以及服务，在 ESG 的践行阶段，公司扮演了至关重要的实践者的角色，被委托承担重要使命。在公司一味注重利益而忽视公共目标的情况下，气候等问题变得日益严峻。因此，社会各界都在探索相应的解决方案，使人类共同面对的问题得到有力解决，包括社会责任、政府监督管理。但效果差强人意，特别是社会责任，事实上它是公司在满足法律规定的基础上采取的志愿性行为，难以为公司积极承担社会责任来实现此类目标提供有力支持。

ESG 在 2004 年发布的《关心者赢》（*Who Cares Wins*）的报告中首次向市场主体提出了可持续发展的核心要素。联合国负责任投资原则（PRI）于 2006 年成立，正式建立了 ESG 框架，ESG 投资思想渐渐盛行，在全球范围内，加入其中的知名公司、投资机构总数为 5000 家左右，这些公司和机构全方位推动商界承担社会责任、力求实现永续发展。

3. 公司治理（G）

可持续会计准则理事会（SASB）所列举的公司治理议题，包含对一般性、重大意外风险的管理等。值得一提的是，商业伦理包含组织是否诚实守信、是否注重公正等议题，并由此衍生出反诈欺等议题。此外，公司治理与企业的管理与领导方式存在密切联系，而问题源自两权分离。

当代公司在进行两权分离时，易于引发代理人问题：经理人注重个人目标，追求权力、声誉等，而无视股东、其他利益主体的利益，最终会导致股东财富流失，更会对组织的长期绩效带来负面影响。因此，公司治理的目标在于建立一种约束机制，为经理提供治理引导、监督以及评价，使公司保持公正、公正运行。

（二）ESG 指数

1. 标普 ESG 指数

标普 ESG 指数是基于广泛的市值加权指数，其目标在于考察与可持续发展标准相符的证券的表现，并保持与标普 ESG 指数相似的整体行业组的权重。标普 ESG 指数在每年 4 月最后一个工作日交易结束后进行调整。其采用标普 ESG 评分将公司从高到低进行排列，以所选公司市值达到标普 500 宽基指数中每个 GICS（全球行业分类系统）行业组别市值的 75% 为目标。其编制步骤如下：

第一步：剔除业务涉及烟草或存在争议性的武器公司，或联合国全球契约组织（UNGC）评分低的公司。

第二步：剔除标普 ESG 评分在 GICS 行业组别中排名全球倒数 25% 的公司。

第三步：在标普 500 指数中，按照标普 ESG 评分对于每个 GICS 行业组别中余下的公司进行排序。

第四步：从标普 ESG 评分最高的公司开始，按评分高低选出纳入的公司，以 GICS 行业组别市值的 75% 为目标。

第五步：按照流通市值对公司进行加权。

根据不同行业组别，权重也有差异。例如，制药行业的医疗成效贡献、产品质量及召回管理是重点因素；而对于采矿和矿物行业，考量因素则是矿物废料管理、水相关风险和生物多样性。

已经有不少金融产品和这一指数挂钩，比如资管公司东方汇理和景顺的 ETF 基金，都要考虑这一指数变化。如果一家公司忽然被踢出名单，关注 ESG 的投资人将产生疑虑，这也意味着他们掌握的 ESG 基金可能减少对该公司的投资。

2. 其他主要 ESG 指数

（1）MSCI 指数。MSCI 的 ESG 评价体系包含 3 个一级支柱、10 个二级主题指标、35 个三级关键问题指标和 1000 多个具体数据点。该评价体系的行业差异特性主要体现为两点：其一，在考察不同行业 ESG 表现时，MSCI 根据影响程度和作用时间对每个三级关键问题指标赋予不同权重，例如隐私和数据安全分项在能源、金融、信息科技和通信服务行业的权重分别为 0.1%、10.1%、10.1% 和 24.1%，在材料行业的权重为 0%（即不考虑）；其二，各指标自下而上加权汇总后的得分会与行业同类公司进行比较，得到公司最终的 ESG 评级，分为 AAA 至 CCC 的 7 个等级。

对底层指标评分时，MSCI 主要考察公司的管理能力和风险敞口两个维度，其中管理能力主要考察公司战略和业绩表现，如果出现争议事件将扣除相应分数；风险敞口主要考虑公司的业务特征，例如核心产品特点、运营地点、生产是否外包、对政府订单依赖程度。公司的管理能力越强、风险敞口越小，得到的分数就越高，反之越低。

（2）富时罗素（FTSE Russell）指数

富时罗素指数的 ESG 评价体系有三层结构：第一层是环境、社会和公司治理 3 个支柱；第二层是 14 个主题指标，其中环境类指标包括生物多样性、气候变化、污染与资源、水安全、供应链环境 5 项，社会类指标包括劳工标准、人权与社区、健康安全、消费者责任、供应链社会影响 5 项，公司治理类指标包括反腐败、企业管理、风险管理、税收透明度 4 项；第三层是适用于分析每家公司具体情况的 300 多个独立评估指标。指标权重的给定参考敞口大小，最重要的 ESG 问题被赋予最大的权重。最终每家符合条件的公司会获得一个分值为 0~5 分的 ESG 整体评分。值得一提的是，在进行 ESG 评分时，富时罗素指数仅使用公开资料，不会向公司发送问卷，但公司可以通过网络研究平台对评分结果进行反馈以获得可能的更正。

（3）Sustainalytics 指数。Sustainalytics 的 ESG 评价体系较为特别，可以划分为公司治理模块、实质性议题模块及特殊议题模块三个部分。三个模块中，公司治理模块主要聚焦公司管理不善的可能风险，没有行业差异性，权重通常为 20%；实质性议题模块主要关注公司所属行业商业模式和商业环境的潜在风险，是 ESG 评价的核心和关键；特殊议题模板主要对应公司的"黑天鹅"事件，不涉及行业特征引发的共性问题。

Sustainalytics 结合风险敞口和管理能力对各指标进行评分，步骤如下：首先，通过事件追踪、公司报告、外部数据和第三方研究计算行业的风险敞口，根据生产、融资、事件和地域特征确定每家公司的 beta 系数，两者相乘得到公司的风险敞口；其次，考察公司对员工的管理能力（如职业健康和安全）、外部参与者对公司管理能力的影响（如网络安全）、问题的复杂性（如全球供应链）以及创新的技术限制（如碳排放）这四个主要因素，确定行业层面风险敞口有多大比例不可控，得到可控风险因子 MRF，继而计算出公司可控风险敞口大小；再次，根据管理体系和管理结果计算公司的管理得分，再乘以可控风险敞口，得到受控风险；最后，用公司风险敞口减去受控风险，对公司未管理风险进行评分。

结果呈现形式上，Sustainalytics 按照企业 ESG 风险得分划分风险等级，其中 0~10 分为可忽略的风险水平，11~20 分为低风险水平，21~30 分为中等风险水平，31~40 分为高风险水平，40 分以上为严峻风险水平。

四、事件回顾

2022 年 5 月，著名的指数服务商标准普尔公布了旗下标普 ESG 指数的年度调整信息。在 2022 年的标普 ESG 指数中，入围的包括苹果、微软、亚马逊、Alphabet、英伟达、摩根士丹利等，也有能源公司如埃克森美孚。而在被踢出指数的企业名单中，特斯拉公司赫然在列。除名消息一出，立即引起市场的广泛关注，特斯拉股价也随即发生异动。当日，特斯拉股价大幅走低，最低下跌近 8%，最终收盘跌 6.8%，收盘价为 709.81 美元，为 2021 年 9 月以来最低。特斯拉市值一夜之间就蒸发了 537 亿美元，合人民币超 3600 亿元，相当于两个上汽集团。马斯克非常气愤，他在推特上炮轰道："标普 ESG 指数把埃克森美孚这样一家化石能源公司列为 ESG 表现最好的 10 家企业之一，而特斯拉甚至没上榜。ESG 就是一个骗局，成了社会正义伪君子们的武器。"

"虽然特斯拉可能在减少燃料汽车方面发挥了一定作用，但从更广泛的 ESG 角度来看，它已经落后于其同业。特斯拉的标普 ESG 评分虽然与往常比较'相当稳定'，但在全球同行业公司中已经跌至倒数的 25%。因此特斯拉的 ESG 评分排名过低，不足以入选指数成分股。"标普 ESG 指数主管多恩（Margaret Dorn）如此解释特斯拉的失利。另外，多恩肯定了特斯拉在新能源汽车上的贡献，但他称："虽然特斯拉可能在推动燃油车退出市场方面发挥了作用，但从更广泛的 ESG 评级角度来看，其已经落后于同行。"另外，在汽车和零部件行业，特斯拉也算不得出彩。特斯拉于 2021 年 5 月才入选标普 ESG 指数。满分 100 分的评分体系，特斯拉才得到 22 分，在汽车和零部件行业公司中排名第五，低于通用汽车以及零部件厂商安波福、博格华纳，也不如福特汽车。

我们再来看看其他几家 ESG 评级机构给特斯拉的评分。MSCI 在 2017 年给特斯拉的评级是最高等级"AAA"，2018 年降至"AA"，2019 年又降至"A"，且一直保持到 2021 年 12 月。根据 MSCI 官网信息，特斯拉在劳工管理与产品质量安全两个方面的表现处于汽车行业落后水平。在 Sustainalytics 的 ESG 风险评估中，特斯拉 2021 年 11 月 16 日获得的 ESG 风险得分是 28.5 分，风险等级为"中等"，在 82 家参与评级的车企中排名 41 位，在全球 14732 家参与评级的企业中排名 8263 位，均处于中游水平。Sustainalytics 给特斯拉的评分也在一定程度上印证了标普 ESG 的判断：虽然特斯拉在推动绿色能源发展方面发挥了作用，但整体的 ESG 评分结果仍然落后于同行业平均水平。并且，Sustainalytics 也曾指出，由于特斯拉在公司治理和劳工关系方面发生了较多负面事件，其争议等级为"重大"。这意味着特斯拉在上述两方面的风险暴露程度更高。

看来，在评价特斯拉的 ESG 表现这件事上，不同的评级机构都给出了非常相似的结论。

五、ESG 指数真的是骗局吗？

一直以来，电动汽车都被视为清洁能源的重要载体，自动驾驶的应用也在改善行驶安全方面逐渐发挥着作用，然而龙头电动车企业却不被国际权威的 ESG 指数认可，乍一看确实令人难以理解。然而，标普的做法并非无稽之谈或是哗众取宠。正如上文所指出的，该指数的负责人多恩在 2022 年 5 月 17 日发文对相关变更做出了说明，指出："虽然特斯拉在替代燃油车方面卓有成效，特斯拉的 ESG 表现并没有显著变差，但是从更宽幅的 ESG 标准来看，特斯拉存在一些旧有问题尚未解决。因此，随着行业内其他公司 ESG 管理的改善，它正在落后于同行。"特斯拉落后的议题主要在于"劳工关系""产品安全""污染物排放""碳足迹"等。因此，根据多恩的批评，特斯拉大致有 5 个扣分项，分别是缺少减碳策略、商业行为准则方面的缺陷、产品质量问题、反歧视方面的缺陷及环境污染。因此其评分跌进倒数 25%，被从成分股中剔除。尽管特斯拉的电动汽车减少了温室气体排放，但其整体的 ESG 评分结果却相对落后。

（一）缺少减碳策略

作为一家定位于 100% 生产新能源汽车的企业，特斯拉的减排努力已无须多言。特斯拉发布的《2021 年影响力报告》（以下简称《报告》）显示，2021 年特斯拉通过新能源汽车、储能设备、太阳能电池板减少了 840 万公吨二氧化碳。其中，新能源汽车产品对二氧化碳减排的贡献为 680 万公吨。

特斯拉的产品，尤其是电动车，虽然在使用阶段能减少大量的碳排放，但是在生产阶段还是高排放的。特斯拉虽然在使用阶段没有尾气排放，但其电能仍主要来自燃煤发电，因此仍有相当多的污染排放。而其生产过程，不但碳排放显著高于普通燃油车辆，还涉及废气等污染物的排放。随着产能的扩张，若特斯拉不对供应链的污染物与温室气体排放加以有效管控，环境影响可能增加。

1. 特斯拉违反美国《清洁空气法》被罚

在马萨诸塞大学 2021 年"100 大空气污染公司"中，特斯拉排名 22 位，这其中一个重要原因在于特斯拉在生产环节的排放未能达到标准。特斯拉美国工厂在 2016 年 10 月至 2019 年 9 月期间，曾多次因违反美国《清洁空气法》中废气管控的相关规定被美国国家环境保护局（EPA）处罚。

但特斯拉似乎并不急着计划减少这部分排放。特斯拉表示已经对包括环境议题在内的供应链问题开展审核，并通过与供应商直接接触来了解他们的整改计划。但纵观整个报告及官网，并未看到特斯拉关于供应链环境管理的监督层级、审核进展，以及对供应商整改的具体要求，也无从得知相关要求是否得到了充分的执行。除此之外，特斯拉在电池回收方面也未达到环保标准。

2. 特斯拉供应链碳排放数据仍未披露

作为年销售近百万辆的新能源车行业引领者，碳减排一直是特斯拉着力宣传的卖点之一。但实际上，特斯拉一方面公开呼吁汽车制造商推动全行业转向电动汽车以显著减少排放，另一方面，其供应链温室气体核算披露工作，却依然进展缓慢。特斯拉尽管声称其帮助客户降低排放，也一再强调全生命周期的碳排放较燃油车更低，但是，长期以来，电动汽车在减排量方面究竟比内燃机汽车领先多少，依然不得而知。

显而易见，投资主体对此感到不满，认为应将数字如实呈现出来，而不能凭空想象。因此，自 2017 年以后，Trillium 资产管理公司（Trillium Asset Management）等 ESG 机构就渐渐锁定特斯拉工厂，要求该公司加大对 ESG 的披露力度。特斯拉披露的 ESG 报告中主要存在以下缺陷：其一，并没有按照会计框架编制；其二，并未通过第三方机构的审计以及校验。这些都应进行进一步改善，且二者都与特斯拉所建立的制度、设置的 ESG 目标等方面存在紧密联系。尤其是，到目前为止，特斯拉依然没有设置一个专门负责披露 ESG 报告的部门，由该部门对相关事务进行统筹管理。

（二）商业行为准则方面的缺陷

特斯拉在商业行为准则方面最大的问题，在于其董事会治理方面的著名缺陷。自 2007 年起，马斯克开始担任 CEO 及董事长，并凭借 20% 左右的股份掌控着公司董事会。特斯拉的董事会成员中超过半数是马斯克的亲戚、密友或者投资者。特斯拉公司颇有"马斯克一言堂"的色彩，也因此引发了一系列治理问题。如长期以来，特斯拉都存在 CEO 双重性等问题、马斯克高昂的薪酬方案、SolarCity 并购案等问题，有些问题甚至引发了股东提案及司法诉讼。但经历了这些事件后，特斯拉的董事会治理并没有改善。标普曾在一份汽车行业的信用风险分析简报中指出，特斯拉在治理方面的风险将保持较高水平，特别是公司 CEO 马斯克违反美国证券法有关公平披露要求的风险会越来越大。整体看来，除了特斯拉汽车的减碳优势外，特斯拉在社会和公司治理方面的确"劣迹斑斑"。

（三）产品质量问题

标普 ESG 指数评级机构指出，特斯拉产品存在质量问题，特斯拉长期面临产品安全、质量的争议，其中包含交货时间延迟等问题。根据 Tesla Deaths 官网数据，自 2013 年 4 月 2 日至 2022 年 5 月 11 日，在全球范围内，特斯拉汽车共发生致死事故 219 起，共有 261 人在事故中丧生。截至 2021 年底，美国国家公路管理局（NHTSA）认定了 12 场与特斯拉辅助驾驶系统有关的交通事故。并导致特斯拉召回部分车辆。

不仅在美国，在中国特斯拉汽车也经常被曝出产品质量问题。刹车失灵、汽车自燃、召回事件频繁被曝光。2022 年 11 月 25 日，根据市场监管总局发布的消息，特斯拉汽车（北京）有限公司、特斯拉（上海）有限公司向国家市场监管总局备案召回计划，决定自即日起召回部分进口特斯拉汽车，合计召回8.06 万辆。而据不完全统计，这是特斯拉近一年内在中国地区发起的第 6 次召回，累计涉及 55.34 万辆特斯拉汽车，其中部分召回的车型生产时间存在重合。

（四）在工人管理、健康与安全等议题上的缺陷

特斯拉连续被指控拒绝为员工支付医疗保险、侵犯员工隐私权、阻止员工建立工会等问题。该公司也由此创下惊人纪录：按照美国劳工部职业安全与健康管理局所订标准，2014～2018 年，特斯拉加州工厂的违规事件数量是全美前十大车企发生违规事件总数的 3 倍。

此外，特斯拉还因种族歧视广受争议。截至 2022 年 7 月，特斯拉已经有至少 10 起种族歧视诉讼。除了种族歧视外，特斯拉还被曝出对其员工存在其

他方面的歧视。根据公开记录可知，2020 年，加利福尼亚州的公平就业和住房部总共收到了有关特斯拉的 31 起投诉。在这些投诉中，特斯拉公司不仅存在种族歧视，还存在年龄、性别、怀孕以及残疾歧视。

（五）ESG 指数评级标准的差异

虽然 MSCI 给特斯拉的 ESG 评级一降再降，Sustainalytics 也认为特斯拉的 ESG 风险不小，并指出特斯拉在 ESG 问题上也存在公司治理和劳工关系方面的重大风险，但是依然有主要的 ESG 指数给予特斯拉较高的评级。这主要是因为不同 ESG 评级机构的评级标准是有差异的。ESG 本质上是一种价值观，各评级机构给出的结果不同，事实上客观反映了评级者对不同问题的看重程度、对指标选取的独有考量、对定性数据的处理习惯、对公司风险的思考框架，因此较难建立统一客观的标准。因此，在这些差异的背后，是不同的评级机构、金融机构、监管机构对 ESG 的不同理解。比如，在 MSCI 的美国 ESG 通用指数、富时罗素 1000 ESG 指数中，均给了特斯拉很高的权重，并均把它排在所有入选公司中的第五位。

六、特斯拉的 ESG 之路何去何从？

或许是对被踢出 ESG 指数有预感，2022 年，特斯拉较往年提前 3 个月，也就是在 5 月初，发布了长达 144 页的 2021 年度《影响力报告》，阐述了其在社会影响力方面的努力。

（一）建设新的、设计更好的、效率更高的工厂

以可持续的方式从零开始建设工厂可以对减少能源消耗产生重大影响。在追求持续改进的过程中，特斯拉的每一个新工厂都要比以前的工厂更好，更加环保。例如，在得克萨斯州的特斯拉超级工厂，该公司选择了高效、隔热、低辐射率的窗户来减少建筑物的供暖和制冷需求。此外，仅从其压缩机回收废热就可以抵消超过 1 兆瓦的天然气用于工艺加热的消耗。该制造商还表示，柏林超级工厂和得克萨斯超级工厂还将继续进行进一步优化和改进。

（二）用太阳能板覆盖屋顶空间

所有新的特斯拉工厂都被设计为可以覆盖太阳能电池板。截至 2021 年

底,该公司已在工厂中安装了大约21405千瓦的太阳能电池板,其中绝大多数安装在内华达州超级工厂、纽约超级工厂以及加利福尼亚制造工厂的屋顶上。同时,该制造商继续在可能的范围内和经济上可行的条件下增加这些设施和其他设施。得克萨斯州工厂和柏林工厂的屋顶上也正在安装大量太阳能电池板。

(三) 利用人工智能提高工厂效率

特斯拉还利用内华达州超级工厂六年的传感器数据来训练人工智能(AI)程序,以安全控制195个互联的HVAC装置。在其第一个完整的运营年度,该公司的负荷与基线使用量相比显著下降。人工智能控制预计将为特斯拉节省大量能源,因为它将扩大规模,控制内华达州超级工厂更大比例的暖通空调设备,以及该公司其他工厂的暖通空调设备。

(四) 转换为可以将能源消耗降低70%以上的4680特斯拉电池

在2020年的特斯拉电池日,特斯拉介绍了一种使用干电极工艺生产电池的新方法。根据特斯拉最新的分析,新的干电极工艺允许从阴极或阳极粉末直接过渡到电极膜,而这一技术将在整个电池制造过程中降低70%以上的能耗。

(五) 在特斯拉的所有运营中尽可能使用可再生能源

特斯拉计划在其所有运营环节尽快将能源消耗转化为可再生能源,比如在工厂、销售、服务、交付地点等。在报告开头,特斯拉便表明了态度,ESG是用来衡量投资风险的,而一家公司应当着眼于提升"影响力"。但即便如此,正如前文所提及的,特斯拉在ESG的许多方面依然存在重大问题。字眼的转变并不能掩盖特斯拉在ESG方面仍有待改进的事实。

ESG的比较和评价并非对每家公司之间直接进行比较,而是在同行业内部进行排名。特斯拉的问题在于,因为自身所处行业没有太多的环保"原罪",便故步自封,缺少对于不断改善ESG的动力和规划。如果要获得ESG评级的认同,特斯拉需要对比的不是埃克森美孚,而是其他电动车制造企业,去寻求通过技术进步、运营效率提升带来的自身制造碳排放的不断降低,通过平等雇用、多元化的政策来提升员工的幸福感和获得感,并通过有效的公司治理结构来透明地披露信息,而非仅靠马斯克的个人社交媒体来影响舆论走向。

对于传统行业而言，持续改善的 ESG 评价对于其发展来说也是一种正向激励。以埃克森美孚公司为例，其 2010～2019 年总的温室气体排放量持续下降，并发布至 2025 年的计划，力争将其温室气体排放强度较 2016 年水平下降15%～20%，总的温室气体排放将下降30%。ESG 对于回头的"浪子"来说提供了改过自新的机会，只有各行各业都有意愿参与到这份共同的事业中来，整个社会才能共同进步。如果油气公司无论怎么做都没有办法被 ESG 认可，那对于环保事业来说绝不会是一件好事。

特斯拉作为机构投资者的宠儿，在过去几年涨势如虹。标普 ESG 指数被至少 16 只 ETF 基金所采用，涉及资产规模约 117 亿美元（2020 年底数据），特斯拉的出局或许还不能引起其对于 ESG 的足够重视，但至少证明资本市场对特斯拉也并非一味吹捧。

七、尾声

从短期看，被踢出标普 ESG 指数对特斯拉的实质性影响非常有限。它的影响更多是理念上的，施压特斯拉进一步改善其 ESG 表现。但作为一家汽车制造企业，特斯拉改变了全球减碳图景，却没有成为一家受员工和公众喜爱的公司。因此，在全球越来越重视 ESG 时，从长远来看，这会给特斯拉的未来蒙上阴影。ESG 工作如同逆水行舟，不进则退。特斯拉被剔除出 ESG 指数，并非是一件坏事，ESG 也并不是像马斯克说的那样"是一个骗局"。这其实恰恰表明，好的 ESG 表现并非理所当然，哪怕是清洁能源方面的龙头企业，也并不能因为自己所处的有利位置而放松要求。ESG 工作是一场马拉松，优秀的 ESG 表现需要一家公司不断改善，从环境等方面全面改善，否则，类似的事件还会发生。

案例使用说明

一、教学目的与用途

1. 适用课程：绿色金融、企业管理、证券投资学。

2. 适用对象：本科生、研究生、MBA 学员的案例教学，也可供有一定实践经验的工作人员或管理者学习。

3. 教学目的：本案例以特斯拉被"踢出"标普 ESG 指数为主线，详述了特斯拉作为全球电动车龙头企业，被"踢出"标普 ESG 指数的前因后果。从特斯拉的发展历程及伟大愿景、ESG 的内容及标普 ESG 指数的评价方法等角度，分析了特斯拉存在哪些 ESG 风险，从而得出特斯拉被标普 ESG 指数除名的原因。最后，探讨了特斯拉 ESG 之路该如何走。具体教学目标如下：（1）熟悉 ESG 概念界定及其内容的有关知识和理论。（2）掌握 ESG 责任投资的概念、作用及理论基础。

二、启发思考题

为学生预先布置以下思考题，使学生结合阅读案例进行思考：

1. ESG 的含义及意义是什么？

2. ESG 指数及 ESG 投资有什么作用？

3. 标普 ESG 指数的编制方法及原理是什么？

4. 是什么原因导致特斯拉被标普 ESG 指数除名？

5. 特斯拉应如何应对其在 ESG 各项中的风险？

三、理论依据及分析

（一）ESG 责任投资的概念

市场主体从环境、社会和公司治理三个层面进行全面考虑的投资策略即为 ESG 责任投资，它是一种广义层面的责任投资方案。有别于一味注重使股东获得最大利益的传统投资，ESG 责任投资注重在三个维度上保持平衡，与可持续发展理念相符。

ESG 责任投资是基于 20 世纪 60 年代提出的社会责任投资（SRI）理念发展而来。在投资决策阶段，SRI 对道德等三个维度的投资方式进行了整合。因此，基于 SRI 演化出责任投资思想。由于 ESG 责任投资是一个涉及多个维度的概念，因此，学者们从不同视角对 ESG 责任投资的含义进行了界定（见表 1）。值得一提的是，从三个不同角度进行界定并不意味着互相排斥，而是侧重点各不相同，并且能起到一定的互补作用。

表1   ESG 的定义的三个视角

界定视角	文献	定义
"E + S + G" 视角	莱恩斯（Leins, 2020）[a]	ESG 是负责任投资的一种形式，是一种考虑环境、社会和治理问题的评估技术
	高英杰等（2021）[b]	ESG 策略是指经济主体从环境、社会责任和公司治理三个方面综合考虑的投资策略，是广义的责任投资策略
"CSR + G" 视角	杰拉德（Gerard, 2019）[c]	企业社会责任包含 ESG 的前两个要素，即企业的环境行为和社会行为。ESG 将企业的环境和社会影响与其公司治理绩效相结合。因此，ESG 投资关注企业社会责任及治理
	巴杜里和塞拉卡（Bhaduri and Selarka, 2016）[d]	ESG 是企业社会责任和公司治理两部分的综合
方法论视角	兰迪和夏雷利（Landi and Sciarelli, 2019）[e]	ESG 投资包括一系列广泛的投资且 ESG 因素有助于效率、产出、长期风险管理和运营改进
	贝宾顿（Bebbington, 2001）[f]	ESG 投资方法的采用，可表明一家公司是可持续发展的，它通过负责任的运营为社会和所有利益相关者增加价值。因此，ESG 投资意味着投资者更希望通过持有与个人和社会价值一致的投资组合而产生非财务效益
	黄世忠（2021）[g]	ESG 是评价企业可持续发展的一种方法论

注：a. Leins S. "Responsible investment"：ESG and the post-crisis ethical order ［J］. Economy and Society, 2020 (1)：71 - 91.

b. 高杰英，褚冬晓，廉永辉等. ESG 表现能改善企业投资效率吗？ ［J］. 证券市场导报，2021 (11)：24 - 34，72.

c. Gerard B. ESG and socially responsible investment：A critical review ［J］. Beta, 2019 (1)：61 - 83.

d. Bhaduri S N, Selarka E. Corporate governance and corporate social responsibility of Indian companies ［M］. Singapore：Springer, 2016.

e. Landi G, Sciarelli M. Towards a more ethical market：The impact of ESG rating on corporate financial performance ［J］. Social Responsibility Journal, 2019 (1)：11 - 27.

f. Bebbington J. Sustainable development：A review of the international development, business and accounting literature ［J］. Accounting Forum, 2001 (2)：128 - 157.

g. 黄世忠. 支撑 ESG 的三大理论支柱 ［J］. 财会月刊，2021 (19)：3 - 10.

（二）ESG 责任投资的理论基础

1. 有效资本市场假说

信息披露制度因为有了有效资本市场假说提供的广阔舞台而有了极大的发展空间。该假说将信息及披露程度与股票的价格挂钩，从而将市场分为弱式有效市场、半强式有效市场、强式有效市场。

目前，广大学者通常认为我国正处于弱式有效市场或者弱式有效市场向半强式有效市场转换的过程中。市场价格偏离股票真实价格也是 ESG 投资兴起的原因之一。由于定价偏差、信息不对称等原因，投资者不能充分掌握上市公司的信息，而 ESG 信息的披露能够有效帮助投资者从更多样化的角度去评价一家公司，可以缩小市场价格偏离股票真实价值的程度。ESG 的披露和监管也有利于公司严格要求自己，用更长远的目光看待公司发展，从而促进证券市场的稳定。

2. 可持续发展理论

人类对环境的关注由来已久。在人类进入工业时代后，不惜一切代价大力发展经济，其中最大的代价可谓是环境污染，因为它严重威胁到了人类今后的生存和生物多样性。人们对环境的关注日益增加，人类中心主义的理念已经不能够继续统治世界。卡逊（Rachel Carson）著《寂静的春天》、梅多斯（Donella Meadows）等著《增长的极限》等著作相继问世，引起轰动。环境规划署、世界环境与发展委员会等机构相继成立，各大相关会议不断召开。20 世纪 80 年代，知名报告《我们共同的未来》诞生，报告中率先对可持续发展的含义做出以下界定："不以侵害后代人满足其自身需求的能力为代价，使当代人的需求得到满足的发展。"这句话被全世界广泛认同并流传至今。可持续发展需要公众参与，尤其需要企业参与，因为企业是助力经济发展的重要角色，也是极容易造成环境污染的对象。在这个保护环境成为世界共识的时代，企业如果不转变自身发展方式，从传统的高污染生产转变为可持续发展，势必难以为继。

3. 企业社会责任理论

19 世纪，工业革命开展得如火如荼，世界的"车轮"正飞速前进。19 世纪下半叶，美国企业间逐渐掀起了合并高潮，托拉斯不断组建，引起了人们的愤怒，劳动阶层迫切要求捍卫自身权益，各种《反托拉斯法》也相继出台，为企业社会责任理念的形成提供了契机。1924 年，谢尔顿（Oliver Sheldon）第一次明确提出"企业社会责任"的概念。几年后，著名论战展开，伯利（Adolf Berle）和多德（E. Merrick Dodd）两位教授对"商业公司的根本目的就是为股东营利"还是"公司对雇员、消费者和公众负有社会责任"展开激烈的讨论。纵观历史，这个问题一直处于争论之中。相应地，企业社会责任理论也据此分为两大流派：股东利益至上和利益攸关者主义。黄世忠（2021）认为，由于紧张的劳资关系、逐渐加大的贫富差距等原因，近年来利益攸关者主义逐渐占据上风。越来越多的学者意识到要关注企业社会责任问题，卡罗尔（Carroll，1991）提出的企业社会责任金字塔理论等相关理论不断出现。

4. 利益相关者理论

利益相关者理论于 20 世纪下半叶在西方国家渐渐流行起来。1984 年，弗里曼（R. Edward Freeman）在其著作中提出了该理论。他认为，当某群体或者个人可以影响一个组织的目标实现过程或受目标实现过程影响，就应被称为利益相关者，如企业所有者、员工、供应商、政府、媒体等。事实上，企业所具有的经济外部性也让企业注定不能逃避与众多利益相关者的干系，企业对公共资源的使用、对环境的污染等都不是能脱离社会其他成员而论的。企业的发展也离不开政府和社会公众的支持，因此必然要考虑到，除了股东以外，还存在其他的利益相关者。只有各方利益相关者积极参与企业经营、不断向企业注资，企业才能够获得长远发展。

5. 经济外部性理论

经济外部性理论指出，外部经济效应的产生是由于市场价格中并未考虑生产或消费的副作用，往往发生在生产、消费给他人带来的成本或收益方面，是市场失灵的一种表现形式。按照科斯定理，公司行为会引发外部性问题。作为一种公共物品，因生态环境引发的相关问题无法仅凭市场机制得到有力解决，要求政府进行积极干涉、管控。ESG 报告所公示的信息不但是公司对 ESG 标准的践行，还能帮助公司获得更多的资金支持，为公司树立良好的公众形象。

6. 资产定价理论

通过将实证分析作为切入点，以夏普（William Sharpe）和林特纳（John Lintner）为首的经济学家基于资产组合理论，加入存在无风险利率资产、投资者预期相同两个前提假设，建立了资本资产定价模型（CAPM）。该模型阐明了单一证券投资组合的期望收益率与相对风险的关系，即风险调整与无风险利率之和为任何资产的期望报酬，由于无风险利率相对整个市场组合的风险程度较高，因此也需要获得更高的额外补偿。该模型问世以后被广泛应用于资产定价领域。从社会责任投资的渐渐盛行到 ESG 责任投资的发展，对于市场投资主体而言，投资价值也会因责任投资中的非财务因素而受到重要影响。有学者在当代金融理论体系中融入 ESG 因素，基于资产定价理论修正资产定价模型。学者们将随着"双碳"思想的深入而对 ESG 责任投资进行大量研究，进一步提升现有研究的研究深度。

四、关键要点

一家致力于减排的新能源汽车公司被"踢出"标普 ESG 指数，看上去似乎是不可思议的事情，但当我们细看 ESG 指数评价体系的标准及内容，再对照特斯拉自身情况时，就显得逻辑自洽了。本案例解决问题的关键在于理解 ESG 的含义、理念、评价体系的内容与标准，在此基础上，再进一步考察特斯拉在 ESG 各个指标中的问题及风险，从而理解特斯拉被"踢出"标普 ESG 指数的原因及未来如何改进。

案例五 邮政储蓄银行绿色金融助力

——阳江市海上风电项目亿元融资实践探索

摘要：邮政储蓄银行作为一家拥有百年历史的大型商业银行，致力于服务"三农"、城乡居民和中小企业，并积极向新零售银行转型。在绿色金融业务方面，邮政储蓄银行表现出前瞻性和创新性，通过制定并落实"碳达峰、碳中和"行动方案，完善绿色金融服务体制，推出碳排放权质押融资等创新金融产品，推动绿色信贷产品创新、渠道创新和服务创新。阳江市分行对广东省重点建设项目——三峡阳江沙扒海上风电项目发放亿元融资租赁保理贷款，支持该百万千瓦级风电基地的建设，为粤港澳大湾区的能源结构转型提供了有力支持。阳江市作为海上风能资源丰富地区，正积极打造海上风电全产业链基地，以促进风电产业发展。

一、引言

绿色金融也被称为可持续金融或环境金融，是指金融机构在投融资决策过程中，充分考虑环境保护、社会责任和公司治理等因素，通过对环保、节能、清洁能源、绿色交通、绿色建筑等领域的项目进行投融资，从而促进社会、经济和环境的可持续发展。简言之，绿色金融就是实现金融活动与环境保护、社会责任的有机结合。绿色金融是通过引入金融工具和手段，以实现环境保护、资源节约和应对气候变化等可持续发展目标的一种金融模式。它是金融业与环境保护产业融合发展的产物，是现代金融发展的新方向。随着全球经济的快速发展，环境问题日益凸显，气候变化、资源枯竭、生态破坏等问题已对人类社会造成了严重影响。因此，实现可持续发展已成为全球共识。绿色金融正是在这样的背景下产生的，它旨在通过金融手段推动环境保护和可持续发展，实现经济、社会和环境的和谐共生。

联合国环境规划署（UNEP）等国际组织积极推动绿色金融发展，通过制定相关政策、标准和指导原则，促进绿色金融市场的形成和完善。同时，国际金融机构如世界银行、绿色气候基金等也积极为绿色金融项目提供资金支持和政策指导。2016 年 8 月 31 日，由中国人民银行、财政部、发展改革委、环境保护部、银监会、证监会、保监会联合印发了《关于构建绿色金融体系的指导意见》。这一指导意见旨在构建绿色金融体系，动员和激励更多社会资本投入绿色产业，同时更有效地抑制污染性投资。它明确了绿色金融体系建设的总体目标、基本原则和重点任务，是推进中国绿色金融发展的纲领性文件。

邮政储蓄银行作为一家具有百年历史的大型商业银行，不仅在传统银行业务方面有着深厚的底蕴和广泛的服务网络，更在绿色金融业务方面展现出了前瞻性和创新性。通过制定并落实《碳达峰碳中和行动方案》，积极完善绿色金融服务体制，邮政储蓄银行在绿色金融领域取得了显著成效。其中，对阳江市海上风电项目的融资支持，便是其绿色金融实践的一个生动缩影。

随着全球能源结构的深刻变革，绿色、低碳、可持续的发展理念正日益深入人心。在这一时代背景下，海上风电作为清洁能源的重要组成部分，正逐渐成为推动能源转型、促进绿色发展的新动力。阳江市拥有丰富的海上风电资源。在国家能源转型和粤港澳大湾区建设的战略背景下，阳江市积极抢抓机遇，大力发展海上风电产业。而邮政储蓄银行阳江市分行则凭借其专业的金融服务和敏锐的市场洞察，为这一产业的发展提供了有力的金融支撑。

本教学案例将围绕邮政储蓄银行阳江市分行在海上风电项目中的融资实践展开，通过分析其贷款发放的过程、项目的经济效益和环保意义，以及银行在风险控制、产品创新等方面的举措，揭示了绿色金融在推动能源转型和绿色发展中的重要作用。同时，本案例也将为金融机构更好地服务实体经济、实现可持续发展提供有益的启示和借鉴。

二、邮政储蓄银行简介

邮政储蓄银行可追溯至 1919 年开办的邮政储金业务，至今已有百年历史。它是一家国有控股的大型商业银行，经过一系列的改制和上市，如今已拥有近 4 万个营业网点，服务个人客户超 6.5 亿户。该银行定位于服务"三农"、城乡居民和中小企业，依托"自营＋代理"的独特模式和资源禀赋，致力于为中国经济转型中最具活力的客户群体提供服务，加速向数据驱动、渠道协同、批零联动、运营高效的新零售银行转型。

在绿色金融业务方面，邮政储蓄银行表现出了高度的前瞻性和创新性。银行将绿色金融发展理念融入其日常运营中，制定并落实《碳达峰碳中和行动方案》，积极完善绿色金融服务体制。这包括打造低碳转型金融服务中心，推进绿色专营机构建设，以及实施绿色金融产品与服务创新。例如，邮政储蓄银行探索创新了碳排放权质押融资、绿色消费、数字信用卡等金融产品，并鼓励开展碳中和、可持续发展挂钩贷款等创新模式。

在具体的业务实践中，邮政储蓄银行各分行也积极发挥地域优势，聚焦绿色产业，推动绿色信贷产品创新、渠道创新和服务创新。例如，邮政储蓄银行江苏省分行扎实贯彻新发展理念，持续加大绿色信贷投放力度，制定并实施了一系列绿色金融服务措施。同样，邮政储蓄银行重庆市分行则聚焦新能源、节能环保、生态环境等绿色产业，全力保障绿色信贷项目资金需求，通过资金活水推动绿色金融发展落到实处。

因此，邮政储蓄银行不仅在传统银行业务方面有着深厚的底蕴和广泛的服务网络，同时也在绿色金融业务方面展现出了积极的态度和创新的实践。未来，随着社会对绿色发展的需求日益增强，邮政储蓄银行有望在绿色金融领域取得更大的成就。

三、邮政储蓄银行阳江市分行海上风电项目融资租赁保理贷款

2022 年 3 月，邮政储蓄银行阳江市分行再次对广东省重点建设项目——三峡阳江沙扒海上风电项目发放亿元融资租赁保理贷款，至此，该行累计对该项目发放融资租赁保理贷款突破 15 亿元。

阳江市拥有丰富的海上风电资源，其风电项目位于广东省阳江市沙扒镇南面海域，共规划五期，总装机容量 170 万千瓦，共布置 269 台海上风力发电机组，项目共建 3 座海上升压站，采用 220 千伏海缆接入陆上集控中心。该项目是国内首个"百万千瓦级"海上风电基地，建成后每年可提供上网电量将达 47 亿千瓦时，可满足约 200 万户现代家庭年用电量，与同等规模的燃煤电厂相比，每年可节约标准煤约 150 万吨、减排二氧化碳约 400 万吨，将为实现粤港澳大湾区的能源结构转型提供有力支持。

（一）借绿色发展的东风，打造海上风电项目

海上风电项目具备一系列引人注目的特点，其中最显著的特点就是其丰富的资源基础。海洋的广阔无垠为风电项目提供了巨大的发展空间，尤其是在那些风速稳定、风力强劲的海域，海上风电能够捕获到大量的风能，将其转化为源源不断的清洁电力。此外，海上风电项目在环保方面表现出色。作为一种清洁能源，它在发电过程中不产生任何污染物，对于减少碳排放、缓解全球气候变暖具有重大意义。同时，相较于传统的化石能源，海上风电项目对海洋生态系统的影响也较小，更加符合可持续发展的理念。

然而，海上风电项目也面临着技术上的挑战。由于风电场位于海洋环境中，设备需要经受住海水的腐蚀、海浪的冲击以及风暴的考验。因此，风电设备的制造和安装技术都需要达到较高的水平，以确保项目的安全和稳定运行。尽管存在技术挑战，但海上风电项目的经济效益仍然十分显著。随着技术的进步和市场的扩大，风电场的发电成本逐渐降低，而清洁能源的需求在不断增长，这使海上风电项目成为一个具有巨大潜力的投资领域，不仅能够创造大量的就业机会，还能够为地方经济带来可观的收入。

值得一提的是，许多国家都出台了支持海上风电发展的政策。这些政策为项目的建设提供了资金、技术和市场等方面的支持，推动了海上风电产业的快速发展。海上风电将在未来的能源领域中扮演越来越重要的角色。

阳江市是一座美丽的滨海城市，位于广东省西部沿海，紧邻珠三角，扼粤西要冲，是珠三角辐射粤西的战略支点和珠三角产业拓展主选地及先进生产力延伸区，拥有海（岛）岸线长 458.6 公里，约占广东省海岸线的 1/10，海域面积 1.23 万平方公里，海上风能资源丰富。前期，广东省发布了关于培育发展战略性支柱产业集群和战略性新兴产业集群的意见，明确提出重点打造阳江市海上风电全产业链基地，为阳江市风电产业发展带来了又一重大利好。2017 年以来，阳江市委市政府积极抢抓国家和省能源发展战略转型以及粤港澳大湾区建设的历史机遇，依托得天独厚的资源优势，全力发展海上风电，将资源优势转化为产业优势、发展优势，规划装机容量达 2000 万千瓦，接近全省的 1/3，并力争到 2025 年建成投产 1000 万千瓦。阳江市海上风电项目就是在这样的发展浪潮中确立的。

但海上风电项目在融资方面面临着一系列挑战和问题。首先，海上风电项目的建设周期相对较长，且资金需求巨大。这意味着从项目启动到最终投

产的过程中，需要持续稳定的资金来源以支撑整个项目周期。这种长期的资金需求可能导致投资者对项目的风险评估更加谨慎，从而增加了融资的难度。其次，海上风电项目面临着多种风险，包括技术风险、市场风险、运营风险等。技术风险主要体现为，在海上风电设备的研发、制造和安装过程中，需要克服诸多技术难题。市场风险来自风电行业的波动性，包括电价波动、市场需求变化等。运营风险则与风电场的日常运维和管理有关，需要确保设备的稳定运行和高效发电。这些风险都会影响到投资者对项目的信心和融资的意愿。

此外，政策环境和市场环境的不确定性也对海上风电项目的融资产生影响。政策的变化可能影响到项目的补贴、税收优惠等方面，而市场环境的变化则可能影响到项目的电价、市场需求等。这些因素都增加了项目融资的不确定性。因此，与金融机构的合作也是影响海上风电项目融资的重要因素。金融机构对项目的风险评估、融资条件以及融资期限等都会影响到项目的融资成本和融资效率。因此，与金融机构建立稳定、互信的合作关系对于项目的融资至关重要。

总之，海上风电项目在融资方面面临着多方面的挑战和问题。为了有效解决这些问题，需要政府、企业、金融机构等多方共同努力，通过政策引导、技术创新、市场培育等手段，推动海上风电产业的健康发展。

（二）制定绿色金融规划，助力海上风电建设

制定绿色金融规划以助力海上风电建设是一项综合性和系统性的任务，需要从多个角度进行考量。一个典型的绿色金融规划框架，旨在为海上风电项目的建设与发展提供坚实、可持续的资金保障，全面支持其从规划到实施的全过程。

在政策层面，政府应出台一系列支持政策，包括税收优惠、补贴政策等，以吸引更多的社会资本投入海上风电领域。同时，完善相关法律法规，确保项目的建设和运营有法可依，为投资者提供稳定的法律环境。在融资机制方面，需要进行一系列创新。发行绿色债券、设立绿色信贷专项额度，以及探索股权融资、项目融资等多元化融资方式，都是有效的途径。这些创新不仅可以降低项目的资金成本，还能吸引更多的投资者关注海上风电项目。

当然，风险管理也是金融规划中不可或缺的一环。这需要对海上风电项目进行全面的风险评估，确保项目的可行性和安全性。同时，通过风险分散

和对冲机制，降低项目的潜在风险，为投资者提供更加稳健的投资机会。此外，还应该加强金融产品的创新和服务升级。根据海上风电项目的特点，设计符合其融资需求的绿色金融产品，提供专业的金融咨询服务，帮助企业更好地了解市场、把握机遇。在国际合作与交流方面，需要积极寻求合作机会。与国际金融机构和海外投资者建立合作关系，引进外资支持我国海上风电项目的发展。同时，学习借鉴国际先进的绿色金融理念和经验，推动我国金融规划的制定和实施。

因此，为响应政府号召，积极支持当地实体经济发展，落实"碳达峰、碳中和"的发展要求，邮政储蓄银行阳江市分行紧贴阳江市委市政府打造世界级海上风电产业基地的发展战略，制定绿色信贷发展规划，成立了"海上风电项目专项工作小组"，紧贴客户，主动了解项目用款需求和计划，开通绿色融资审查审批通道，制定业务流程处理时限，积极落实海上风电项目各项金融服务措施，助力阳江市海上风电项目的高质量建设。在上级行的精心指导下，在市委市政府的关心和支持下，邮政储蓄银行阳江市分行按时按质完成了多个海上风电项目授信审批及放款工作，保证了相关项目按时保质建成投产并网发电。

（三）发展海上风电，兼具环境与社会效益

2020 年 9 月，中国向世界做出庄重承诺，中国将提高国家自主贡献力度，采取更加有力的政策和措施，力争在 2030 年前实现碳达峰、2060 年前实现碳中和。而广东省是我国能源消费大省，能源结构仍以煤、油等化石能源为主，面临巨大的资源和环境压力，发展海上风电等新能源是广东省能源结构优化转型的迫切要求。从环境效益的角度来看，海上风电具有显著的优势。由于海洋空间广阔，风能资源丰富，海上风电场能够实现大规模、高效率的风能转化。这不仅有助于减少对化石燃料的依赖，降低温室气体排放，从而缓解全球气候变暖的压力，而且与陆上风电相比，海上风电不占用宝贵的土地资源，对生态环境的影响也较小。因此，发展海上风电是推动清洁能源发展、建立可持续能源体系的重要一环。因此，海上风电作为一种重要的清洁能源，具有广阔的社会发展前景，具有资源丰富、发电利用小时数相对较高、技术相对高端的特点，是新能源发展的前沿领域，是广东省可再生能源中最具规模化发展潜力的领域。

此外，海上风电的发展也带来了显著的社会效益。一方面，海上风电项

目的建设和运营能够创造大量的就业机会，带动相关产业的发展，从而推动地方经济的繁荣。另一方面，随着海上风电技术的不断进步和成本的降低，清洁能源的普及程度也将得到提高，这将有助于改善能源结构，提高能源安全水平，保障社会经济的稳定发展。此外，发展海上风电还有助于提升公众对可再生能源的认识和接受度，推动绿色生产和消费模式的形成。随着越来越多的人意识到可持续发展的重要性，海上风电作为一种清洁、可再生的能源形式，将逐渐成为公众关注的焦点和投资的热点。

因此，发展海上风电不仅有助于保护环境、应对气候变化，还能促进经济发展、改善能源结构、提高能源安全水平，并推动绿色生产和消费模式的形成。因此，我们应该积极支持和推动海上风电的发展，为实现全球可持续能源治理和人类社会的可持续发展贡献力量。

而阳江市作为四线沿海城市，拥有丰富的海上风能资源，可以实现海上风电规模化、集约化、可持续开发。阳江市通过海上风能资源规模化开发，带动风电产业和装备制造骨干企业做大、做强，提高海上风电产业研发制造水平和系统集成能力，同时通过风电技术进步、装备制造水平和服务能力提高，更好地支撑海上风电规模化发展，更好地支持阳江市经济发展的转型升级，提高当地就业与经济收入水平，缩小广东省地区间经济差距，具有巨大的社会效益。

阳江市海上风电项目建成后，每年可提供上网电量47亿千瓦时，产值达40多亿元，可节约标准煤约150万吨、减排二氧化碳约400万吨，具有巨大的经济效益、环境效益。

近年来，邮政储蓄银行阳江市分行紧贴阳江市政府海上风电产业发展战略，致力于绿色金融的发展。至今，该行海上风电项目授信在同业中位居前列，用实际行动践行了绿色金融普惠万家的发展理念，为建设富美阳江市贡献了金融力量，体现了国有大行的担当。

四、融资租赁保理贷款用于海上风电项目的原因

融资租赁保理贷款涉及融资租赁和保理两个主要概念。

融资租赁是一种特殊的金融服务方式，其中出租人根据承租人对租赁物件（如设备、机器等）的特定要求和对供货人的选择，出资向供货人购买租赁物件，并租给承租人使用。在租赁期内，租赁物件的所有权属于出租人，

而承租人拥有租赁物件的使用权。承租人需要分期向出租人支付租金。融资租赁集融资与融物、贸易与技术更新于一体，不仅解决了企业的资金需求，还满足了其对特定设备的使用需求。

保理贷款则是一种基于应收账款的融资方式。在此方式下，企业将其应收账款转让给保理商，从而获取融资。保理商负责应收账款的管理、催收以及承担信用风险。通过这种方式，企业可以迅速获得资金，同时避免了应收账款管理的烦琐和信用风险。

在融资租赁保理业务中，融资租赁公司将其与承租人签订的融资租赁合同项下的应收租金债权转让给保理银行，从而获得融资。这种业务形式使融资租赁公司能够快速回收资金，提高资金使用效率，同时也为保理银行提供了一种风险可控的投资渠道。

在本案例中，海上风电项目通常涉及巨大的投资成本。根据相关资料，海上风电的投资成本一般达每千瓦 2000～3000 元，相较于陆上风电的投资成本高出不少。因此，海上风电项目需要大量的资金支持来完成项目的建设和运营。融资租赁保理贷款作为一种灵活的融资方式，可以为海上风电项目提供所需的资金，帮助项目顺利推进。此外，融资租赁具有融资成本低的特点。由于融资租赁本质上是一种贷款形式，其利率通常较低，对企业的财务负担较轻。这有助于降低海上风电项目的融资成本，提高项目的经济效益。

另外，融资租赁还可以实现灵活的融资和投资。它不仅可以购买固定资产，如海上风机和配套设施，还可以购买无形资产，如技术专利和知识产权。这种灵活性使融资租赁能够满足海上风电项目多样化的投资和经营需求，提升项目的竞争力。融资租赁保理贷款还具有风险可预见性。通过签订明确的融资租赁合同，双方的权利义务得以明确，可以有效避免未知风险的产生，减少风险扩散。这有助于保障海上风电项目的稳定运营和长期发展。

因此，融资租赁保理贷款因其低成本、灵活性以及风险可预见性等特点，适用于海上风电项目。它能够为项目提供必要的资金支持，促进项目的顺利推进，并降低项目的财务风险。

五、尾声

通过对邮政储蓄银行阳江市分行在海上风电项目融资租赁保理贷款案例的深入剖析，我们深刻感受到绿色金融在推动能源转型和绿色发展中的巨大潜力与积极作用。邮政储蓄银行凭借其前瞻性的战略眼光、创新性的金融产品和服务，以及高效的运营机制，成功地为海上风电项目提供了有力的金融支持，助力清洁能源的快速发展。

同时，这一案例也为我们提供了宝贵的经验和启示。它告诉我们，金融机构在推动绿色发展的过程中，不仅要关注项目的经济效益，更要注重其环境效益和社会效益，实现经济效益、环境效益和社会效益的共赢。此外，金融机构还应不断创新金融产品和服务，提升金融服务的质量和效率，以满足绿色产业发展的多元化需求。

展望未来，随着全球能源结构的持续优化和绿色发展的深入推进，绿色金融将在推动能源转型和绿色发展中发挥更加重要的作用。我们期待更多的金融机构能够像邮政储蓄银行一样，积极拥抱绿色发展理念，创新金融产品和服务，为清洁能源的发展提供更加有力的金融支持，共同推动人类社会的可持续发展。

案例使用说明

一、教学目的与用途

1. 适用课程：金融学、绿色经济、可持续发展、商业银行经营与管理等相关课程。

2. 适用对象：面向金融学专业的学生、对绿色金融和可持续发展感兴趣的研究人员，以及从事绿色金融业务的从业人员。

3. 教学目的：通过本案例的学习，旨在实现以下教学目的：（1）让学生了解绿色金融业务的概念、特点和发展趋势，掌握绿色信贷的基本原理和操作流程。（2）通过分析邮政储蓄银行在海上风电项目融资租赁保理贷款中的实践，引导学生深入理解金融机构如何评估和管理绿色信贷风险，创新金融产品和服务。（3）培养学生的案例分析能力、问题解决能力和实践操作能力，为其将来从事绿色金融相关工作或研究打下坚实基础。（4）增强学生的环保意识和社会责任感，引导其积极参与绿色金融发展，为推动可持续发展贡献力量。

二、启发思考题

以下几个思考题可以预先布置给学生，让学生在阅读案例时进行思考：

1. 邮政储蓄银行在绿色金融业务发展方面采取了哪些前瞻性和创新性的举措？这些举措对银行自身的业务发展和品牌形象有何影响？

2. 邮政储蓄银行是如何评估和管理海上风电项目融资租赁保理贷款的风险的？在风险控制方面，银行有哪些值得借鉴的经验和教训？

3. 结合本案例，分析金融机构在支持清洁能源项目发展时面临的主要挑战和机遇是什么，如何克服这些挑战并抓住机遇。

4. 海上风电项目作为清洁能源的重要组成部分，其经济效益、环境效益和社会效益如何？金融机构在推动海上风电项目发展中应扮演怎样的角色？

5. 从邮政储蓄银行阳江市分行的实践中，我们可以得到哪些关于绿色金融助力地方经济发展和产业结构调整的启示？

6. 随着绿色金融的不断发展，你认为未来金融机构在绿色金融产品和服务方面将会有哪些创新趋势？

三、理论依据及分析

环境经济学和绿色金融是两个紧密相关的领域，它们的理论基础为本案例提供了重要的指导。

（一）环境经济学

环境经济学主要研究经济发展和环境保护之间的相互关系，其理论主要包括以下一些。

1. 外部性理论

该理论强调经济活动对环境的负面影响，即所谓的"负外部性"。例如，工业生产过程中产生的污染物对环境造成损害，这些损害并未被计入生产成本，因此市场机制无法有效调节。为了解决这一问题，政府需要采取干预措施，如征收排污费或提供补贴，以纠正外部性带来的市场失灵。

2. 可持续发展理论

这一理论强调经济发展、社会进步和环境保护三者之间的平衡。它提出在满足当代人需求的同时，不损害未来世代满足其需求的能力。为实现可持续发展，需要综合考虑资源、环境、经济和社会等多个方面，制定科学合理的发展策略。

3. 资源价值理论

该理论认为资源具有经济价值，应当被合理利用和保护。资源的稀缺性和不可再生性决定了其价值的特殊性，因此，在经济发展过程中需要充分考虑资源的价值，避免过度消耗和浪费。

（二）绿色金融

绿色金融是指金融活动在支持环境保护和可持续发展方面的应用，其相关理论主要包括以下一些。

1. 绿色金融发展理论

该理论主张通过金融创新和改革，推动绿色产业的发展和环境保护。这包括发展绿色信贷、绿色债券、绿色基金等金融产品，为绿色项目提供资金支持；同时，通过政策引导和市场机制，推动金融机构在风险评估、投资决策等方面更加注重环境保护和可持续发展。

2. 赤道原则

这是一套自愿性的，旨在判断、评估和管理项目融资中环境和社会风险的金融行业基准。它要求金融机构在提供项目融资时，充分考虑项目对环境和社会的影响，确保项目符合可持续发展的要求。赤道原则的实施有助于提升金融机构的环境和社会责任意识，推动绿色金融的发展。

3. 社会责任投资理论

该理论强调投资者在追求经济效益的同时，应当关注企业的社会和环境责任。社会责任投资要求投资者在选择投资对象时，充分考虑企业的环境绩效和社会贡献，通过资本配置引导企业走向绿色、可持续的发展道路。

四、关键要点

在深入探讨本案例时，需要把握以下几个关键要点。

一是绿色金融业务创新。邮政储蓄银行通过制定并落实《碳达峰碳中和行动方案》，积极完善绿色金融服务体制，展现出其在绿色金融业务领域的前瞻性和创新性。邮政储蓄银行推出的金融产品服务，不仅丰富了绿色金融市场的产品体系，也为清洁能源项目提供了更加灵活和多样化的融资方式。

二是风险评估与管理。在海上风电项目融资租赁保理贷款中，邮政储蓄银行需要全面评估项目的风险，包括技术风险、市场风险、运营风险等，以确保贷款的安全性。银行应建立有效的风险管理体系，通过风险识别、评估、监控和处置等环节，确保项目的稳健运行和资金的安全回收。

三是清洁能源项目支持。阳江市作为海上风能资源丰富地区，积极打造海上风电全产业链基地。海上风电项目作为清洁能源的重要组成部分，具有巨大的发展潜力。邮政储蓄银行通过提供亿元融资支持，为阳江市百万千瓦级风电基地的建设提供了有力保障，推动了当地能源结构的转型和绿色发展。

四是政策与市场环境。案例需要分析国家及地方政策对清洁能源项目的支持情况，如补贴政策、税收优惠等，以及市场环境对清洁能源项目发展的影响。同时，还需关注国内外绿色金融政策的发展趋势，以便更好地把握绿色金融市场的机遇和挑战。

五是金融机构角色与责任。金融机构在推动清洁能源项目发展中扮演着重要的角色，需要承担起相应的社会责任，积极支持绿色产业的发展。金融机构应加强与政府、企业和社会各界的合作，共同推动绿色金融的发展，为可持续发展贡献力量。

案例六 软银集团：ESG 实践引领 可持续发展新篇章

摘要： 本案例以日本著名风险投资集团软银集团为例，探讨了该集团在环境、社会和公司治理（ESG）方面的实践。软银集团作为全球科技领域的重要参与者，不仅关注自身经济利益，更积极履行社会责任，致力于可持续发展。本案例首先介绍了软银集团的发展历程和业务范围；其次详细阐述了其 ESG 发展战略，包括环境倡议、社会责任和治理卓越；再次列举了软银集团在环境保护、社会责任和治理实践方面的具体行动，如投资可再生资源行业、支持年轻创业者和改革董事会结构等；最后探讨了风险投资和 ESG 实践之间的潜在冲突，并指出了软银集团积极推行 ESG 实践的原因，包括长期可持续性、投资者需求、法规要求和社会责任感。通过案例分析，读者可以了解到软银集团在 ESG 实践方面的经验，以及风险投资与社会责任之间的平衡之道。

一、引言

在当今全球经济发展的背景下，环境、社会和公司治理（ESG）已经成为企业可持续发展的关键因素之一。随着人们对气候变化、社会不平等和公司治理的关注不断增加，越来越多的企业开始认识到，只有积极应对 ESG 挑战，才能实现长期的商业成功。而在 ESG 意识日益增强的时代背景下，风险投资企业也开始扮演越来越重要的角色。而风险投资企业通常是一群具有资金和资源的投资者，他们将资金投入初创企业中，帮助它们实现快速增长和创新发展。这些企业通常具有高风险和高回报的特征，关注的焦点往往是短期内的利润最大化。然而，随着社会对 ESG 问题的关注度不断提升，风投企业也逐渐意识到，单纯追求短期利润可能会忽视环境、社会和公司治理，从而带来长期的经营风险和声誉损失。因此，许多风险投资企业开始将 ESG 原则融入其投资决策和经营实践中。这种转变不仅反映了对 ESG 问题日益增强的认识，也符合投资者和利益相关者对企业社会责任的期待。通过积极采取 ESG 实践，风险投资企业不仅能够降低自身的经营风险，还能够为投资组合中的企业创造更大的长期价值。本案例以日本著名的风险投资公司软银集团为例，展现出了该公司在 ESG 领域的引领作用。软银集团不仅将 ESG 原则融入其投资决策和经营战略中，还通过积极的环境保护、社会责任和公司治理实践，为全球企业树立了一个 ESG 的典范。通过对软银集团的案例研究，我们可以深入了解风险投资企业如何将 ESG 原则落实到实际行动中，以及这种转变对企业和社会带来的影响。因此，本案例旨在通过分析软银集团的 ESG 实践，探讨风险投资企业在 ESG 发展背景下的角色和作用。通过深入研究，我们可以更好地理解 ESG 对企业可持续发展的重要性，为未来的 ESG 实践提供借鉴和启示。

二、软银集团简介

软银集团是世界上著名的风投公司，其业务包括电子商务、网络电话、科技服务、控股、金融、媒体与市场销售等。其成功案例数不胜数，包括我们熟悉的阿里巴巴、雅虎等著名企业。集团于 1981 年在日本创立，其实际控股人为孙正义。

软银集团自创业以来，始终致力于通过信息革命为人类和社会做出贡献。在"用信息革命让人们幸福"的经营理念下，企业集团以为世界人民提供最需要的技术和服务为目标，同时谋求企业价值的最大化。软银集团成立至今经历了三个不同的阶段。20 世纪 80 年代，它从一家小小的电脑软件分销商发展到能够控制 70% 多的日本软件销售渠道并成功上市的大企业。之后，软银集团便一路转变为一家战略性的投资企业，并且在 20 世纪 90 年代的互联网热潮时期，投资了众多初创互联网公司而成为网络巨头，其中包括雅虎股份、阿里巴巴等。软银集团的第三个阶段是成为电信运营商，并通过收购英国电信运营商沃达丰经营不佳的在日业务，建立了目前日本最赚钱的电信公司。如今，软银集团的业务包括国内通信业务、雅虎业务、斯普林特业务、流通业务、软银集团愿景基金（SVF）业务等。软银集团还通过在海外企业并购方面不遗余力地投入大量资金，在多个国家拥有公司，实现了全球化战略。

三、软银集团 ESG 发展战略

近年来，环境、社会和公司治理（ESG）标准的概念在全球范围内变得日益重要。这些指标被用来评估一家公司的道德和社会影响，而不仅仅是其财务表现。在这个领域的先驱之一就是软银集团，这家全球科技集团以其创新的企业和投资而闻名。软银集团不仅认识到了 ESG 原则的重要性，而且将其深深地融入其企业战略之中。

（一）将 ESG 作为核心价值观

软银集团对 ESG 的承诺不是表面的，而是深深植根于其企业精神之中。该公司认识到，自己有责任为所处的环境、社会做出积极的贡献。基于这种思维方式，软银集团已经着手使其业务与可持续实践保持一致，优先考虑社会责任，并维持高标准的治理。

（二）环境倡议：引领可持续解决方案

软银集团的 ESG 战略的前沿是其环境倡议。认识到迫切需要应对气候变化，软银集团设定了减少温室气体排放并过渡到可再生能源的雄心勃勃的目标。其目标是到 2050 年实现零温室气体排放，并设定了 2030 年和 2040 年的中期目标。这些目标不仅涵盖了范围 1 和范围 2 的碳排放，还包括了范围 3 的排放，反映了该公司对环境管理的全面性方法。

此外，软银集团正在带头提高能源利用效率、利用人工智能和物联网技术实现智能办公，并投资于下一代电池。通过创新和可持续发展的紧密结合，软银集团旨在引领通往更绿色未来的道路，同时保持卓越的运营水平。

（三）社会责任：赋权社区，促进包容

除了环境倡议之外，软银集团还非常重视社会责任和社区参与，积极支持多元化和包容性，倡导人权，并在其生态系统中推动道德商业实践。从支持内部 ESG 有效性的倡议到与投资者、非政府组织和非营利组织进行对话，软银集团致力于营造透明、负责任的文化。

软银集团对社会责任的承诺不仅局限于公司内部，这一点可以从其与非

营利组织、教育机构和政府机构的合作中得到证明。通过利用自身资源和专业知识，软银集团试图解决紧迫的社会问题，赋予边缘化社区权力，并在全球范围内推动积极变革。

（四）治理卓越：维护道德标准

在治理领域，软银集团遵循最高的道德标准和最佳实践。该公司保持着健全的治理框架，具有清晰的监督机制、透明的报告结构，并致力于诚信和问责制。通过倡议，如建立 ESG 促进委员会、参与行业合作和论坛，软银集团展示了其对维护治理卓越性的承诺。

总之，软银集团的 ESG 战略体现了其致力于为所有利益相关者创造长期价值的承诺，同时保护地球，促进社会福利。通过将环境、社会和公司治理因素融入其核心业务运营中，软银集团不仅在减少风险，还在创新、增长和社会影响方面抓住了机遇。随着世界持续应对诸如气候变化、不平等和伦理困境等复杂挑战，软银集团成为希望的灯塔和积极变革的催化剂，驱动着世界迈向更可持续和包容的未来。

四、软银集团的第一次 ESG 简报

2024 年 2 月 26 日，软银集团首次举办了投资者环境、社会和公司治理（ESG）说明会。在东京举办的活动上，软银集团的三位高管——总裁兼首席执行官（CEO）、两位副总裁对集团的可持续发展计划进行了深入的论述。

（一）为 AI 共生时代做准备

首席执行官首先解释了软银集团对 ESG 管理的看法，他引用了公司的企业理念"信息革命——让每个人幸福"，该理念旨在利用信息革命为人类和社会的福祉做出贡献，并宣称要成为全球人民最需要的企业集团。在这一理念和愿景的指导下，首席执行官指出，软银集团应在打造可持续社会和增强企业价值之间取得平衡。为此，他强调了软银集团于 2023 年 5 月公布的长期愿景即致力于建立下一代数字社会发展所必需的社会基础设施。

这一长期愿景预见到了一个与人工智能（AI）共生的社会，首席执行官表达了他的观点，即随着 AI 的快速演进，人们的生活将发生前所未有的变化。他指出，未来，大量数据的生成和处理将变得至关重要，并且运行 AI 所

需的能源也将大幅增加。因此，在满足对由 AI 驱动的数据处理需求增加的同时，采取措施缓解全球变暖将至关重要。

首席执行官表示，与 AI 共生的社会也带来了潜在风险，包括深度伪造（使用 AI 生成虚假图像和视频）、自动驾驶车辆事故和个人信息泄露。他介绍了一些最近的举措，如与东京大学的 AI 与未来研究所共同研究 AI 伦理，并制定了内部 AI 伦理政策、法规、指南和教育材料。首席执行官还表示，软银集团计划于 2024 年 4 月成立一个 AI 治理委员会，以利用外部专家的知识和见解。

（二）气候变化缓解措施

负责企业社会责任部门并兼任 ESG 规划与管理高级总监的副总裁详细介绍了软银集团的环境措施。该负责人强调，软银集团专注于减缓气候变化并促进自然资本和资源循环利用。他表示，由于软银集团的业务依赖于能源，因此公司有责任坚决应对这些问题。在这方面，该负责人概述了软银集团2030 年实现碳中和及 2050 年实现净零温室气体排放的路线图和进展。他还指出，软银集团的 ESG 倡议受到第三方高度评价。"我们受到了来自各国和日本各机构以及评级机构的高度赞扬。我们将继续通过我们的业务推动 ESG，并努力通过我们的披露实现高透明度。"

（三）员工成长意味着公司成长

负责总务部门和员工福祉推动办公室的副总裁指出："正如我们的 CEO 所解释的那样，AI 与社会共存的时代即将来临，而打造下一代社会基础设施对软银集团的未来至关重要。"他解释说，对软银集团未来业务战略而言，AI 工程师和数字转型（DX）领域的专家变得越来越重要。该负责人还指出，软银集团正在利用生成式 AI 工具提高生产率，并推广员工再培训计划。在这方面，他概述了软银集团基于其人力资本组合的人力资源战略。"员工的成长导致公司的成长，进而为员工提供了突出表现和提升的新机会。"该负责人说道。他解释说，软银集团有多种方式促进员工自我导向的成长，包括"软银集团大学"，超过 100 名员工担任培训讲师，"软银集团大学"吸引了软银集团内外的多样化人才，以及"软银集团 InnoVenture"，这是一个约有 6000 名集团公司员工注册学习创业知识的计划。

该负责人补充说，招聘和自由职业者系统使员工能够在不同部门接受新的职业挑战，内部和外部兼职系统都是为了培养人才，让员工设计自己的职业生涯。该负责人还强调了软银集团促进女性参与公司管理的倡议。他报告说，软银集团在实现到 2035 财年 20% 女性经理比率的目标方面取得了良好的进展。他还强调了一项公司范围的生成式 AI 计划，旨在创造一个所有员工都能充分利用 AI 的环境。他说，软银集团引入了能够使用生成式 AI 的基础设施、AI 学习课程以及一个最高提供 1000 万日元奖金的 AI 比赛。该比赛共产生了 15 万个员工想法，并于 2024 年 2 月成立了一个直接向 CEO 报告的新组织，以支持基于这些想法库的项目的商业化。

五、以往软银集团 ESG 实践行为

（一）环境保护类实践

所谓环境保护类投资，其实就是企业在日常生产过程中，特别关注自身对环境可能产生的影响，并据此优化生产环境，制定严格的环保政策，力求最大限度保护我们的环境。举个例子，软银集团在可再生资源行业进行了投资，通过技术支持，让资源得到保护和循环利用。集团不仅借助自己的品牌影响力，为环保项目筹集资金，还投资了新能源企业，并在集团网站上大力宣传共享单车和共享电动车，以此在交通领域实现节能减排。

值得一提的是，软银集团还携手恩纳村，共同启动了"未来和珊瑚项目"。这个项目通过互联网平台广泛筹集资金，帮助恩纳村的村民们改善和恢复生态环境。2019 年 10 月 5 日，在冲绳县恩纳村的前田渔港，他们举行了首次珊瑚移植仪式，这是该项目正式启动后的一次重要活动。这次活动得到了很多志愿者的支持，他们共同参与了珊瑚移植和海滩清洁工作，为保护海洋生物多样性做出了贡献。

为了让更多人了解并参与到这个项目中来，软银集团还特别设立了一个网站，并与雅虎日本公司合作，通过 Gyoppi! 网站进行募捐活动。活动取得了显著成效，吸引了 2000 多人参与，筹集到约 60 万日元的善款。这些资金将通过软银集团的 Tsunagaru Bokin 服务以及雅虎日本的筹款平台进行管理。此外，软银集团还会定期更新珊瑚礁的恢复情况，并通过其网站进行宣传，以进一步提高公众的环保意识。

通过这些持续的努力和投入，软银集团希望能够在保护海洋环境、实现

可持续发展方面发挥更大的作用，为人类创造一个更加美好、可持续的未来。

（二）社会责任类实践

社会责任是指企业在追求经济利益的同时，积极履行其对社会、环境和利益相关者的责任，促进社会的可持续发展。对软银集团来说，社会责任活动不仅是一种义务，更是一种使命，体现了企业的社会担当和企业价值观。因此，软银集团在社会责任方面也不例外，其始终关心着国家和社会的发展，通过加大社会贡献类投资来为社会做出更大的贡献。软银集团在社会责任方面的行动包括以下一些。

一是支持年轻创业者。2019 年，软银集团成立了 Vision Fund，这是一个巨额的风险投资基金，旨在支持那些致力于解决社会问题和推动社区复兴的年轻创业者。该基金已经投资了许多科技初创公司，涉及共享出行、清洁能源和医疗保健等领域。

二是帮助弱势青年就业。软银集团在日本和其他地区开展了许多项目，帮助那些面临就业困境的年轻人。例如，2018 年，软银集团与日本政府合作，推出了 Youth Challenge 计划，为年轻人提供培训、职业指导和就业机会。

三是教育项目。软银集团通过赞助学校、大学和教育机构，为年轻一代提供更好的教育机会。例如，2017 年，软银集团捐赠了 1 亿美元给哈佛大学，用于支持科技创新和教育研究。

这些实践活动体现了软银集团在社会责任方面的积极作用，为社区做出了有意义的贡献。

（三）治理类实践

治理类投资听起来好像很复杂，但其实也不难理解。简单来说，就是为了提升公司的管理水平和经营效率，让公司变得更好而进行的投资。比如说，公司里出现了腐败问题，公司的经营就会受到影响，甚至可能走下坡路。但是，如果我们通过有效的治理投资，就可以解决这个问题，让公司重新焕发生机。

于是，软银集团在 2018 年进行了董事会改革，增加了独立董事的比例。这些独立董事具有丰富的经验，能够提供中立且客观的意见，以确保公司治理的公正性。软银集团定期进行内部审计，以确保公司运营的合规性和风险管理的有效性。这些审计由专业的审计委员会负责，以确保公司的利益得到保护。软银集团设立了薪酬委员会，负责制定高管和董事的薪酬政策。这个委员会确保薪酬与绩效挂钩，同时也关注公司的长期利益。2019 年，软银集团召开了一次股东大会，地点在东京总部。在这次会议上，董事会成员详细介绍了公司的财务状况、战略计划和治理政策。股东们有机会提问和表达意见，确保公司的决策透明度和合法性。

此外，软银集团还推出了数字化转型服务，用信息技术来管理公司，这样就可以防止腐败问题的发生。信息技术给公司管理者装上了一双"慧眼"，可以清楚地看到公司的运营情况，从而及时发现并解决问题。

六、软银集团在风险投资和 ESG 实践行为方面的潜在冲突

风险投资（VC）和环境、社会和公司治理（ESG）实践可以相互促进，但也存在一些潜在的冲突。

一是短期利益与长期可持续性之间的冲突。风险投资通常关注短期回报和快速增长。VC 公司的目标是在有限的时间内实现高额利润，因此可能会忽视一些长期可持续性问题。而 ESG 实践强调长期可持续性，包括环境保护、社会责任和良好的公司治理。这可能需要更长时间的投资回报，与 VC 的短期目标不一致。

二是风险投资的高风险性质。VC 投资的高风险性质可能导致对 ESG 问题的忽视。在追求高回报的同时，VC 可能会忽略一些社会和环境风险。例如，VC 可能会投资在环境影响较大的行业，如矿业、能源等，而不考虑这些行业的 ESG 问题。

三是 ESG 整合的不足。虽然越来越多的 VC 公司开始关注 ESG 问题，但整合 ESG 实践仍然面临挑战。很多 VC 公司缺乏专门的 ESG 专业人士。VC 公司通常规模较小，难以投入大量资源来推动 ESG 整合。

四是利益相关者的不同需求。VC 公司的利益相关者包括投资者、创始人、员工和被投资公司。这些利益相关者对 ESG 问题的关注点可能不同。例如，创始人可能更关心公司的长期可持续性，而投资者可能更关心短期回报。

五是 ESG 风险的影响。VC 公司投资的早期阶段可能面临一些 ESG 风险，如环境污染、治理问题等。这些风险可能对公司的长期发展产生影响。如果VC 公司不重视这些风险，可能会导致投资组合中的一些公司遭受损失。

总之，VC 和 ESG 实践之间存在一些冲突，但也有机会相互促进。VC 公司需要更加关注 ESG 问题，将长期可持续性纳入投资决策，并与利益相关者密切合作，以实现更好的平衡。

因此不难看出，软银集团进行环境、社会和公司治理实践活动的原因有以下几点。

一是长期可持续性。软银集团意识到，只有在考虑长期可持续性的情况下，才能实现持久的成功。通过关注 ESG 问题，软银集团可以确保其业务在未来能够持续发展。

二是投资者和利益相关者的需求。越来越多的投资者和利益相关者对公司的 ESG 表现越来越关注。软银集团积极采取 ESG 实践，以满足这些利益相关者的需求，增加公司的透明度和可信度。

三是法规和法规要求。许多国家和地区都制定了关于 ESG 的法规要求。软银作为一家跨国公司，需要遵守这些法规，以确保合规性。

四是社会责任感。作为一家全球性企业，软银集团认识到其在社会中的影响力。通过积极参与 ESG 实践，软银集团可以履行其社会责任，为社会做出积极贡献。

七、尾声

软银集团在其 ESG 实践中展现出了积极的态度和深远的影响。通过本案例的分析可以发现，通过将环境、社会和公司治理纳入核心业务运营中，软银集团不仅在追求经济利益的同时促进了社会责任的履行，也为可持续发展提供了示范和引领。其在环境保护、社会责任和公司治理方面的具体行动展现了其对可持续发展目标的坚定承诺，同时为利益相关者创造了长期价值。尽管风险投资和 ESG 实践之间存在一些潜在的冲突，但软银集团通过强调长期可持续性、投资者需求、法规要求和社会责任感等因素，成功地平衡了这些利益，取得了显著成效。软银集团的成功给我们的启示是：基于 ESG 的投资理念，并不会违背传统投资理念，而是可以对其进行有效的补充。当前社会更加注重可持续发展，而 ESG 的投资理念更是可持续发展战略的实践。这种投资理念虽然并不能在短期内获得投资效益，但其长期价值是不可估量的。在投资选择方面，更加注重那些将社会责任与业绩放到同等地位的公司，推动其公司规模不断壮大，待其成长起来并开始履行社会责任后，投资群体也能从中得到反哺，获得巨额回报。作为其他企业的榜样，软银集团的经验和做法为全球企业走上可持续发展道路提供了重要启示，有助于更多企业积极投身于 ESG 实践，共同创造一个更加美好、可持续的未来。

案例使用说明

一、教学目的与用途

1. 适用课程：公司金融、企业战略管理、财务报表分析。

2. 适用对象：本科生、研究生、MBA 学员的案例教学，也可供有一定实践经验的工作人员或管理者学习。

3. 教学目的：本案例旨在通过分析软银集团在 ESG（环境、社会和公司治理）实践中的角色和挑战，帮助学生深入了解 ESG 的概念和重要性。通过研究软银集团的具体行动和成效，学生将了解到在 ESG 实践中企业所面临的机遇和挑战，以及如何平衡各方的利益，促进企业的可持续发展。这将激发学生对企业社会责任的思考，培养其可持续发展意识。

二、启发思考题

以下几个思考题可以预先布置给学生，让学生在阅读案例时进行思考：

1. 你认为什么是 ESG（环境、社会和公司治理）实践？它对企业的重要性是什么？

2. 分析软银集团在环境保护方面的投资和行动。这些举措如何有助于实现可持续发展目标？

3. 软银集团在社会责任方面的实践是什么？这些实践如何有助于促进社区发展和社会包容性？

4. 就软银集团的治理实践而言，它是如何确保公司的透明度和道德标准的？这些做法对公司治理有何影响？

5. 分析风险投资（VC）和 ESG 实践之间可能存在的冲突。你认为企业应如何应对这些挑战？

三、理论依据及分析

（一）利益相关者理论

利益相关者理论是为了研究企业发展的根本所提出来的理论，其诞生和发展主要历经了三个阶段。第一个阶段为 20 世纪 60～80 年代，主要特征是企业界普遍持有这样一种观念：企业存在的根本目的在于追求利润最大化。这一观念促使企业聚焦于整个经营利益链条，深入剖析链条中的每一个参与者角色，以评估其对企业生产经营活动的合理性与贡献度。第二个阶段为 20 世纪 80～90 年代，是企业战略管理阶段，这个阶段主要分析企业生产经营的参与者是否在企业战略实施过程中发挥促进作用，能否为企业经营和管理贡献自己的力量，强调企业生产经营参与者对于企业发展所起到的积极作用。第三个阶段为 20 世纪 90 年代至今，强调企业经营参与者的利益分配，从理论上对利益相关者理论进行了进一步的完善。

（二）可持续发展理论

随着工业革命的不断发展，科技水平得到了飞速的进步和提升，但是付出的代价却是环境遭到了巨大的破坏，为了有效保护环境，联合国专门成立了环境规划署来开展全球性的环境保护，提出了可持续发展战略，明确了可持续发展战略的概念、范围及其细化操作流程，从而使其能够更好地进行推广。最初，可持续发展战略主要应用于经济发展、环境保护等方面，但是随着时代的发展，其已经运用到了社会生活的各个方面，包括人口、环境、经济、科技、卫生、城市等。

（三）福利经济理论

福利经济理论的出现奠定了 ESG 投资的理论基础。其主要观点是，市场对于经济发展的促进作用可能会出现一定的滞后或停摆，为了更好地发挥市场的作用，需要进行宏观上的调控，从而使人民群众得到企业发展所带来的红利。这一经济理论是当前西方的主要经济理论，其诞生经历了一个从否定到肯定的过程。该理论强调，不应该过于在意利益最大化，而是要追求福利最大化，以公众获得的实际福利作为衡量企业发展的目标，因此，它要求企业承担起社会责任，在经营和发展过程中考虑利益的同时，还要考虑社会道德、群众获得等因素。

福利经济理论的重要观点是，不对效益最大化进行强调，而要追求福利最大化。以此为基础来对企业经济活动进行评价时，更加看重的是企业能否增加社会总福利。因此，福利经济理论为企业社会责任的履行确定了一个道德基础，它要求企业在进行生产经营活动时要考虑到伦理、社会、环境等多方面因素。

四、关键要点

在这个教学案例中，我们深入剖析了软银集团如何通过实施 ESG 发展战略，将社会责任融入其核心业务，从而实现了企业价值与社会价值的双重提升。通过这个案例，我们可以总结出一些关键要点，以期为其他企业在实施社会责任投资时提供有益的启示。

首先，软银集团深刻认识到企业社会责任的重要性。在追求经济利益的同时，企业也需要关注其对环境、社会和公司治理的影响。软银集团将 ESG 原则作为核心价值观，将其融入企业战略之中，这体现了企业对于可持续发展的深刻理解和坚定承诺。这种理念的转变不仅有助于提升企业的社会形象，更能够引导企业在经营决策中更加注重社会责任，实现经济效益与社会效益的共赢。

其次，软银集团在 ESG 发展战略中注重环境倡议的推进。面对全球气候变化和环境恶化的挑战，软银集团设定了雄心勃勃的减排目标，并致力于推动能源效率提升和智能办公解决方案的应用。通过利用人工智能和物联网技术，软银集团不仅实现了自身业务的绿色转型，还为整个行业树立了榜样。这种前瞻性的环境战略不仅有助于企业降低运营成本，提高运营效率，更能够为企业赢得社会的广泛认可和支持。

再次，软银集团在社会责任方面也有着出色的表现。通过支持多元化和包容性，倡导人权，并与投资者、非政府组织和非营利组织进行对话，软银集团努力营造透明、负责任的社会影响文化。同时，软银集团还积极利用自身资源和专业知识，与非营利组织、教育机构和政府机构合作，解决紧迫的社会问题，推动全球范围内的积极变革。这种广泛的社会参与和贡献不仅提升了企业的社会影响力，也为企业赢得了更多的合作伙伴和投资者。

最后，值得一提的是，软银集团在实施 ESG 发展战略时，始终坚持创新驱动。通过不断探索新技术、新模式和新方法，软银集团成功地将其业务与可持续发展实践相结合，实现了经济效益与社会效益的协同提升。这种创新精神不仅为软银集团带来了丰厚的回报，也为整个行业提供了宝贵的经验和启示。

综上所述，软银集团通过实施 ESG 发展战略，成功地将社会责任融入其核心业务，实现了企业价值与社会价值的双重提升。这个案例告诉我们，企业在追求经济利益的同时，也需要关注其对环境、社会和公司治理的影响，积极履行社会责任，推动可持续发展。只有这样，企业才能在激烈的市场竞争中立于不败之地，实现长期稳健的发展。

案例七　为碳"明码标价"

——首家"零钢化"倡议汽车制造商沃尔沃公司碳定价机制

摘要：汽车制造商沃尔沃公司 2021 年宣布，在企业内实行每吨二氧化碳排放 1000 瑞典克朗的内部碳定价，以进一步加速减少碳排放，助力其实现到 2040 年成为全球气候零负荷标杆企业的目标。根据沃尔沃公司内部碳定价，每个未来的车型项目都将经过"可持续发展影响分析与评估"，并对车辆全生命周期内每吨可预见的碳排放都计算"碳成本"，目的是确保每种车型都具有成本效益，即使在严格的碳定价计划下，也能将项目、采购和制造决策导向最可持续的方向。

一、引言

现阶段，给排放的二氧化碳进行定价，是鼓励减少温室气体排放的最有效的政策杠杆之一，其定价系统，大多是通过碳市场来实现的。对于企业而言，碳减排机制总体可分为两类：一类是由政府发布的行政指令式减排机制；另一类是由企业发布的内控自发式碳减排机制。

内部碳定价给每单位的碳排放制定了价格，需要企业对超额排放部分征收实际税费，这种方法可以在短期内规制员工的行为并通过重新设计激励结构，在长期内鼓励低碳技术的创新。对碳信息披露项目（CDP）的分析发现，2020 年公司披露的内部碳价格中位数为每吨二氧化碳当量 25 美元，亚洲和欧洲的公司执行最高的平均价格为 28 美元。2013 年迪士尼在其全球所有业务部采用了每吨 1020 美元的碳排放费。从每个业务部门收取的收入进入一个名为迪士尼气候解决方案基金的专用基金，用于购买高质量的森林碳信用额，以抵消其范围 1 和范围 2 的排放。

二、瞄准"碳生意",成为"卖碳翁"?

(一)"碳中和""碳交易"

2020年财报显示,特斯拉汽车公司仅靠出售碳排放积分就获得了15.8亿美元。而特斯拉公司2020年全年的净利润仅为7.21亿美元,可谓是卖碳一年顶两年净利润。2010年以来,特斯拉公司通过向美国传统汽车制造商出售联邦温室气体排放积分而获得了近20亿美元的收入。

赛迪顾问汽车产业研究中心总经理鹿文亮对《中国汽车报》记者表示,沃尔沃公司进行内部碳定价是作为企业内部参考,为未来参与碳交易打下基础。企业进行内部碳定价之后,可以对项目进行碳评估,了解项目投产的大致成本、未来是否能盈利等。根据沃尔沃公司内部碳定价,每个未来的车型项目都将经过"可持续发展影响分析与评估",并对车辆全生命周期内每一吨可预见的碳排放都计算"碳成本"。

(二)为碳交易做准备

在《联合国气候变化框架公约》第26次缔约方大会(COP26)期间,包括沃尔沃公司、福特公司等6家主要汽车制造商承诺,到2040年在全球范围内逐步停止化石燃料汽车的生产。

与沃尔沃公司进行内部碳定价类似的是,宝马公司、大众公司推动的绿色供应链对零部件的零碳要求也是参与未来碳交易的一种手段。绿色供应链是指企业将环保原则纳入供应商管理机制中,要求供应商重视环境责任和环境合法合规,并将其纳入采购、绩效、评估过程,也就能倒逼产业中的各个环节进行技术升级,进而减少系统性的碳排放。

(三)同属减碳手段

虽然目前汽车行业还没有正式进入全国碳排放权交易市场,但双积分政策作为某种意义上的"碳交易"已经对未来汽车产业格局的变化产生了深远影响。双积分属于"碳生意"的一部分。双积分是通过产品定价,更看重在车辆使用过程中的碳排放,而碳交易主要在生产制造环节发挥作用。一个针对车辆本身,一个针对生产,虽然并不一样,但二者都属于减碳的重要手段。

《节能与新能源汽车技术路线图 2.0》明确指出，我国汽车产业碳排放将于 2028 年左右先于国家碳减排承诺提前达峰，至 2035 年，碳排放总量较峰值下降 20% 以上。而道路运输带来的碳排放额很高，约占整个交通行业的 75%。

（四）汽车业有望三年进入碳交易

对于碳交易市场来说，政府确定整体减排目标，采取配额制度，先在一级市场将初始碳排放权分配给纳入交易体系的企业，企业可以在二级市场自由交易这些碳排放权。受到经济激励，减排成本相对较低的企业会率先进行减排，并将多余的碳排放权卖给减排成本相对较高的企业并获取额外收益。

一旦汽车行业的各条技术路线的车辆产品参加全国统一的碳交易，各条技术路线的节能减排效果势必要进行全面真实的测算，明确各技术路线的减碳以及节能减排效果，真实准确的测算反而更有利于各条技术路线的平等竞争。碳交易涉及价格波动，就肯定会有利润空间。碳交易通过市场交易方式引导市场向低碳方向发展，从而规避了行政手段过于片面的指导方式。

三、沃尔沃公司推出内部碳定价机制

2021 年，我国提出了"碳达峰、碳中和"的目标。为了实现这一目标，我国的各行各业都开始为降低碳排放积极寻找对策。众所周知，由于碳排放过量，目前我们赖以生存的地球正在接受严峻的考验，全球气候的变化决定着我们的未来。而为加快减碳行动，沃尔沃汽车公司推出了开创性的内部碳定价机制。

（一）沃尔沃公司签署了净零排放宣言

沃尔沃集团总裁兼执行官汉肯·塞缪尔森在 COP26 上与行业和政府人员共同签署了《格拉斯哥轿货车净零排放宣言》（以下简称《宣言》），成为业内首家公布内部碳定价的汽车企业。沃尔沃汽车公司还宣布，将在公司内部实行每吨二氧化碳 1000 瑞典克朗的内部碳价格，以进一步加快碳减排，并帮助公司实现到 2040 年成为全球气候零负荷标杆企业的目标。

1. 沃尔沃公司的可持续发展时间表

2019 年，沃尔沃汽车公司制定了比《宣言》更雄心勃勃的气候行动目标，预计到 2025 年，纯电动汽车的销量将占其全球销量的一半以上，到 2030 年成为纯电动汽车企业，到时仅销售纯电动车型。

2. 沃尔沃公司的决心

汉肯·塞缪尔森表示："我们计划到 2030 年成为一家全电动汽车制造商，这是业内最雄心勃勃的目标之一，但我们无法独自实现无碳交通。所以我很高兴能够在格拉斯哥与业界同仁及政府代表共同签署这份宣言。全球气候已经很糟糕了，我们的行动是刻不容缓的。"

3. 实施内部碳定价机制

沃尔沃汽车公司是一家在其整个运营系统中实施内部碳定价机制的汽车公司。这一价格远高于国际能源机构等组织建议的水平。

4. 可持续发展影响分析和评估

沃尔沃汽车公司在内部碳定价的基础上，其未来的每个车型项目都将接受"可持续发展影响分析和评估"，并为车辆整个寿命期内的每一吨可预测碳排放量计算"碳成本"。

（二）借鉴沃尔沃公司的碳定价机制

沃尔沃公司引入的内部碳定价机制，也是企业主动寻求减碳的方式之一。虽然在汽车行业，沃尔沃公司是首家发布内部碳定价的企业，但内部碳定价机制并非是其首创。

企业的主要动机包括驱动低碳投资、改变内部行为、识别并抓住低碳机会等。其中，最主要的因素是企业希望推动低碳投资。为了应对未来更加严格的监管，越来越多的企业将气候风险和机遇纳入长期战略，并视内部碳定价为一种帮助指导投资决策过程的有效工具。

从价格方面来看，世界银行发布的《碳定价机制发展现状与未来趋势（2022）》报告指出，上述企业披露的内部碳定价从 6 美元到 918 美元不等，大多数企业的碳定价远低于达到《巴黎协定》目标所建议的范围（40 ~ 80 美元/吨），只有 16% 的企业碳定价在上述范围内，还有 10% 的公司采用了更高的价格。相比之下，沃尔沃公司的定价约为 112 美元/吨，算是一个比较高的价格。也可以看出，沃尔沃公司对自身的要求比较严格。

（三）在挑战中成长的汽车业

汽车尾气是汽车在使用阶段产生的主要污染之一，20 世纪严重的环境污染事件——洛杉矶光化学烟雾事件,就是由汽车尾气污染而引发的。20世纪40年代,洛杉矶已经成为汽车数量超多的城市,每天都会燃烧掉很多汽油,排放出大量碳氢化合物,这些化合物被排放到空气中并在紫外线照射下发生光化学反应,生成剧毒光化学烟雾,使人产生眼睛发红、咽喉疼痛、呼吸憋闷、头昏、头痛等症状。

《汽车、交通、能源协同实现碳达峰碳中和目标、路径与政策研究》数据显示,2020年我国交通运输领域占全国终端碳排放的15%,是仅次于工业、建筑业的第三大碳排放源。交通领域中,道路交通碳排放占90%,其中,公路客运占42%,这里又有90%的排放来自乘用车。

(四)用"激进"的态度兑现50年前的承诺

早在1945年,沃尔沃公司就引入零部件交换系统,让老旧零部件通过专业化处理再获新生,这一系统使用至今。

1972年,在联合国首次人类环境会议上,沃尔沃公司提出了汽车在社会中的关键作用,发表了著名的《环保宣言》。沃尔沃公司是汽车行业中第一个提出环保理念的厂商。针对汽车尾气污染,沃尔沃公司在1976年就发明了全球首个带氧传感器——三元催化传感器,能够去除尾气中90%以上的有害气体,并将这项技术专利无偿分享给全世界。

1989年,沃尔沃公司引入内部环境审核机制,1996年,公司推出针对供应商的环保标准,2000年,公司成为全球最大的推进企业社会责任和可持续发展的国际组织联合国全球契约组织创始成员之一。

2021年11月,沃尔沃公司在COP26上参与签署了《格拉斯哥轿货车净零排放宣言》,并于同期宣布实行每吨二氧化碳排放1000瑞典克朗的内部碳定价,以进一步加速减少碳排放,这一定价远高于欧洲及世界其他地区的现行碳定价。

(五)全面开启通往碳中和之路

电气化是众多车企在通往碳中和之路上的一致选择。2017年,沃尔沃汽车公司成为首个宣布全面电气化的汽车厂商,并且承诺到2025年累计交付使用100万辆新能源汽车,公司因此被《财富》杂志评为"改变世界的50家公司"之一,电气化已经成为其未来的发展方向。

2021年,沃尔沃汽车公司提出2030年成为纯电车企,届时所有纯电车型将通过线上进行销售。为此，公司已经做了大量的准备，特别是在先进的制造能力方面，公司台州工厂向全世界展示了中国制造的实力。

沃尔沃汽车公司台州工厂智能化程度已达到93%，目前已有约八成产能用于纯电动汽车生产，助力公司在成为纯电车企的道路上更进一步。

四、碳市场详解

（一）碳定价机制

1. 碳定价的定义

碳定价分为两类：正和负，显性和隐性（见图1）。前者容易理解，"正"是指排放碳需要支出成本，即碳具有价格，而"负"则指排放碳不仅不需要成本，反而可以收到补贴。后者是全新的概念，显性碳价政策由政府制定，并根据碳含量对碳排放进行定价。此类政策为减排的方式和时间提供了灵活性，并鼓励具有成本效益的减排活动。常见的显性碳价形式有碳税（carbon tax）和碳排放交易体系（emissions trading system，ETS）两种。隐性碳价是企业在生产或服务过程中排放温室气体，尤其是二氧化碳，而未在市场价格中直接体现出来的环境和社会成本，包括气候变化影响、健康成本、生态系统服务损失、未来适应与减缓成本等。对于隐性碳价的结算有利于揭示隐藏于产品和服务价格之外的真实成本，从而促使企业和政策制定者更加全面地考虑其经济活动对环境和社会的长期影响，并鼓励采取更可持续发展的模式。

图1 碳定价的分类

碳排放交易体系为排放者设定排放限额，允许通过交易排放配额（也称排放权）的方式进行履约。该系统具备以下两个特点：一是总量控制和交易型，即政府为某个特定经济领域设定排放总量限额，排放单位可以通过拍卖或配额发放的方式获得，受约束实体每排放一吨二氧化碳温室气体，需上缴一个排放单位。二是基准线和信用交易型，是政府为受约束实体设立排放基准线，当排放量超过基准线时，实体需上缴碳信用以抵消排放；当排放量减至基准线以下时，实体可以将碳信用出售给有需要的其他排放者。区别于碳税，ETS 的碳价格由市场力量决定，而减排量由政府控制。

2. 显性碳定价：碳税与 ETS

碳税和 ETS 是当前最成熟的碳定价工具，可以在减少碳排放的同时降低成本，确保成本效益。二者具有三个共同点。

（1）均可实现为碳定价。碳市场和碳税均遵循"污染者付费原则"。它们通过具体的碳价，鼓励生产者和消费者将温室气体排放所产生的社会成本的一部分实现内部化。

（2）均具有成本效益。碳价本身并不规定人们采取何种措施来减少碳排放。相反，碳价的最佳应对措施由个人和控排企业自行决定。

（3）均能够创造收入。与其他税收一样，碳税将增加公共收入，而且还能减少污染行为。

碳税是通过直接定价碳排放来促进减排，而 ETS 则通过设置排放上限和市场交易来实现减排目标。两者各有优缺点，适用于不同的政策环境和目标。如图 2 所示。碳市场和碳税之间的选择取决于当地的具体环境和政府的相关政策。此外，两者之间也并非相互排斥，一些地区（如欧盟）同时采用碳市场和碳税涵盖不同行业，起到相互补充的作用。另一些地区则将实行碳税作为建立碳市场过程中的一个步骤。

3. 显性碳定价：碳信用机制

碳信用机制和内部碳定价也是显性碳定价中的重要工具。碳信用机制是指那些在常规减排之外，自愿减少排放的企业可以获得并交易的排放单位。它与 ETS 的区别在于，ETS 下的减排是出于强制义务。典型的案例是核证减排量（CER），如图 3 所示，污水处理厂主动开展减排项目，原本作为温室气体直接排放的甲烷被捕获并燃烧，这一部分被处理的甲烷经过认证后，可以作为符合信用签发的减排量，既可以在碳市场上交易，也可以直接抵消企业自身的碳排放量。由于碳信用认证过程漫长且复杂，同时为了避免大量 CER

涌入碳市场而影响碳价，所有 ETS 都对 CER 的交易施加了严格的限制。因此几乎不会出现碳信用机制造成碳定价剧烈波动的情况。

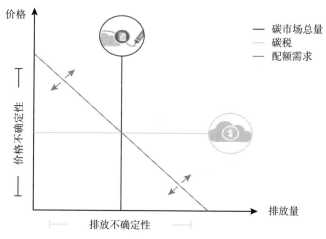

图 2　碳税与 ETS 的区别

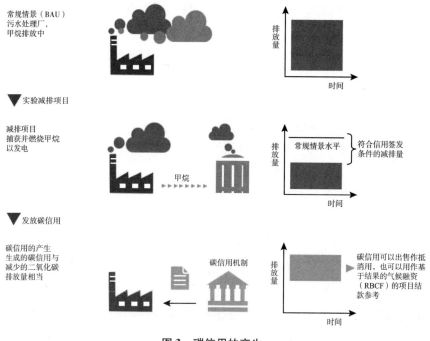

图 3　碳信用的产生

从图 3 中可以看到，碳信用机制主要应用于林业和电力行业。

4. 显性碳定价：内部碳定价

内部碳定价指企业在内部政策分析中为温室气体排放赋予财务价值，排放量可以转化为一项财务指标，进而影响决策过程。

世界 500 强公司中，有近一半已实施或计划在未来两年内实施内部碳定价。例如沃尔沃汽车公司宣布在企业内实行每吨二氧化碳排放 1000 瑞典克朗（约合 700 元人民币）的内部碳定价。利润丰厚的服饰、生物技术、医疗和制药等行业内部碳定价更高，利润微薄的零售、服务和运输行业内部碳定价偏低，而与期货相关的化石燃料、制造业、材料和农业，其内部碳定价处于平均水平。

5. 隐性碳定价

隐性碳定价是通过计算与给定政策工具相关的每吨碳的等价货币价值，推导出该政策的隐性碳价格，被称为隐性碳定价，其目的是寻找一种能够对不同减排政策的严格程度进行比较的通用方法。举例来讲，这些减排政策包括针对建筑物或电器性能或效率的标准，或可再生能源目标等强制使用特定低碳或零碳技术的规章制度。在某些情况下政策和措施的隐含碳价格为正值，而在另一些情况下则为负值，如化石燃料补贴降低了化石燃料消费或生产的成本，会产生隐性的负碳价。换句话说，负碳价只出现在隐性碳定价中。

2021 年，21.4% 的全球温室气体排放量由运行中的碳定价工具覆盖，较 2020 年的 15.1% 显著增加，主要得益于中国碳排放交易体系的推出。碳定价的潜力在很大程度上仍未被挖掘，大多数碳价格偏低，不足以推动大规模脱碳。

（二）碳排放市场体系

碳市场交易体系（ETS）已经被验证为最有效的实现低碳目标的手段，因此我国在 2021 年开启了全国性的碳市场。

典型 ETS 的构建形式一般为：政府将其碳排放控制目标转化为逐年递减的计划排放量上限（emission cap），继而通过免费分配及有偿拍卖等方式将其划分为排放配额（emission allowances）分配给各企业，并建立全国或区域碳排放权交易场所，使其可以在二级市场中自由交易。碳排放超标企业需要购买减排企业出售的剩余排放配额或减排项目带来的碳信用以满足排放限制要求。

在现货交易阶段,碳市场以控排企业为主,碳资产管理公司和金融投资机构为辅。在衍生品交易阶段,金融投资机构尤其是做市商和经纪商或将成为市场流动性的主要提供方。交易的产品包含基础碳资产和碳金融产品。基础资产包括两类:一是碳排放权配额,如欧盟 ETS 下的碳排放配额(EUA)和欧盟航空碳排放配额(EUAA);二是项目核证减排量,如碳信用产品核证减排量(CER)、中国国家发改委认可的中国核证自愿减排量(CCER)等。

根据国际碳行动伙伴组织(ICAP)的《碳排放权交易实践手册》,设计一套碳交易体系需要 10 个步骤(见图 4),其中每一步都体现了碳市场的特征,对于我们理解碳现货市场和分析碳衍生品都有重要的帮助,下面将逐一进行剖析。

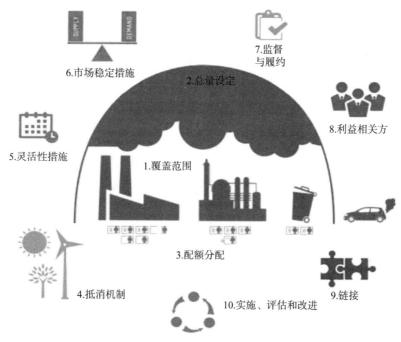

图 4　设计 ETS 的十个步骤

第一步，确定覆盖范围。覆盖的气体主要是二氧化碳，其他温室气体会在碳市场趋于成熟后加入。覆盖的行业按照纳入 ETS 的先后顺序依次为电力、工业、建筑、交通、航空、废弃物和林业。对应国内 ETS 的八大行业为电力、工业（钢铁、有色、化工、石化、造纸）、建材和航空。因此 2022 年工业中的钢铁、有色和化工将被纳入碳排放交易体系，这些行业的减排成本将逐步体现。

第二步，设定总量。ETS 的总量限定了在一段指定时间内可供发放的配额总量，从而限定了碳市场受监管实体产生的排放总量，即排放总量与产能的概念接近。

第三步，分配配额。如果将总量类比为产能，那么分配配额更接近产能的分布。政府可通过免费分配、拍卖或二者相结合的方式分配配额。免费分配有两种方法：一是基于受监管实体的历史排放水平（又称"祖父原则"）；二是基于特定行业的基准线。在 ETS 的所有因素中，配额分配对碳价的影响最为突出且直接，直接决定企业或整个行业的可用免费碳排放量，过多会压制碳价，过少会抬高碳价。我国的 ETS 采用全球主流的基准线法分配碳配额，工艺先进、碳排放低于行业基准水平的企业，获得的免费碳排放配额相对充裕，而技术落后、碳排放显著高于行业基准水平的企业，获得的免费碳排放配额不足以满足日常经营，这就迫使企业购买额外碳排放配额或者主动减少排放。因此碳市场的推出将加速落后产能的淘汰过程，尤其对传统的煤化工、长流程炼钢和火电冶炼有色金属行业产生了巨大冲击。

第四步，考虑使用抵消机制。目前最可行的抵消机制来自前文介绍的碳信用，具体到我国就是核证自愿减排量（CER），但发展受阻，短期不会对碳市场形成较大影响。

第五步，确定灵活性措施。碳交易体系的吸引力之一在于其可为希望降低排放量的企业提供一定程度的灵活性，包括明确报告和履约周期的长度、允许参与者跨越履约周期储存（结转）或预借配额。履约周期越长，控排企业在减排投资时间安排上的灵活性越高，因此存在大幅降低减排成本的可能性。我国的配额有效期尚未明确，但市场普遍预期这些配额可以跨期使用。2021 年 12 月 31 日为首个履约期的开始时间。配额的有效期与仓单的有效期概念一致，因此当确定碳配额的有效期和履约时间后，碳价将出现显著的周期性。

第六步，确定市场稳定措施。包括通过设立市场稳定储备（MSR）来调节市场供需，防止碳价过度波动；设置碳排放总量上限，并逐年减少配额总量，以逐步降低总体排放水平；通过拍卖配额而不是免费分配，能够更好地反映市场需求并引导企业降低排放；加强市场监测和监管，防止市场操控和不正当行为；设置碳价的上限和下限（如碳价上限拍卖），以防止碳价过高或过低对市场产生负面影响；允许企业通过投资碳汇项目（如植树造林）来补偿其排放，提供额外的减排途径并帮助调节市场。

第七步、第八步和第十步主要涉及政策或者监管，此处不展开讨论。

第九步中提及的碳市场链接，指的是碳交易体系允许管控单位使用由另一个司法管辖区中碳交易体系发放的碳排放单位（配额或额度）完成履约任务。碳排放交易体系可根据具体情况对其使用设置或不设置限制。如图5所示，市场链接拓宽了减排行动在地理位置上的灵活性，因此可充分利用更多的减排机会，以降低达成减排目标所需的总成本。不同碳排放交易体系之间的链接局限于邻近地区，如欧盟与瑞士碳排放交易体系于2020年9月建立了临时链接。未来3~5年内，中国与欧盟、韩国或者其他地区建立链接的可能性极低，因此目前欧盟极高的碳价对国内的影响有限。

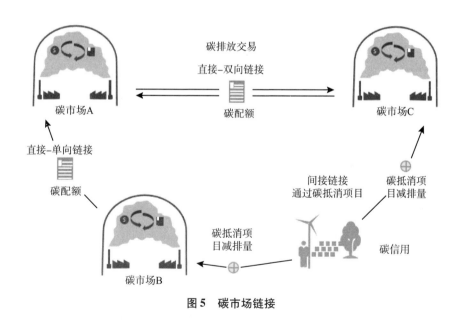

图5　碳市场链接

根据国际碳行动伙伴组织（International Carbon Action Partnership，ICAP）

的统计，截至 2021 年，从全球碳市场分布上看，已经有 1 个超国家机构（欧盟）、8 个国家、18 个省或州以及 6 个城市运行碳排放交易体系（ETS）。这些区域的 GDP 占全球 GDP 的 54%，覆盖了地球 16% 的温室气体排放，涉及 1/3 的人口。

（三）欧盟碳边境

欧盟委员会在 2021 年 7 月 14 日提出碳边境调节机制（CBAM）立法草案，拟对部分碳密集进口产品自 2026 年起征税，这将对中国向欧盟出口的产品造成碳税压力。首先，联合国政府间气候专门委员会（IPCC）方法统一了履行《巴黎协定》各国测算碳排放的口径，使欧盟可以在不同国家间横向比较产品的碳密集程度。其次，欧盟计划通过向碳密集产品的进口商出售 CBAM 证的形式，向造成碳泄露风险的高排放行业产品加征碳税。碳泄露指企业为了规避欧盟严格的排放标准而将高排放的企业转移至排放标准较低的地区进行生产，而导致全球总碳排放量升高的行为。最后，根据欧盟委员会统计，中国是欧盟目前最大的进口商，从欧盟进口的产品主要为工业品、消费品、机械设备、服装等。中国向欧盟出口的碳密集工业品以及使用有色金属作为原材料的机械设备将面临 CBAM 证造成的碳税压力。

碳边境调节机制对我国出口的贸易压力将促使我国碳市场在覆盖行业和碳配额定价上对标 EU ETS 的模式，加快完善全国碳排放交易市场体系。首先，碳边境调节机制 2023~2025 年为过渡期，过渡期内欧盟成员国将设立第三国制造商的排放数据库，明确进口商参与 CBAM 证购买的资格，完成进口商向海关申报进口产品明细的准备工作。其次，欧盟为防止碳价重复征收，如进口商已在制造商所在的第三国支付了产品的碳价，则可以申请 CBAM 证的价格抵减。

（四）中国碳排放交易体系

2021 年之前，我国碳排放交易体系主要经历了两个阶段：阶段一是 CDM 项目阶段（2005~2012 年）；阶段二是区域碳排放交易试点阶段（2013~2020 年）。2021 年 6 月，随着全国碳排放权交易市场启动，我国的发展进度正式与欧盟接轨。阶段一的主要交易方式是参与 CDM 项目碳资产一级市场的供应，属于碳信用。阶段二才开始碳市场交易，国内试点城市深圳、上海、北京、广东和天津于 2013 年下半年陆续开始碳排放权交易，湖北和重庆于 2014 年开展，福建于 2017 年开展。中国试点城市碳排放权成交均价如图 6 所示。

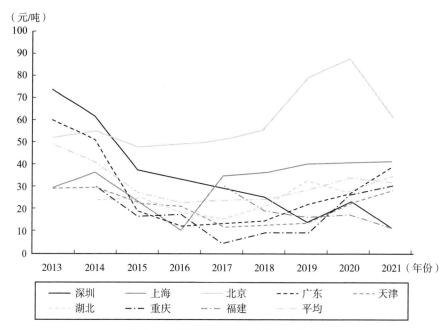

图 6　中国试点城市碳排放权成交均价

在总结借鉴试点经验的基础上，2017 年 12 月全国统一碳排放权交易市场正式启动建设，并于 2021 年 7 月 16 日启动交易。首批覆盖 2225 家电力企业，2022 年钢铁、有色、石化和化工已经确定纳入全国碳市场。生态环境部明确全国碳排放权交易市场交易的产品为碳排放配额（CEA）。碳排放配额交易以"每吨二氧化碳当量价格"为计价单位，买卖申报量的最小变动计量为 1 吨二氧化碳当量，申报价格的最小变动计量为 0.01 元人民币。

2021 年 12 月 13 日是第 100 个交易日。全国碳市场启动交易以来，前期保持较高活跃度，2021 年 7 月日均成交量约 54 万吨；8 月起交易热度逐渐减弱，8 ~ 10 月日均成交量约为 25 万吨；自 11 月起，随着配额核定工作完成，重点排放单位实际配额盈缺情况得以明确，市场活跃度开始回暖，交易量自 11 月起处于高位，11 月日均成交量超 100 万吨，总成交量达 2300 万吨，超过前 4 个月成交量总和（见图 7）。市场成交量和流动性上升的同时，交易价格保持小幅波动，近 1 个月收盘价在 42 元/吨上下（见图 8）。

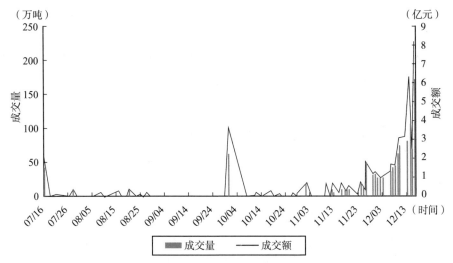

图 7　2021 年 7～12 月全国碳市场排放配额（CEA）成交情况

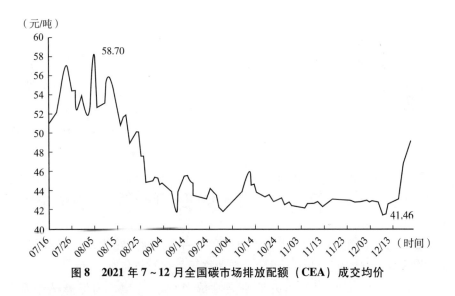

图 8　2021 年 7～12 月全国碳市场排放配额（CEA）成交均价

我国碳市场的初期类似于欧盟碳市场的第一阶段，这一阶段配额全部免费发放，几乎不产生成本，考虑到我国区域试点已经运行十年，在这一阶段经历的时长预计短于欧盟，为 1～2 年。

从全球碳市场的发展经验看，碳金融衍生品市场与碳现货市场的发展相辅相成，碳金融衍生品（主要包括碳远期、碳期权、碳掉期等）对提高碳市场交易活跃度、增强市场流动性、完善价格发现作用等起到重要作用。依托于碳排放权交易的碳金融衍生品，有望迎来发展的新机遇。据国家发改委初步分析，按照八大重点行业测算，若仅以现货交易（不推行期货交易），碳交易金额为每年 12 亿～80 亿元。若引入期货，交易金额将大幅提升，有望达到 600 亿～5000 亿元，足见碳期货的重要性。

五、案例总结

（一）结论

环境保护问题已是现在世界上的热门话题之一，毕竟保护我们赖以生存的地球是人们的共同目标。沃尔沃汽车公司集团总裁兼执行官汉肯·塞缪尔森在 COP26 上与行业和政府人员共同签署了《格拉斯哥轿货车净零排放宣言》，成为业内首家发布内部碳定价的汽车企业。

（二）建议

我国主动对外宣示碳中和目标，但在面向碳中和发展的过程中仍面临诸多的机遇、挑战和不确定性。建议我国借鉴国际经验，加强顶层设计，推动多方合力打造低碳社会，推进能源技术和产业革命，综合运用多种政策工具保障实施，积极应对国际形势并谋划加强我国在气候变化领域的国际合作。

加强部署，推动碳中和顶层设计。各国政府不仅提出了碳中和目标，以欧盟、德国、英国为代表的国家和地区还提出了详细的碳中和战略，对中长期的零碳发展做出了部署。

加大力度，推进能源技术和产业革命。当前，新一轮能源技术和产业革命席卷全球，"脱碳"已成为下阶段产业格局争夺的新高地。

务实推动，运用多种政策手段激励绿色低碳转型。为保障碳中和目标的实现，各国出台了大量包含法律、财税、市场、投融资等在内的政策。

案例使用说明

一、教学目的与用途

1. 适用课程：数字金融、金融大数据分析与应用、金融市场与金融机构、金融服务营销、财富管理。

2. 适用对象：金融学专业研究生、高年级本科生、MBA 学员的案例教学，也可供有一定实践经验的工作人员或管理者学习。

3. 教学目的：本案例以汽车制造商沃尔沃公司兼顾成本效益制定内部碳定价，实现项目、采购和制造可持续发展为主线，结合外部性理论揭示企业防范供应链外溢和参与碳定价机制的重要性。具体教学目标如下：（1）熟悉"外部性"有关知识和理论。（2）掌握碳中和目标下有效的减排措施以及碳定价机制的有关知识理论。

二、启发思考题

以下几个思考题可以预先布置给学生，让学生在阅读案例时进行思考：

1. 碳中和引发"文明的交替"，企业应如何实现绿色转型？哪些行业受益最多？

2. 从"外部性理论"的视角解释防范供应链的外溢与降本增效之间可能存在的关系。

3. 沃尔沃汽车公司的碳定价机制是怎样制定的？汽车业如何参与碳交易？

4. 试说明碳定价的重要性。

三、理论依据与分析

（一）外部性理论

外部性的概念来自马歇尔与庇古。马歇尔在《经济学原理》一书中将经济行为分为两种：一种是由于行业生产规模的扩大给整个行业带来的经济性——生产效率的提高，即外部经济；另一种是企业生产规模扩大使企业分工更加细致、专业化水平更高从而给企业带来的经济性——经营效率的提高，即内部经济。庇古则在马歇尔的基础上扩展和完善了外部性理论，他在《福利经济学》一书中将生产成本分为社会成本和私人成本两种，认为生产企业的排污行为会给其他企业和个人带来损失，但其本身却不用承担排污的成本。企业的生产成本不能反映其给他人带来的损失，这就造成了私人成本（边际私人成本）与社会成本（边际社会成本）的不同，两者的差异即构成了外部性，庇古认为要消除这种外部性，只有通过政府征税的方式才能达到。

碳排放具有两大属性：一是非排他性，即任何国家或任何个人都会因为别国的排放行为而受到损失；二是非竞争性，即碳排放所引起的危害不会因为人数的增加而降低。非排他性和非竞争性决定了碳排放具有明显的外部性特征，其排放行为的后果就是带来气候环境的变化，而这是全人类需要共同面对的问题。

（二）庇古税

庇古在马歇尔的理论基础上对外部经济、外部性概念进行了正、负外部性的划分，并由此提出"对外部性进行征税和补贴"的理念，被后人称为"庇古税"，成为碳税的理论基础。科斯则通过提出交易成本理论，在一个产权界定明晰、交易成本近乎为零的市场中负外部性会得到行为体的自动治理，对污染的治理应当建立一个尽可能降低交易成本的市场，对污染指标进行买卖、转让，这成为碳排放权交易的理论基础；诺德豪斯提出了碳约束经济分析的理论模型，使经济学的理论和实证研究得以真正纳入碳约束因素，他率先提出了气候变化综合评估模型（IAM）且不断推陈出新，先后提出 DICE 模型和 RICE 模型等，使"碳中和、碳达峰"等碳约束的成本—收益式经济分析具有可操作性。

（三）科斯定理

科斯定理是指在某些条件下，经济的外部性或者说非效率可以通过当事人的谈判而得到纠正，从而达到社会效益最大化。只要财产权是明确的，并且交易成本为零或者很小，那么，无论在开始时将财产权赋予谁，市场均衡的最终结果都是有效率的，可以实现资源配置的帕累托最优。当然，在现实世界中，科斯定理所要求的前提往往是不存在的，财产权的明确是很困难的，交易成本也不可能为零，有时甚至是比较大的。因此，依靠市场机制矫正外部性（指某个人或某个企业的经济活动对其他人或者其他企业造成了影响，但却没有为此付出代价或得到收益）是有一定困难的。但是，科斯定理毕竟提供了一种通过市场机制解决外部性问题的新的思路和方法。在这种理论的影响下，美国和一些国家先后实现了污染物排放权或排放指标的交易。

科斯定理的两个前提条件是明确产权和交易成本。钢铁厂生产钢，自己付出的代价是铁矿石、煤炭、劳动等，但这些只是"私人成本"，在生产过程中排放的污水、废气、废渣，则是社会付出的代价。如果仅计算私人成本，生产钢铁也许是合算的，但如果从社会的角度看，可能就不合算了。于是，经济学家提出要通过征税解决这个问题，即政府出面干预，赋税使成本提高，生产量自然会小些。但是，恰当地规定税率和有效征税，也要花费许多成本。于是，科斯提出，政府只要明确产权就可以了。如果把产权"判给"河边居民，钢铁厂不给居民们赔偿费就别想在此设厂开工；若付出了赔偿费，成本高了，产量就会减少。如果把产权界定给钢铁厂，而居民认为付给钢铁厂一些"赎金"可以使其减少污染，由此换来的健康上的好处大于那些赎金的价值，他们就会用"收买"的方式"利诱"厂方减少生产从而减少污染。当厂家多生产钢铁的盈利与少生产钢铁但接受"赎买"的收益相等时，它就会减少生产。从理论上说，无论是厂方赔偿，还是居民赎买，最后达成交易时的钢产量和污染排放量会是相同的。但是，产权归属不同，在收入分配上当然是不同的：谁得到了产权，谁就可以从中获益，而另一方则必须支付费用来"收买"对方。总之，无论财富分配如何不同、公平与否，只要划分得清楚，资源的利用和配置就会是相同的——都会生产那么多钢铁、排放那么多污染，而用不着政府从中"插一杠子"。那么政府做什么呢？明确产权，并且有效地保护产权。

科斯定理表明，市场的真谛不是价格，而是产权。只要有了产权，人们自然会"议出"合理的价格来。

四、关键要点

世界 500 强公司中，有近一半已实施或计划在未来两年内实施内部碳定价。本案例的关键要点在于剖析沃尔沃汽车公司作为首家"零钢化"倡议汽车制造商，正式宣布在企业内实行每吨二氧化碳排放 1000 瑞典克朗（约折合 700 元人民币）的内部碳定价，这一为碳"明码标价"行为的背后是确保每种车型都具有成本效益，即使在严格的碳定价计划下，也能将项目、采购和制造决策导向最可持续的方向，防止供应链的溢出，从而实现效益最大化。

案例八 平安保险（集团）发展绿色保险助力"双碳"战略

摘要： 在"双碳"目标的驱动下，国内绿色金融市场迎来了快速扩张和发展的新时期。党的二十大报告明确指出，"完善支持绿色发展的财税、金融、投资、价格政策和标准体系"，凸显了金融在推动绿色转型发展方面的重要意义。

平安保险（集团）是国内一家头部保险企业，深耕金融业务30多年，一直注重发展绿色金融，已成为一家拥有银行、证券、保险牌照的综合性金融集团公司。在2022年11月国际权威指数机构明晟（MSCI）公布的最新年度环境、社会及公司治理（ESG）评级结果中被上调至A级，位列综合保险行业亚太地区第一位。

本案例通过分析平安保险（集团）发展、创新绿色保险产品，揭示了保险公司在践行绿色金融发展、促进人与自然和谐共生、创新发展绿色金融等方面大有可为。

一、引言

金融作为现代经济的核心在达成碳中和目标上具有重大责任。平安保险（集团）作为综合性的金控集团，深入贯彻国家"碳达峰、碳中和"战略部署，认真按照人民银行、银保监会的指导意见和监管要求，全面深化落实绿色发展理念，积极发展绿色金融。

早在2019年，平安保险（集团）首次按照金融稳定理事会（FSB）气候相关财务信息披露工作组（TCFD）提出的框架披露环境信息，这也是国内首家开展TCFD信息披露的金融机构。2021年又全面升级绿色金融行动，集团及下属主要成员公司都成立了绿色金融委员会，全面加强绿色金融、绿色运营及绿色公益行动，同时平安保险（集团）发布 TCFD 报告，加大环境信息披露力度，首次披露自身运营和信贷投资组合的碳足迹，全方位升级绿色金融行动，提出了自身运营碳中和目标。

此外，平安保险（集团）近年来还不断加大国际合作力度，先后加入或签署了联合国负责任投资原则（UN PRI）、"气候行动 100 +"倡议、"一带一路"绿色投资原则（GIP）、联合国环境规划署金融倡议（UNEPFI）、可持续保险原则（PSI）等，展示了平安保险（集团）自身在信息披露和可持续发展方面的决心与意志，也体现了公司助力重点行业、地区和国家层面可持续发展，为实现"碳达峰、碳中和"目标等方面做出的不懈努力。

二、平安保险（集团）——拥有多个牌照的金融控股集团

平安保险（集团）成立于 1988 年，是中国第一家股份制保险企业，经过多年的发展，先后获得了信托、证券、银行等金融牌照，已发展成为一家综合性的金融控股集团，其全资或控股的各类金融子公司和非金融子公司共有 20 多家，包括银行业、保险业、证券业和其他金融咨询服务类公司，在强化保险保障功能、增强服务实体经济和社会民生等各方面取得了较好的成效。一是利润稳定增长，现金分红水平持续提升；二是寿险子公司在高质量转型指引下业务持续深化转型，改革成效初显；三是财产保险业务稳定增长，保险产品规范发展；四是银行经营业绩稳健增长，资产质量保持平稳；五是综合金融服务模式持续稳健发展；六是持续深化绿色金融工作，助力社会可持续发展；七是医疗健康生态圈战略持续落地；八是核心技术能力持续深化；九是品牌价值持续提高。

平安保险（集团）加强内部管理，积极转型绿色金融，助力可持续发展，取得了较好成效，得到了业内的认可，也获得了多项荣誉，包括民政部颁发的"中华慈善奖"、省委省政府授予的"脱贫攻坚先进集体"称号、首都公益慈善联合会授予的"首都慈善奖"、CDP 中国授予的"最佳气候变化创新奖"、香港董事学会评出的"2021 年度杰出董事奖"、《财资》（The Asset）评出的"2021 年中国最佳 ESG 保险公司"，以及《机构投资者》（Institutional Investor）评出的"亚洲最受尊敬企业"。

三、绿色金融业务现状

（一）管理情况

1. 分支机构的管理

在分支机构成立以"一把手"为组长的绿色金融领导小组，以健全工作机制，落实工作责任，切实推动实现"碳达峰、碳中和"目标，同时根据监管部门和集团总部的要求，制定绿色金融落实方案。具体包括以下几点。

第一，明确绿色保险内涵，明晰工作范围。通过组织公司产品设计部门对来自监管和上级机关下发的文件要求进行解读，明确绿色金融应包含狭义、广义两个概念。其中广义的绿色保险应是为适应绿色经济发展、解决因社会经济活动中的环境问题衍生的环境风险而提供的一种保险制度安排和长期治理机制；狭义的绿色保险是指与环境风险管理相关的保险，如环境污染责任险、船舶污染责任险等。对于狭义的绿色保险，各分公司明确工作目标和考核指标，以定量的方式进行相关工作的跟进、考核。针对广义上的绿色保险，各分公司也通过加强模式创新、服务创新，以定性指标进行打分、考核、评价。

第二，强化绿色保险供给，丰富保险保障。各分公司围绕绿色经济发展，积极探索产品创新，丰富绿色保险产品供给，为环境保护和绿色产业发展提供更为全面的保障。到2022年，各分公司的绿色保险产品已经覆盖环境污染责任险、安全生产责任险、产品责任保险、知识产权保险、围绕环保技术装备的首台（套）重大技术装备综合保险等多款产品。

第三，打造绿色服务模式，提供温暖守护。在积极探索绿色保险发展的过程中，各分公司还注重发挥集团总部的优势，推动提升"保险+服务"覆盖率。除提供保险保障以外，还提供前期预警、中期定损、后期快赔的全流程风险管理服务，温暖守护绿色产业发展。

例如，在农业方面，通过卫星遥感、气象预警、区块链溯源等技术，打造科技农险3.0平台，推动农险服务"线上化、电子化、智能化、数据化"四化建设融入农险作业全流程，帮助农业企业解决生产品质管控、产品安全信任等问题，促进生态农业、智慧农业、低碳农业发展。在新能源车方面，积极响应新能源车主的需要，链接主机厂等生态伙伴，在好车主App上线充电预约、应急接电、电车保养等新能源车主专属服务，缓解新能源车主里程焦虑和故障焦虑，助力低碳出行。

2. 积极提升绿色金融业务

平安保险（集团）推行健全高效的工作机制，对绿色金融既定战略规划的实施情况进行定期检视、交流和表彰，包括月度汇报及交流、季度检视、半年度会议、年度表彰等，以确保绿色信贷、绿色保险、绿色投资和气候变化风险资产负债匹配管理等具体工作的顺利推进。

一是增加对绿色标的的投资，鼓励不同形式和领域的绿色金融产品创新，同时紧密追踪"十四五"规划下国家与监管部门针对碳中和的相关法律规范以及指导意见，针对高污染、高碳排放的行业做出详细的风险研究和投资规划，形成撤资或退出计划。

二是支持绿色信贷，通过开设绿色通道加快放款速度，对绿色企业和绿色项目进行资金支持，通过以贷款利息补贴的形式切实提供金融优惠，逐渐降低对于"两高一剩"行业和企业的贷款融资支持，加强国家控排企业的贷款审核，缩减贷款规模。

三是增加绿色保险，进一步研究、探索绿色保险产品及服务，针对绿色企业或绿色项目的保险客户，推出相应的优惠政策。对人寿险、养老险、健康险等专业类公司也将积极开发、推广适合企业或个人的人身保险类绿色产品或服务。

（二）打造绿色保险业务平台

1. 数字化自然灾害风险识别系统与风险管理平台

平安保险（集团）秉承"科技引领风控"的理念，在下属子公司组建了一支业务能力强、专业水平高的自然灾害研究团队，并依托这支队伍建立了自然灾害实验室，开展气候变化物理风险研究。团队创造性地运用机器学习、卫星遥感监测、数值模拟等最新科技，积极研究气候变化加剧的极端天气现象，从而加强风险评估及管理，协助财产所有者保护财产及控制损失。

其中，平安保险（集团）自主研发的数字化自然灾害风险识别系统与风险管理平台——DRS鹰眼系统就是一项研究成果。DRS系统的功能主要是气候风险的识别和预警，公司使用该系统已有10年之久。该系统综合了气象学、灾害学、地理学、保险学四大类学科知识，建立了涵盖全国地理、历史灾害、公司承保及理赔数据在内的数据库，数据数量超过 140 亿个，可分析评估全国境内的 9 种自然灾害的发生风险评级和 5 种最常见农作物的主要自然灾害风险评级，实现了全国境内任意地址的自然灾害风险、强风降水和环境污染风险分析，并与国家气象管理预警系统对接，在灾害来临之前为客户发布灾害预警短信提示、推送应对风险的防灾防损建议。

2018 年在超强台风"山竹"登陆广东江门市台山前夕，公司利用 DRS 筛选登陆区域内客户 8000 多家，发布灾害预警短信 1.3 万多条，为其中近 400 家企业、在建工程提供现场风险排查服务并赠送防灾防损物资，微信端发布防台防汛指引浏览量超 2.7 万次，协助客户防灾减损。

在此基础上，公司还一直在持续完善数据基础，建立包括自然灾害数据、气象数据、地理数据、遥感数据和社会经济数据等在内的自然灾害时空数据集，同时集合自然科学和金融领域专家，共同组建自然灾害专业研究团队。例如，在气候风险的量化方面，2020 年平安保险（集团）与英国的一所知名高校合作，开发了一款名为 ClimateVar 的对气候变化导致的物理风险进行量化的工具。

2. 智慧环境污染强制责任险服务平台

2008 年，公司开展了环境污染责任险业务，2013 年 1 月，环境保护部和保监会下发了《关于开展环境污染强制责任保险试点工作的指导意见》后，公司立即成立了环境污染责任险统保项目推动小组，并在系统内总结承保经验并加以推广，同时要求各机构积极主动配合当地行业主管部门，参与当地政策、制度的制定，以快捷服务推广环境污染责任险试点业务。通过在多地试点积累起环境污染责任险的核保、理赔经验，公司建立起从集团到各机构的组织体系以及核保、理赔专业人员组成的专业队伍。全国首例环境污染责任险获赔案例就出自湖南分公司。

之后，为助力深圳启动和推行环境污染强制责任险，创新业务模式和服务模式，深圳分公司联合其他公司总投资超 2000 万元打造了智慧环境污染强制责任险服务平台，并首创了根据污染因子数据测算保额的创新定价模式。2021 年 7 月，深圳环境污染强制责任保险综合改革成果新闻发布会在深圳召开，会议正式宣导了深圳环境污染强制责任保险，公司承保的首批环强险在现场完成了签约，智慧环责险服务平台也成功上线，成为深圳推行环强险服务的重要数字化平台。该平台解决了传统模式下企业经营者投保意愿不足、保险公司风控能力不强、政府部门监管不力等"老大难"问题，实现了多方联动，共建生态文明。

企业用户可以通过该平台实现"千企千面"保费测算、选择保险公司、项目概况查阅和保单查询等多项功能，同时，还可以享受监测设备在线预警、环保管家咨询、环保培训、企业环保风险档案等多种服务。

保险公司可以通过平台实现投保数据统计、投保单位风险分析和业务管理。截至 2021 年底公司为近 2000 多家中大规模企业累计提供近 100 亿元的环境责任风险保障。其中仅 2021 年，深圳环境污染强制责任保险就出单 925 单，保费 2506 万元，为环境高风险企业提供风险保障 27.65 亿元，赔款 1101.9 万元（包含未决），实现了环境高风险企业全覆盖。同时，公司还为企业提供风险服务和应急服务。深圳推行环境污染强制责任保险制度，为绿水青山加上"保险杠"，有效提升了企业环境风险保障水平，为全国提供了可推广、可复制的经验。

（三）可持续绿色保险战略

1. 制定可持续绿色保险政策

平安保险（集团）根据联合国环境规划署金融倡议（UNEPFI）发布的可持续保险原则（PSI），制定了可持续保险政策声明，提出可持续保险四项原则：一是将 ESG 因素纳入保险业务决策模型；二是与客户或业务伙伴共同努力，提高对 ESG 的认识，管理相关风险并制定解决方案；三是与政府、监管机构和其他相关方合作，推动社会各界在 ESG 问题上的广泛行动；四是定期或不定期披露落实可持续保险原则的进展情况。

平安保险（集团）将多元保险业务与联合国可持续发展目标（sustainable development goals，SDGs）进行对标与融合，为环境、社会和经济可持续发展做出贡献，推动全球实现可持续发展。

2. 开发可持续绿色保险系列产品

公司积极创新绿色保险品种，扩大绿色保险覆盖范围，提高绿色保险保额和保费收入。目前，平安保险（集团）已经开发、推出农险和新能源车险，未来还将进一步拓展绿色保险产品类别，如企业工程类保险、碳保险及风险管理增值服务等，并推出覆盖绿色企业、绿色工程及非绿色企业的多元化让利计划。

（1）推出新能源汽车保险。为更好地服务广大新能源车主，天津分公司推出了专属新能源车的保险产品——新能源汽车保险。新能源汽车保险填补了传统燃油车险保障不足的痛点，扩大了保险保障责任，明确了对特有设备、特有场景的保险责任。同时根据消费者实际需求，天津分公司在新能源汽车保险中增加了附加自用充电桩损失保险、附加自用充电桩责任保险，以及附加外部电网故障损失险等多项附加险，最大限度解决消费者在使用新能源汽车过程中可能遇到的问题。较之传统车险，新能源汽车保险费用率大幅下调，消费者在得到更多保障的同时，能够享受更多的实惠。

在服务模式方面，天津分公司也围绕新能源车进行了一系列创新。一方面，在线上利用好车主 App 集合众多服务资源，为新能源车主提供一站式的新能源车辆服务，包括推出充电桩、馈电救援等补能服务，针对车辆本身提供"三电"系统升级服务等。同时推出新能源车能源省钱卡，客户可以通过平台享受更优惠的服务。另一方面，在线下为新能源车主提供极端天气车辆驾驶指南。客户还可在天津分公司合作维修单位体验免费常规检测服务。

广东分公司还联合广州碳排放权交易中心等单位研究推出了车主绿色出行碳积分平台。当车主参与平台发起的绿色低碳行动后将获得相应的碳积分，并可通过碳积分兑换电子优惠券、实体奖品及碳配额交易等奖励。该平台通过市场化机制，一方面鼓励车主主动参与绿色低碳行动，另一方面有助于激活碳市场活力，降低社会减排成本。

（2）积极打造新农险模式。新农险模式建立在农产品的全流程追溯体系和第三方品质管理基础上，承保产品质量安全和产品责任，转移农产品生产加工企业经营风险。例如宁夏枸杞溯源保险、黑龙江鲶鱼沟大米溯源保险就是广东分公司提出并中标产险总部的创新项目。枸杞溯源保险是 2016 年 5 月公司率先在宁夏中宁启动的溯源保险项目，通过与枸杞产业局深度合作，为旗下 19 个枸杞生产加工企业提供食品安全保障。鲶鱼沟碱地香米来自黑龙江肇源县，溯源保险为农户带去全流程追溯的农业新生活方式，实现了"从田间到餐桌的安全保障，田间 24 小时视频追溯让您随时看到自己的田地"，鲶鱼沟大米的销量在溯源保险体系上线后取得飞速提升。

另外，陕西榆林市横山区引进溯源保险产品后，该区的养殖模式发生了改变，从生产管理、加工车间、加工技术、质量等级、质量安全等各项指标进行规范化管理，真正确立了横山羊肉品牌，直接提高了该地区养殖户收入。

（3）碳保险产品的研究开发。目前国际市场上碳保险主要针对交付风险，有碳信用价格保险、碳交付保险、碳排放信贷担保等产品。但国内市场碳保险业务相对单一，碳保险产品的开发研究仍处于起步阶段，最初在湖北进行试点，随后推广到广东肇庆。

2016 年 11 月，湖北碳排放权交易中心与公司签署了碳保险开发战略合作协议，随后华新水泥集团与公司签署了碳保险产品的意向认购协议，标志着碳保险在湖北落地。根据协议，公司将为华新集团旗下位于湖北省的 13 家子公司量身定制碳保险产品设计方案，并签署了保险服务协议，成为湖北绿色金融创新的又一成果。

2021 年 4 月，公司在广东省推出"碳排放保险产品"，约定项目在保险单载明的区域范围内因意外事故导致被保险人碳排放量超标从而应承担的环境污染责任，保险人按照保险合同约定的赔偿科目负责赔偿，通过保险保障打消了企业对改造升级项目风险的担忧，同时也增强了银行机构为企业发放绿色信贷的信心。

四、绿色保险创新产品

（一）绿色产业类保险创新产品

公司开创的绿色保险产品——森林碳汇遥感指数保险，为林业碳汇发展提供了有力的保障。森林碳汇是指森林植物吸收大气中的二氧化碳并将其固定在植被或土壤中，从而降低该气体在大气中的浓度。森林碳汇指数保险是为森林碳汇的经济价值提供保障，它把森林受到各种意外灾害对林木的损失指数化为碳汇的损失，通过卫星遥感技术进行碳汇监测和理赔服务。目前集团下属科技公司已打造了成熟的遥感碳汇算法平台，算法平台基于遥感 + AI 算法，支持森林碳储量、预估增量及损失量测算，为碳汇指数保险服务提供客观、精准的数据支持。主要内容如下：一是通过创新应用卫星遥感技术实现高效量化监测林业碳汇累积和增长，从而使承保项目快速核保；二是定期向客户反馈森林长势，提出科学管理建议，帮助客户提升碳汇值增长水平，同时通过创新的指数保险新模式，实现灾后的快速定损、极速理赔，将赔款用于灾后林业碳汇资源救助和碳源清除、森林资源培育。

继该产品在国内 10 多个省市相继试点落地后，平安保险（集团）加快扩大试点，目前有 31 个省份开展该项业务，其中仅 2022 年就有多个省份落地首单森林碳汇遥感指数保险。

（二）环境污染类保险创新产品

2007 年 3 月底，国家环保总局、中国保监会联合提出了开展环境污染责任险的相关构想和要求，公司第一时间参与了环境污染责任险的调研和开发工作。经过近一年的研发，于 2008 年 4 月将自行开发的环境污染责任险产品向中国保监会备案并正式推向市场，于 2008 年 7 月底出具了第一张环境污染责任险保单，赔偿限额 50 万元。2008 年 10 月公司就完成了全国首例环境污染责任险理赔，对发展多元化的环保途径、建立和完善环境污染责任险制度提供了重要借鉴。

获得全国首例环境污染责任险理赔款的是湖南省株洲市某化工厂附近的百余名村民。2008 年 9 月 28 日，该化工厂在清洗停产设备时，由于工作人员操作失当，使设备内的氯化氢（盐酸）气体过量外冒，导致周边村民的大量农作物受到污染。该厂于 2008 年 7 月投保了由公司承保的环境污染责任险。接到报案后，公司立即派出查勘人员赶赴现场，经过实地查勘，查证了氯化氢气体泄漏引起的污染损害事实，确定了企业对污染事件负有责任以及保险公司应当承担的相应保险责任。依据"环境污染责任险"条款，公司与村民们达成赔偿协议，在不到 10 天的时间内就将 1.1 万元赔款给付到村民手中，这起牵涉 120 多户村民投诉的环境污染事故得以快速、妥善解决。

公司除了重视环境污染责任险的推广和承保外，更注重加大承保前的企业查勘力度，提出合理的整改措施，帮助企业提升环境保护意识、改进生产工艺，有效控制污染风险，为金融保险企业参与环保开辟了一条值得深入探索的道路。

（三）绿色资源保护类创新产品

联合国《2020 年世界森林状况》报告显示，全球森林生态共有约 6 万个不同的树种，每年吸收大约 20 亿吨的二氧化碳，并育有全球 80% 的两栖物种、75% 的禽类和 68% 的哺乳动物物种。作为绿色资源的集中体现，森林生态对于保护和恢复生物多样性，以及帮助减碳和应对气候变化都至关重要。据统计，2021 年中国森林植被总碳储量已达 92 亿吨，其中位于我国内蒙古自治区东北部、黑龙江省西北部的大兴安岭，自然资源丰富，约有 730 万公顷林地，森林覆盖率达74.1%，动植物1400余种，是我国保存较完好、面积最大的原始森林，也是我国东北"粮仓"和华北平原的天然屏障。

为进一步提升森林覆盖率稳定性，推动林业可持续发展，自2015年起黑龙江分公司首席承保黑龙江省中央财政林木综合保险，为大兴安岭423.53万公顷的林业资源提供190亿元的风险保障。在保险期间，若因暴雨、霜冻等自然灾害以及火灾、泥石流等意外事故和病虫害导致保险林木损失，黑龙江分公司将按合同约定负责赔偿，助力灾后受损森林资源快速修复，从而促进林业相关的各项绿色产业健康稳定发展。此外，公司还参与了山东、甘肃、云南、河南等地公益林的承保工作。

（四）巨灾或气候灾害类创新产品

在巨灾保险方面，公司已组建自然灾害专业团队，并在四川落地了首个自然灾害实验室，建立了灾害预警体系。通过暴雨、台风、洪水、地震等10种自然灾害数据，以及气象、水文、地理、遥感、地质、灾害、承灾体和社会经济类数据，公司建立了自然灾害时空数据库。当前实验室已经完成自主研发的全国高精度水灾黑点地图，用于高精度内涝易发区域识别，辅助询价核保流程、风险精算评估等场景，为自然灾害和巨灾保险产品创新提供数据支撑。此外，实验室自主研发的气象预测和洪水预测也已用于防灾风险提示。

在气候灾害保险方面，公司推出了以巨灾指数保险为代表的灾害险，助力地方政府及生产经营单位对抗巨灾，发挥保险公司的风险管理技术和能力减少损失，通过理赔服务加速灾后重建。例如，在2021年山西暴雨灾情中，公司启动了多渠道实时预警、多渠道便捷受理、设置现场应急网点、设置临时安置点、开通理赔绿色通道、救援与快捷修理以及及时赔款预付七项应急服务举措，全力保障了客户的生命财产安全。

（五）其他类保险创新产品

1. 保障野生动物肇事责任类保险创新

野生动物肇事公众责任保险是指由政府部门投保，因野生动物造成公众人身伤害及财产损失，保险公司按照一定标准进行赔付的保险。该险种2010年在云南省西双版纳开始试点，保险责任为西双版纳州范围内发生的所有亚洲象肇事损失。2011年保险区域扩大为云南省西双版纳全州及普洱市、临沧市部分区县，保险责任范围也扩展为因国家及云南省重点保护的陆生动物

（包括亚洲象、黑熊、野猪、蛇等）造成的公众人身伤害及财产损失。2014年该险种实现了全省 16 个州市的全覆盖。

2021 年 4 月，原栖息在云南西双版纳国家自然保护区的一个亚洲野生象群开始向北迁移，途经玉溪、红河、昆明 3 个州（市）8 个县（市、区），历时 110 多天，共行进 1300 多公里。云南分公司数据显示，截至当年 8 月北移亚洲象群"肇事"1726 起，受损农户 968 户次，预估经济损失近 165 万元，涉及农作物、农户房屋、大门、车辆等财产损失，其中受损农作物品种主要为烤烟、甘蔗、玉米。公司高度重视，与当地政府、林业和草原局、农业农村局等单位和部门保持密切沟通，多措并举及时做好服务和核责、核损、赔付工作。

2021 年 6 月，云南分公司已完成第一阶段野生动物肇事公众责任保险定损赔付工作，为 411 笔象群"肇事"案件赔付保险金额 172.38 万元，第二阶段野生动物肇事公众责任保险定损赔付工作随后展开。鉴于气候变化的原因，日后由栖息地缩小而引发的野生动物迁徙也可能将成为云南等物种丰富的地区需要面对的挑战。

除了在云南省外，公司还将该类保险业务扩大到其他省份。2022 年 8 月，广东分公司落地"潮州市野生动物致害政府救助责任保险"，总保额 180 万元。农企农户若发生野生动物破坏的险情，可报送当地村委会，由当地村委会初步确认且损失金额达到 100 元以上，在获得乡镇政府出具的证明材料后，即可进行理赔。农作物和经济作物的损失，以政府相关政策中的保险金额作为标准核定各品种的赔偿限额，事故最高赔付金额为 5 万元。

2. 绿色建筑险

为进一步提高"十四五"时期建筑节能水平，推动绿色建筑高质量发展，住建部发布"十四五"建筑节能与绿色建筑发展规划，提出到 2025 年完成既有建筑节能改造面积 3.5 亿平方米以上，建设超低能耗、近零能耗建筑 0.5 亿平方米以上等目标，为城乡建设领域实现 2030 年碳达峰奠定坚实基础。宁波分公司积极响应政策要求，于 2022 年 3 月落地绿色建筑性能责任险，通过"服务＋保险"模式全流程参与企业绿色建筑性能施工管理，保障绿色建筑从绿色设计真正走向绿色运行，并负责发生绿色星标评级风险后的经济补偿，让绿色建筑、绿色星级落到实处，助力营造"以人为本、强调性能、提高质量"的绿色建筑发展环境。

五、绿色保险面临的问题及未来发展方向

（一）绿色保险业务面临的问题

一是绿色保险尚处于发展的初级阶段。广义的绿色保险是通过保险机制实现环境风险成本内部化，助力解决环境承载力退化和生态保护问题，减少自然灾害对经济社会的冲击破坏，并通过发挥保险增信功能和融资功能，支持绿色产业发展。

但目前绿色保险尚处于起步阶段，我国保险企业发展绿色保险业务尚存在经营成本高、难度大等问题，创新产品大多仍处于试点阶段，运行年限短、相关数据缺乏，绿色保险业务经营还存在较大困难。随着绿色保险服务领域越来越广泛，需进一步提速，来发挥绿色保险的功能，助力绿色产业保险风险管理需求以及对保险资金绿色投资方面的需求。

二是绿色保险产品类别单一、投保企业少、风险把控难、经营效益欠佳。目前热衷于绿色保险业务的多是大型险企，并且制定了相对完善的发展目标，也已取得积极的进展。但大多数中小型保险公司在绿色转型发展过程中，开展相关业务的积极性并不高。如环境污染责任保险还面临供求双冷困境。环境污染影响到很多经济主体，具有很强的外部性，保险公司面临很多不确定性，因此产品价格较高、保障条件比较苛刻，仅靠市场机制，保险公司和污染企业之间难以实现很好的对接。另外，目前绿色保险中发展相对成熟的是环境污染责任险，产品类别相对单一，满足绿色发展、低碳技术、农业气候保障等领域特殊需求的保险产品较少。

三是服务"双碳"战略还存在困难。平安保险（集团）积极开发新产品、新服务、新模式，以更好地满足市场需求。以当前碳排放占比较大的建筑行业为例，目前各地频频出台政策支持绿色建筑，在土地规划条件中明确了绿色建筑在新建建筑中的比重和等级，但相对于全国绿色建筑面积逐年增多的同时，运行项目少、高星级项目少，实际绿色建筑运行效果达不到预期等问题逐渐出现。另外，绿色建筑投资大、融资难、回报长、欠规范，从短期效益看，主办方或施工方普遍将保险简单地认为是其成本的增加，怀疑保险公司所提供的过程服务的专业性。还有参与各方的协调问题也是开展绿色保险业务面临的一大难题，包括企业与保险机构的关系、保险机构与银行的

关系、银行与企业的关系，以及引入第三方服务后，第三方与企业之间的关系等。这几方在项目实施过程中均有自身的利益诉求，因而造成各方难以形成合力。

（二）绿色保险业务未来的发展

以上几大问题也是整个保险行业发展绿色保险所遇到的问题，随着国家的相关政策陆续出台，绿色保险发展拥有了良好的环境。

在"双碳"目标引导下，保险业支持绿色低碳发展的作用十分独特。保险能够直接缓释和对冲气候风险，减弱气候变化带来的物理和转型冲击。保险资金较长的期限结构和多元的投资目标，还能为绿色产业提供长期、稳定的资金支持。

一是围绕"双碳"目标，加大绿色保险产品的研发。除了目前已有的绿色保险产品，未来保险公司还将加大对绿色低碳交通、绿色建筑、清洁可再生能源、新型电力系统和碳减排技术的金融支持力度，用好保险这个工具，提升对防灾减灾的风险保障水平，增强企业和居民抵御灾害的能力。

二是政策引领绿色保险实现"双碳"目标。国家有关部门和监管机构可以在以下三个方面进行发力：首先，有必要在梳理当前政策的基础上，完善发展绿色保险的扶持和管理政策；其次，在引导需求的基础上鼓励保险公司优化绿色保险产品结构，丰富产品供给；最后，通过差别的费率政策与其他配套政策引导企业转变生产经营方式，强化绿色理念与意识。

三是进行数字化转型。数字经济也给绿色保险带来了新的机遇。数字技术在产业和金融中的应用已经比较广泛，保险机构可以基于大数据、人工智能、物联网等数字技术，将所服务的绿色领域数字化，从而更好地进行风险评估、定价及核保理赔，甚至可以实现个体差异化的定价和即时的风险预警。由此一方面进行保险产品创新，降低投保费用，另一方面也能为绿色企业提供数字化服务，提升经营效率。

六、尾声

鉴于绿色保险的正外部性，大力发展绿色保险业务、创新绿色保险产品，不仅能给保险企业带来较大的利润增长，也能对社会经济的可持续发展起到积极的促进作用。随着国家"双碳"战略的不断推进，绿色金融业务越来越为各类金融机构所重视，本案例中的平安保险（集团）积极按照国家部署全方位开展绿色金融业务，特别在具有专业优势的绿色保险业务方面，集团高层政治站位高，率先垂范，认真拓展各项绿色保险业务。作为国内保险行业影响力较大的集团公司，平安保险（集团）有望保持战略定力，在探索创新绿色保险业务与经营管理等方面取得更大的成绩。

案例使用说明

一、教学目的与用途

1. 适用课程：公司金融、金融监管、金融理论与政策、投资学。

2. 适用对象：本科生、研究生、MBA 学员的案例教学，也可供有一定实践经验的工作人员或管理者学习。

3. 教学目的：本案例较为详细地讲述了平安保险（集团）为了落实国家"双碳"战略，积极研发绿色保险平台、创新绿色保险产品，实现可持续发展。最后，案例提出了保险公司在研发、推出绿色保险产品过程中遇到的困难和问题，并分析了未来的数字化保险产品的发展方向。具体教学目标如下：（1）掌握可持续发展方面的有关知识和理论；（2）掌握外部性方面的有关知识和理论。

二、启发思考题

以下几个思考题可以预先布置给学生，让学生在阅读案例时进行思考：

1. 平安保险（集团）是怎样贯彻国家"双碳"战略的？在发展绿色保险中发挥了什么样的作用？

2. 平安保险（集团）建立的绿色保险平台，以及研发的绿色保险产品有哪些？产生了什么样的成效？还存在什么问题？

3. 什么是可持续发展理论和外部性理论？平安保险（集团）是如何实现可持续发展的？采取了哪些措施解决经济发展中的外部性问题，从而实现了环境保护？

三、理论依据及分析

（一）可持续发展理论

1. 可持续发展理论概述

可持续发展理论是在世界各国对自然环境保护问题的研究逐步深入的情况下提出的，特别是1972年斯德哥尔摩第一次"人类环境会议"通过的《人类环境宣言》要求人类及时采取大规模行动保护环境，既要保护当代人们的生存自然环境，也要满足子孙后代的自然发展需求。这种可持续发展思想要求将自然环境保护与经济社会协调一致发展。

1992年在里约热内卢召开的联合国环境与发展大会第一次提出了可持续发展及行动纲领。2002年联合国在约翰内斯堡召开的可持续发展大会确定发展仍然是人类共同的主题，可持续发展与环境、经济和社会密不可分，要以可持续良好生态环境和经济可持续性增长来推动社会全面发展。

2. 可持续发展与绿色金融

从内涵来看，可持续发展包括经济可持续发展、社会可持续发展和生态可持续发展三个维度，其中经济可持续发展为基础，社会可持续发展为目标，生态可持续发展为支撑。生态的可持续发展要求一个经济体在发展经济过程中要实现资源节约、循环经济，提高资源利用效率，为经济和社会发展提供支撑。从绿色金融角度来看，在传统的经济发展模式之下，环境污染越来越严重，造成自然生态日益恶化，成为抑制经济可持续发展的一个重要因素。而绿色金融，其本质就是金融机构根据环境保护的相关政策开展金融服务，因此发展绿色金融能够加强环境保护，促进经济的可持续发展。

3. 绿色保险对经济社会可持续发展的意义

一是保险机构积极参与国家可持续发展规划，面向环保、新能源、节能等绿色项目领域，发挥保险资金优势，为我国经济向绿色化转型提供融资支持。

二是保险产品在助力环境生态治理方面发挥重要作用。

三是保险企业将ESG可持续发展纳入公司中长期规划。ESG作为一种引导环境、社会和公司治理协调发展的价值观，直接推动着绿色保险不断向前发展，特别是在中国实现"双碳"战略目标的大背景之下，ESG 责任投资在中国正在蓬勃发展。保险企业通过在清洁能源、节能环保、医疗健康、科技创新等多个领域的布局，对社会环境和社会福祉做出了积极的贡献。

（二）外部性理论

1. 外部性理论概述

外部性也称外部效应，是指经济活动中一个经济主体（国家、企业或个人）的行为直接影响到另一个经济主体的利益，却没有得到相应的惩罚或相应的补偿的现象。外部性分为正外部性和负外部性。正外部性是指经济活动中一个经济主体的行为对另一个经济主体的利益有益（外部经济），负外部性是指经济活动中一个经济主体的行为对另一个经济主体的利益有损（外部不经济）。

2. 绿色金融具有正外部性

从系统工程的角度看，金融业是一个系统，生态环境也是一个系统，两大系统的关系存在三种情况：一是金融业系统在提供资金时单纯考虑商业利益，不考虑生态环境因素，其结果是金融业抓住了最佳的商业机会但可能会破坏生态环境系统，并且没有因此承担环境责任；二是金融业系统在提供资金时既考虑商业利益，也考虑生态环境因素，其结果是对生态环境系统有益但金融业可能失去了最佳的商业机会，但金融业没有因此得到补偿；三是金融业系统向生态环境产业提供资金，既获得了商业利益，也保护了生态环境。就外部性而言，绿色金融主要是指第二种情况，即绿色金融具有正外部性的情况。

3. 绿色保险的外部性

绿色保险可以使投保公司在环境污染事件发生后获取资金补偿，促进环境的恢复，为生态环境事故风险提供有效的保障。此外，对某些行业的强制保险将有助于环境成本的内部化，因而可以抑制企业从事有过度环境风险的投资活动。因此，绿色保险具有正外部性、约束性、系统性等典型特征，具有社会公众效益。总的来说，绿色保险的外部性涉及三个部门。

首先是政府部门。政府及有关部门一方面要研究、制定有关绿色保险的政策，引导保险业为企业和社会提供生态环保、节能减排的金融服务，同时履行监督管理权责；另一方面要向公众传导绿色发展、生态环保理念，宣传保险的重要性，为绿色保险的发展创造条件。

其次是保险公司。保险公司要树立绿色转型意识，积极调查、研究、挖掘并引领企业的市场需求。同时，保险公司应基于市场需求为更好地服务企业而不断推出创新型绿色保险产品，完善风险管理、企业融资、针对性保险设计等环节的整体构建。

最后是相关企业。企业要以绿色环保、节能减排观念为指引，推进既有建筑绿色化改造、绿色生产与绿色供应链发展、清洁与可再生能源制造等绿色产业的发展，积极提升多元化、创新型的绿色保险产品的需求，为保险公司的产品研究创新提供方向。

绿色保险的外部性如图1所示。

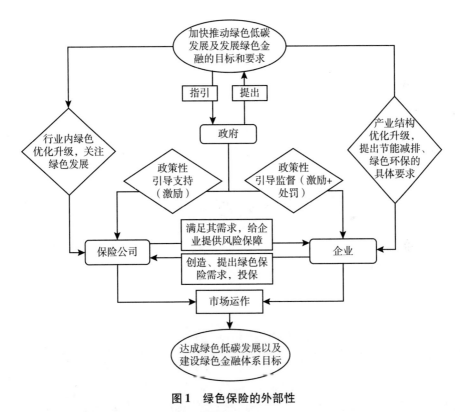

图1 绿色保险的外部性

资料来源：中央财经大学绿色金融国际研究院。

四、关键要点

国家领导人向世界郑重宣布"双碳"目标，表明了中国对世界气候问题的高度重视和负责任的态度，也给国内政府部门、企业和广大人民群众指明了未来的战略发展方向。为了实现这一宏伟战略，作为在现代经济发展中发挥重要作用的金融机构，应该为国家的"双碳"战略做出表率。近年来，在政府部门和监管机构的指导下，绿色金融的发展日新月异。但是不可否认，实现"双碳"目标任重道远。因此，案例选取金融机构作为代表，分析绿色金融对可持续发展、助力国家"双碳"战略方面做出的成绩和努力。相比其他险企，平安保险（集团）在绿色金融、绿色保险方面的业务规模大，产品研发创新能力强，ESG 理念领先，在国内外获得了诸多荣誉，因而用作案例分析更为典型。

第三篇　金融科技

案例九 保险科技引领者众安公司

——以科技驱动增长，塑造行业未来

摘要：本案例研究聚焦于众安在线财产保险股份有限公司（以下简称"众安公司"），一家以保险科技、人工智能为驱动力的在线保险公司。案例深入分析了众安公司如何通过独特的商业模式，结合云技术、大数据和人工智能等先进技术，实现业务的快速增长和盈利。案例强调了众安公司在商业模式创新、技术应用、风险控制以及市场适应等方面的关键要点，并指出这些要素共同构成了众安公司成功的基石。此外，本案例还给出了若干启发思考题，旨在引导学生深入思考众安公司的成功经验及其对行业的启示。

一、引言

在数字化浪潮席卷全球的今天，保险科技以其独特的魅力与潜力，正在引领保险行业进入一个全新的发展纪元。中国作为世界上最大的发展中国家，其保险科技市场的迅速崛起与蓬勃发展，无疑为全球保险行业注入了新的活力。中国首家纯在线财产保险公司众安公司在 2023 年世界人工智能大会（WAIC 2023）的"数字基础新进阶，保险生态新价值"分论坛上，展示了从数字智能向"人工智能 + 保险"过渡的愿景。这一转变将彻底改变保险销售和管理的整个流程，为全新的保险基础设施铺平道路。众安公司的演示深入探讨了应用程序的重塑、行业最佳实践的重新定义以及新机遇的探索。

中国保险科技市场的崛起，得益于多方面因素的共同推动。在线渗透率的快速增长、电子商务平台的蓬勃发展、社交媒体的日益普及、智能手机用户的激增以及中产阶级的崛起等因素，共同为保险科技在中国的发展提供了肥沃的土壤。此外，中国保险监管机构的积极支持与开放包容的监管环境，也为保险科技的创新与发展提供了有力保障。

众安公司作为中国保险科技市场的佼佼者，其成功实践不仅展示了保险科技的巨大潜力，也为其他保险公司提供了宝贵的经验与启示。众安公司凭借强大的创始团队、丰富的产品线、广泛的合作伙伴网络以及高效的运营模式，迅速成为中国保险科技市场的领军企业。其在线保费收入的快速增长、用户规模的持续扩大以及客户群体的年轻化等特点，充分彰显了保险科技在吸引年轻消费者、提升市场渗透率方面的优势。随着过去十年保险科技的迅猛发展，众安公司已成为保险和技术交叉领域的领先参与者之一，催生了保险科技行业。众安公司一直在不懈地探索新兴技术的潜力，以实现保险业务的大规模赋能。在这次 WAIC 上，众安公司揭开了行业首个人工智能生成内容（AIGC）应用路线图、由 AIGC 驱动的灵犀核心系统以及垂直应用案例的首批 AIGC 应用工具。

本教学案例将围绕中国的保险科技市场展开，通过对中国保险科技市场发展背景、市场现状以及未来趋势的深入剖析，以及对众安公司成功实践的详细解读，帮助读者全面了解保险科技在中国的发展现状与未来趋势。同时，本案例也将为保险公司提供有益的参考与借鉴，推动其在数字化时代实现创新发展。

二、中国的保险科技市场

中国市场为保险科技提供了巨大的机遇。中国在保险科技领域已经成为领先者。截至 2015 年底，中国的互联网保险公司销售的保费仅略低于 2500 万美元。中国的财产和意外保险公司从在线销售中收取了 120 亿美元的保费，其中92%的在线保险销售来自非寿险公司的网站。千禧一代和 Y 一代客户占据了在线保险销售的大部分份额。其中，47% 的人出生于 20 世纪 80 年代，被称为"千禧一代"，他们成长于科技飞速发展的时代，对数字化产品和服务有着高度的接受度和依赖；而33%的人则出生于 20 世纪 90 年代，这部分人通常被称为"Y 一代"或"Z 世代"的前端，他们更加"数字化"，对社交媒体、移动应用和即时通信工具的使用更加频繁，也是购买在线保险最活跃的网络用户之一，尤其是年轻家庭群体。尽管许多其他市场正在以强劲的步伐拥抱创新和技术，但中国将成为全球保险科技的领导者。

尽管大多数发展中国家在技术领域，尤其是在技术与传统行业如保险深度融合时不具有优势，但中国却在保险科技领域实现了领先。中国如何成为一个快速增长、充满活力的保险科技市场？这要归功于在中国内部形成的多种因素的交汇，这些因素促使保险科技得以迅速发展。具体来说，这些因素包括在线渗透率的显著提升、电子商务平台的蓬勃发展、社交媒体影响力的日益增强、中国智能手机用户数量超过 5 亿、中产阶级的迅速崛起、大规模的城市化进程、保险行业的逐步放开，以及中国年轻一代消费者群体的不断壮大。中国保险监管机构在保险科技的崛起中扮演了重要角色。在"沙盒"一词成为支持保险科技发展的监管机构的术语之前，中国保险监管委员会（CIRC）就鼓励在全国范围内进行实验。2012 年，保险科技这个名词还不存在。然而，CIRC 设计了法规以支持在线保险的发展。尤其值得注意的是，CIRC 于 2015 年 10 月颁布了《互联网保险管理办法》，取代了更早颁布的法律。在开放包容的监管环境下，中国为保险科技奠定了坚实的基础。

数字健康在中国也是保险行业另一个巨大的市场。随着政府对市场放松管制，私人医疗保险的发展机会增加。毫不奇怪，私人投资为中国数字健康市场带来了新的商业模式和以技术为主导的创新。

未来，中国的保险科技前景非常光明。中国消费者正在蓬勃发展，并拥抱着万物互联的时代。中国是一个快速增长的市场，保险行业的渗透率仍然较低。在中国，保险初创企业和传统保险公司正在积极采用新技术，并不断进行创新。

三、众安公司简介

众安公司是一家中国的纯在线保险公司，专注于通过互联网平台提供保险服务。公司成立于 2013 年，总部位于上海。众安公司最初是由中国最著名的三位商业人士共同创立的，是中国第一家也是最大的通过互联网销售产品的保险公司。该公司涉足五个重要的服务领域，包括生活消费、消费金融、健康、汽车和旅行。除了保险服务外，众安公司还建立了许多子公司，如众安国际和众安信息技术服务有限公司。截至 2017 年 3 月底，众安公司已累计向 5.82 亿名客户销售了超过 80 亿份保单，其生态系统扩展至 300 个网络合作伙伴。众安公司非常有效地利用了其先行者优势，成为中国的挑战者保险公司。

众安公司于 2017 年 9 月在香港联合交易所成功上市，并在首个交易日筹集了 15 亿美元，估值达 110 亿美元。这使其成为 2017 年香港地区规模最大的首次公开募股，也成为在香港地区上市的第一家保险科技公司。众安公司的股价在首个公开交易日上涨了超过 9%，达到 65.20 港元。香港保诚证券的一位副董事总经理表示："主要原因并非众安公司展示了吸引人的品质，而是三位'大亨'（指的是该公司的三位创始人）支持了它。"据测算，中国保险科技行业规模从 2015 年的约 370 亿美元增长到 2020 年的 1740 亿美元。到 2016 年底，众安公司在中国保险科技市场的份额为 0.9%，并通过在竞争对手之前获得特殊的数字保险许可证而获得了竞争优势。截至 2019 年 1 月，众安公司的总市值达到了 385 亿港元。

众安公司正在迎来显著的增长。众安公司报告称，2016 年的在线保费超过 3.75 亿美元，比 2015 年增长了 49%。自成立以来，众安公司已经拥有了多达 4.6 亿名用户，并发行了超过 58 亿份保险单。该公司客户群体中有相当比例（60%）的用户年龄在 20 ~ 35 岁，而这个年龄段的大多数消费者都是通过该公司购买了他们的第一份保险单。

众安公司为中国消费者提供了广泛的个性化产品和服务，其产品超过 300 种。众安公司设计的一款神奇产品涵盖了前往上海迪士尼乐园的游客，以防遇到过多的雨水或高温。该公司利用政府实时天气报告触发付款，以补偿游客因雨天无法游玩的情况。另一种产品是航班延误险，它为未按时出发的乘客提供补偿。许多基于场景的产品，其理赔款直接支付到被保险人的银行账户，被称为参数支付。众安公司还开创性地开发出创新的妇女癌症产品，通过自愿进行 DNA 测试来预先筛选潜在的风险因素。

该公司在产品设计和新产品快速交付方面表现出色，通常在两个月内完成。该公司擅长开发创新的基于场景的保险产品，其中一些具有颠覆性。这些产品在众安公司的目标客户中很受欢迎，即 20 世纪 80 年代和 90 年代出生的年轻一代中国人。该公司借助众安科技这家专注于创新的姊妹公司的帮助，将继续在创新领域开辟新的道路。"ABCD"是众安公司对人工智能、区块链、云计算和数据的缩写，它将利用这些技术保持领先地位，以应对日益激烈的竞争。这都是公司实施的主要计划的一部分，旨在商业化新技术，推动新的增长。众安公司很可能将目光锁定在中国庞大的汽车保险市场上。

这家年轻而雄心勃勃的"独角兽"（指估值超过 10 亿美元的公司）正在为在线保险设定节奏。众安公司不仅是中国第一家在线保险公司，更是一个创新引擎。该公司是一个全栈数字保险商，由一个开放、可扩展的基于云的核心保险平台驱动，为中国消费者提供快速的服务。

（一）众安公司的商业模式

经过三年的盈利，众安公司在 2017 年上半年报告了 2.87 亿元人民币（约合 4330 万美元）的净亏损。瑞银集团估计众安公司全年净亏损将达到 1.74 亿元人民币。众安公司的首次公开募股招股说明书警告称，预计当年和下一年将出现巨额亏损，原因是：首先，众安公司现在需要向未来索赔责任专项基金注入更多资金，因为众安公司当时正在销售许多长期计划。其次，人员和研发方面的投资，为运营和管理费用提供了支撑或保障。最后，随着通过合作伙伴平台的销售不断增长，向合作伙伴支付的服务费用、佣金和咨询费用也在上升。众安公司进一步解释说，这些亏损主要是因为公司处于发展的早期阶段，正在专注于扩大其业务。

事实上，尽管众安公司以前是盈利的，但主要来自大额投资收益。根据其首次公开募股招股说明书，公司的保险业务从未盈利过。综合比率是衡量保险公司索赔和运营费用占保费收入比例的关键指标，2014 年、2015 年和 2016 年公司的这一指标分别为 108.6%、126.6% 和 104.7%。比例高于 100% 意味着公司在保险业务上出现运营亏损。而其索赔比率，即索赔应付额占保险费收入的比例，一直呈下降趋势。2014～2016 年，众安公司的索赔比率从 73.4% 下降到了 42%。耀才证券的 CEO 许德辉表示，众安公司的商业模式是独特的，尽管目前尚未盈利，但其未来前景可期。他将众安公司与腾讯进行了比较：当腾讯在 2004 年上市时，智能手机尚未普及，股价低于 4 港元。然而，仅仅数年之后，到了 2013 年，腾讯的股价已经实现了惊人的飞跃，攀升至超过 350 港元的高位，这一成就深深地印在了许多香港地区投资者的记忆中，成为他们难以忘怀的经典案例。

（二）核心竞争力

1. 利用保险和技术融合的全服务能力的新应用模型

凭借涵盖从保险单销售与管理到为企业和消费者处理索赔等广泛用例的丰富数据，保险行业正处于一个绝佳的时机，为 AIGC 的深入应用奠定了坚实的基础。在 WAIC 大会的子论坛上，众安公司的首席技术官自豪地展示了业界领先的生成式人工智能（AIGC）应用路线图，该路线图详尽阐述了 AIGC 技术如何广泛渗透并赋能保险行业的多个领域。报告深入探讨了 AIGC 在多个保险类别中的应用价值，以及它在包括为独立保险代理人定制营销活动、强化保险公司品牌活动在内的众多业务场景中的潜力，充分展现了 AIGC 技术在推动保险行业创新发展方面的广阔前景。这些用例涵盖了产品设计和创新、营销和推广、承保和理赔、客户服务、智能办公和研发管理等方面。其中一个关键目标是为保险行业的数字化和智能化转型提供有用的模型。

通过部署针对更多垂直行业的专有大规模模型，AIGC 将展示数据和案例无缝集成与迁移的潜力，提供个性化定制和风险管理等好处，并进一步提供更高效、智能和客户更关注的服务。"更负责任的 AI"意味着以一种促进更负责任和以客户为中心的保险行业发展的方式实施人工智能，与保单持有人对安全性、公平性、包容性和可持续性的期望保持一致。

2. 智能技术与业务的融合

历史表明，一项广泛应用的技术会经历漫长的探索和发展阶段，从最初的构想逐步发展到成熟的应用阶段。确定一种针对保险行业定制且用户友好的人工智能模型首先要考虑数据、计算能力和算法这三个关键要素。此外，确保符合法规和安全要求，并设定高标准以利用大规模模型，也至关重要。

为此，众安公司开发了名为"灵犀"的 AIGC 核心系统。灵犀平台适应了在中国和其他地区迅速流行的 AIGC 模型，例如 ChatGPT、通义千问和文心一言等。该平台旨在建立一个单一模型即服务（MaaS）平台，并采用两种应用用例方法。灵犀为机构用户提供了嵌入行业特定数据库的能力，以实现 AIGC 在垂直用例中的快速应用。此外，它还提供了将内部应用工具打包为大模型插件的便利，简化了在各种业务应用中利用大模型的过程，从而促进了业务能力的提升。"灵犀"还可以最小化合规风险，简化研发流程，降低成本，并优化金融和保险领域大规模 AI 应用用例的适用性。迄今为止，"灵犀"已成功应用于各个领域，包括产品定制、定价动态、销售场景、理赔自动化和个性化客户服务。

3. 探索更多应用案例

在商业保险领域，AIGC 技术的具体应用中存在着三个关键问题：一是 AIGC 需要为业务带来额外的价值；二是控制与 AIGC 相关的风险；三是 AIGC 与现有业务流程的无缝集成。

众安公司强调在转变现有业务流程和充分利用 AIGC 能力方面的系统性

思考的重要性，以此为业务带来新的人机交互和内容生产方面的进展。为此，众安公司已经采取了一系列措施，以实施 AIGC 技术并提升各种实际工具的效能。

随着企业数据规模的增长，单一用例的业务分析已无法满足复杂数据处理的需求。相反，通过综合分析数据以及整合多个用例和数据源，才能提升数据的商业价值。基于 AIGC 技术，集智商业分析平台的 BI 实验室（商业保险实验室）能够提供对话分析、波动性警报和一键归因等功能，以满足各种业务部门对数据查询、分析和挖掘的需求，为企业管理和业务增长提供基于数据的决策支持。

保险行业迫切需要整合各利益相关者的专业知识，以迎接 AI 时代的到来。将 AIGC 纳入业务流程仍处于理论推导和实践探索的阶段。众安公司将继续致力于技术进步，怀揣着对未来人工智能发展的宏伟愿景，并坚持开放的价值观。公司期待与金融机构、各行各业的企业、技术公司和学术机构合作，为保险生态系统创造新的价值。

4. 理解客户

众安公司的产品不是根据传统模型创建的，而是使用各种消费者数据集创建的。它从合作伙伴生态系统中获取了大量数据和见解，如客户人口统计数据、购买模式、社交媒体信息、浏览历史、个人数据、交易数据、信用报告、付款历史等。现在，这些数据可能会达到亿万级，需要通过大数据云进行处理，并生成相关见解，以创建、定价和分发产品。重要的是，在了解客户之后再定位产品，这样分销和定位就变得相关了。众安公司 60% 的客户年龄为 25～30 岁，他们是真正与互联网连接的千禧一代。70% 的总保费收入来自 40 岁以下的前 40% 客户。

（三）众安公司将技术输出到海外

随着时间的推移，众安公司的技术产品阵容已显著扩展，超越了单一项目的范畴，现提供一系列全面且系统化的解决方案。过去数年间，众安公司在香港地区市场取得了引人瞩目的成就，尤其是在虚拟银行（如众安银行）和数字保险领域（如众安保险），这些创新业务已成功启动并展现出强劲的发展势头。众安银行是香港地区首家正式开展业务的虚拟银行。众安银行还推出了寿险产品，在香港市场上提供了最高比率的保额与保费，客户可通过虚拟银行应用程序购买。此外，在其他市场，众安公司积极探索与合作伙伴实施数字解决方案的机会。例如，向亚洲主要保险公司提供核心保险系统，还与互联网平台建立了深度合作伙伴关系。截至 2020 年底，众安公司的技术已为全球 400 多家客户提供了服务。未来，众安公司将继续增加对技术的投资，发展国内外合作伙伴关系，促进亚洲和全球保险生态系统的数字化转型，并努力成为全球保险科技市场的领先品牌。

（四）后新冠疫情时代需要的核心竞争力

新冠疫情加速了保险行业的数字化进程，使众安公司转入快车道。客户对数字化保险的期望大幅提高，传统保险公司已开始积极推动数字化转型以满足这些需求。除了利用战略机遇之外，众安公司准备提前规划，增加对数字化转型的投资，并增加对我国经济未来增长领域的支持，从而从上升趋势中获得动力。此外，随着人们对健康问题的认识增强和保险行业法规的演变，国内健康保险市场将继续增长。而随着宏观经济的调整，保险行业的竞争将变得越来越激烈。

在线保险商具有一定的优势，众安公司保费收入的增长，证明在线保险处于快速增长阶段。众安公司对疫情过后市场的增长潜力持乐观态度。深度用户数据挖掘和客户需求驱动的创新是未来保险行业核心竞争力发展的关键。众安公司相信，保险行业正在进入一个以客户为中心的数字增长时代。未来的发展是所有人都应该期待的事情。

四、众安公司的成功经验总结

众安公司是中国第一家在线保险公司。在过去的几年里，其一直致力于将技术深度融入保险业务，以全面服务整个保险价值链。

首先，众安公司认为云技术是推动保险技术赋能和服务改进的核心驱动力。早期将所有核心系统都部署在云端为众安公司在过去几年的创新和增长奠定了坚实基础。2020 年，众安公司将自主开发的云系统升级至 2.0 版本，使其能够每秒处理 54000 张保险单，距离实现 1000 亿元保费的目标更近了一步。2019 年，众安公司系统处理的保险单数量就已超过了 80 亿张。

其次，将数据作为生产的基础至关重要。数字化提高了数据的可用性和适用性，从而释放了人工智能的真正价值。因此，众安公司正在加大对数据研发的投资，升级了基于大数据和人工智能的数据智能中心，建立了数据中台，并利用数据驱动创新和增强整个保险价值链。这些成果是可衡量的：通过提高内部数据利用率，理赔核保效率提高了20%。目前，超过99%的众安公司理赔流程实现了自动化，智能交互式语音应答的导航率达到了97%，覆盖了超过85%的客户查询。这使内部效率和客户满意度都得到了显著提升。

最后，众安公司正在利用生态系统协同效应进一步增强其技术赋能。只有相互合作，充分发挥各方的独特优势，众安公司才能服务于日益复杂的商业环境，并满足客户日益多样化的需求。然而，真正的数字化改革是一个长期的、系统性的项目，需要大规模投资。对于愿意拥抱数字化升级的保险公司或集团来说，找到一个技术合作伙伴进行深度合作至关重要。

近年来，众安公司在技术方面进行了重大投资，自成立以来，累计投入超过36亿元人民币。众安科技公司作为众安公司的全资子公司之一，目前拥有三款准备投放市场的重要保险科技产品。这些产品涵盖了保险业务的前端、中端和后端平台，是业务生产、增长和基础设施数字升级的重要组成部分。

五、尾声

在科技浪潮的推动下，中国保险科技市场正以前所未有的速度蓬勃发展。回首过去，我们见证了无数企业在这片热土上崛起，其中众安公司凭借其独特的商业模式和前瞻性的战略眼光，已成为行业的佼佼者。

众安公司凭借其纯在线的运营模式，成功吸引了众多年轻消费者的关注。通过不断创新和优化产品与服务，众安公司不仅满足了消费者日益增长的保险需求，更在行业内树立了新的标杆。同时，众安公司还积极拓展生态系统，与众多网络合作伙伴建立了紧密的合作关系，为未来的发展奠定了坚实的基础。

展望未来，中国保险科技市场仍充满无限可能。随着技术的不断进步和消费者需求的不断变化，我们相信众安公司将继续保持其领先地位，引领行业迈向更加美好的未来。同时，我们也期待更多的创新企业加入这个充满活力的市场，共同推动中国保险科技的繁荣发展。

在这个充满变革与机遇的时代，让我们共同期待中国保险科技市场的辉煌未来，相信在这片热土上，将会有更多的传奇故事等待我们去书写。

案例使用说明

一、教学目的与用途

1. 适用课程：金融科技概论、保险学等相关课程。

2. 适用对象：本科生、研究生、MBA 学员的案例教学，也可供有一定实践经验的工作人员或管理者学习。

3. 教学目的：（1）理解现代商业模式：通过众安公司的案例，让学生掌握现代企业如何通过创新商业模式（如在线保险与技术融合）实现业务增长。（2）掌握云与大数据应用：展示云技术和大数据如何成为企业核心竞争力，提升运营效率与客户满意度。（3）风险管理教育：探讨企业快速发展中的风险与成本控制，教授平衡风险与收益的策略。（4）行业洞察：增强学生对保险行业运营、市场竞争及未来趋势的理解，为职业发展提供指导。

二、启发思考题

以下几个思考题可以预先布置给学生，让学生在阅读案例时进行思考：

1. 众安公司的商业模式有何独特之处？众安公司如何通过在线平台实现保险业务的创新？其商业模式如何降低了运营成本并提升了客户体验？

2. 云技术和大数据在众安公司的运营中扮演了怎样的角色？云技术如何支持众安公司的业务扩展和灵活性？大数据如何帮助众安公司精准地评估风险并优化产品设计？

3. 众安公司如何利用人工智能提升业务效率和客户满意度？众安公司的人工智能技术在哪些业务环节实现了应用？这些应用如何提升了众安公司的业务效率和客户满意度？

4. 众安公司在快速发展过程中，如何平衡业务扩张与风险控制？众安公司在扩张过程中可能面临哪些风险和挑战？众安公司采取了哪些措施来确保业务的稳健发展？

5. 众安公司的成功经验对于传统保险公司有何启示？传统保险公司可以

从众安公司的商业模式中学到哪些有益的经验？传统保险公司在数字化转型中可能遇到哪些障碍，如何应对？

6. 未来保险科技的发展趋势是什么？众安公司又将如何适应这些趋势？预测保险科技领域可能出现的新技术和新应用，探讨众安公司应如何调整战略以适应这些未来的发展趋势。

7. 如何评估众安公司的盈利能力和市场前景？分析众安公司的财务数据，评估其盈利能力和增长潜力，结合行业趋势和市场环境，预测众安公司的市场前景和可能面临的挑战。

三、理论依据及分析

针对众安公司案例的理论依据及分析，可以从以下几个方面展开。

（一）商业模式创新理论

众安公司作为在线保险公司的先驱，其成功在很大程度上归因于商业模式的创新。通过线上直销、简化流程、个性化产品设计等策略，众安公司有效地降低了成本，提高了效率，并满足了消费者日益增长的个性化需求。这一模式打破了传统保险行业的限制，为整个行业带来了深刻的变革。

（二）技术驱动理论

云技术、大数据和人工智能等现代科技是众安公司商业模式成功的关键驱动力。云技术为众安公司提供了弹性的业务扩展能力，大数据帮助众安公司精准地评估风险并优化产品设计，而人工智能则提升了业务处理效率和客户体验。这些技术的应用不仅提高了众安公司的运营效率，还为其创造了独特的竞争优势。

（三）风险管理理论

在快速发展的过程中，众安公司也面临着诸多风险，如市场风险、信用风险、操作风险等。为了有效应对这些风险，众安公司采用了先进的风险管理技术和方法，如建立全面的风险管理体系、加强内部控制、利用大数据进行风险预警等。这些措施确保了众安公司在业务扩张的同时，能够保持稳健的风险控制水平。

（四）市场趋势分析

随着数字化时代的到来，保险行业正经历着深刻的变革。消费者对保险产品的需求日益个性化，对服务体验的要求也越来越高。同时，科技的发展也为保险行业提供了无限的可能性。在这样的背景下，众安公司的商业模式和技术应用具有很强的市场前瞻性和适应性。

总之，众安公司案例的成功经验为我们提供了宝贵的启示：在现代企业中，商业模式创新和技术驱动是实现快速增长和盈利的关键；同时，有效的风险管理和敏锐的市场洞察也是确保企业稳健发展的必要条件。通过对这些理论依据的深入分析和应用，我们可以更好地理解众安公司的案例，并从中汲取有益的经验和教训。

四、关键要点

在众安公司案例的分析中，关键要点包括商业模式创新、技术应用与驱动、风险控制与管理以及市场洞察与适应能力。这些要点共同构成了众安公司成功的基石，也为其他企业提供了宝贵的借鉴和启示。

（一）商业模式创新

众安公司以其独特的在线保险商业模式脱颖而出。通过直接面向消费者的线上销售模式，众安公司消除了传统保险销售的中间环节，降低了运营成本，提高了效率。同时，众安公司利用互联网和移动技术的优势，提供了更加便捷、个性化的保险产品和服务，满足了消费者日益增长的需求。这种商业模式创新为众安公司带来了市场竞争优势，并推动了整个保险行业的变革。

（二）技术应用与驱动

众安公司成功地将云技术、大数据和人工智能等先进技术应用于保险业务中。云技术为众安公司提供了弹性、可扩展的 IT 基础设施，支持其业务的快速增长和灵活调整。大数据分析帮助众安公司更精准地评估风险、制定定价策略，并优化产品设计。而人工智能的应用则提升了客户服务水平，实现了智能咨询、智能理赔等功能，提高了客户满意度。这些技术的应用不仅提升了众安公司的运营效率，也为其带来了创新能力和竞争优势。

（三）风险控制与管理

在快速扩张的同时，众安公司高度重视风险控制与管理。通过建立完善的风险管理体系，众安公司有效地识别、评估和管理了各类风险，包括市场风险、信用风险、操作风险等。众安公司利用大数据和人工智能技术进行风险预警和监控，及时发现并应对潜在风险。此外，众安公司还注重合规经营，遵守相关法律法规和行业标准，确保业务的稳健发展。

（四）市场洞察与适应能力

众安公司的成功还得益于其敏锐的市场洞察和适应能力。随着保险市场的不断变化和消费者需求的升级，众安公司能够及时调整战略和业务模式，抓住市场机遇。众安公司密切关注行业动态和技术发展趋势，不断推出符合市场需求的新产品和服务，保持了在竞争激烈的市场中的领先地位。

案例十 拥抱元宇宙

——基于数字化金融底层逻辑的百信银行"金融元宇宙"探索之路

摘要： 数字经济时代，商业银行间的竞争已经从传统的网点、人员投入的竞争迈向高科技嵌入下的场景竞争，元宇宙作为与现实世界共生的虚拟世界，直接满足了客户猎奇、刺激、沉浸的消费体验，与商业银行提出的场景金融目标完全吻合。将元宇宙的技术嵌入商业银行场景金融中，可以丰富场景金融中场景的内容，增加客户的黏性。本案例主要描述百信银行在元宇宙场景金融领域敢于先行先试，以创新为抓手，不断开发具有元宇宙基因的金融新产品，发挥数字技术的作用，同时管理元宇宙应用风险，进行场景金融中用户隐私安全保护，构建元宇宙赋能场景金融的体制和机制。

一、引言

步入新的历史阶段，商业银行在现代经济发展中的重要地位持续提升。商业银行除了要不断进行产品创新、强化内部管理、参与竞争外，还要面对林立的竞争对手争夺客户的挑战。从一定程度上讲，商业银行之间发展的差异性取决于在客户市场是否能占据主动优势。为了争取客户，各家商业银行纷纷使出各种手段，从初期的送小礼品到后来的送积分、送金融知识、送健康咨询等。但随着人们生活水平不断提高，以及金融意识不断提升，客户开始追求金融消费的感觉。于是，场景金融便成为当今商业银行争夺客户的最主要的手段。

场景金融通常是指在特定的时间和空间内为客户提供利于互动、交流的金融环境。目前，各家商业银行推出的智慧网点、客户经理大堂服务、基于第三方机构提供的开放银行平台等都属于场景金融范围。目前，商业银行的场景金融不足主要是尚没有让消费者能够体会到沉浸式消费以及尚不能提供虚拟的服务空间。而元宇宙技术的出现，恰恰弥补了商业银行场景金融发展中的不足或空白。元宇宙概念自 1992 年提出，至 2021 年正好 30 年时间，在这一年，由于政府、投资家纷纷聚焦元宇宙领域，因而 2021 年被称为元宇宙发展元年。由于元宇宙可以将消费者带入沉浸式消费状态，因此已经成为商业银行吸引客户，丰富客户体验，增强商业银行获客、留客能力的重要切入点。由于元宇宙仍处于探索阶段，带有极大的发展不确定性，因此元宇宙赋能商业银行的场景金融技术、模式、思路等也处于探索阶段。

元宇宙作为目前互联网金融的最高级技术手段、场景金融作为商业银行未来发展竞争的必答题，积极、主动地研究元宇宙赋能商业银行场景金融不仅必要、必须，而且十分迫切，对于商业银行丰富竞争手段、增强客户竞争力、提升服务质量具有十分重要的现实意义。

二、百信银行

（一）背景

我国国内正在开展元宇宙与金融融合模式探索的企业中，百信银行走在了前列。目前，百信银行在数字藏品以及数字资产方面已经开始布局，并推出虚拟品牌官 AIYA（艾雅）以打造新的交互方式。百信银行战略总监管正刚曾表示："元宇宙的兴起将再次推动数字经济和产业数字化转型的快速发展。"元宇宙有人、场、物三个核心内涵：一是虚拟数字人；二是沉浸式体验的场景；三是数字资产。

1. 数字藏品和数字资产

2021 年 11 月 18 日，百信银行发行了 "4 in love" 四周年纪念数字藏品，并同步推出 AI 虚拟品牌官的二次元形象。2021 年 12 月 30 日，百信银行发布了银行业首个数字资产管理平台"百信银行小鲸喜"微信小程序。

2. 虚拟品牌官 AIYA

2021 年 12 月 30 日，百信银行迎来了首位虚拟数字员工 AIYA（艾雅）。不同于一般人工智能客服，AIYA 是百信银行的虚拟品牌官，身高 165 厘米，体重 48 千克，一头短发透露出干练和飒爽的气质，有着出众的形象。

3. 开展数字人形象建设工作

虚拟数字人与金融机构数字化转型有大量结合点，各银行机构推出的虚拟数字人也逐渐进入大众视野。据官方透露，为探索线上获客和线上线下一体化服务新模式，在品牌宣传和业务价值方面激发数字人的价值，百信银行同步开展 3D 超写实数字人形象建设工作，并通过票选的方式，让大众选择数字人的形象。

（二）"元宇宙＋金融业"路径初探

虽然元宇宙融合金融产业的发展还处于初级阶段，并未形成具备规模和完善的体系，但各金融机构迎接元宇宙的热情透露出该蓝海市场的潜力。

1. 元宇宙中的"金融大厦"

元宇宙的空间组合具有无限性，元宇宙中的"金融大厦"也将突破物理限制，以数字化的方式被重新构建。虚拟的"金融大厦"能够以镜像的方式被复制，保持一贯的庄严与肃穆，也可以标新立异，打造赛博朋克风格的银行，甚至建造在云层之上或者星球之中。

2. 虚拟人员工为您服务

除了场地数字化，元宇宙也将使人之间的交互呈现数字化转变，虚拟数字人员工的重要性开始显现。不同于人工营销的压迫感，也不同于一般 AI 智能客服的疏离感，元宇宙概念下的虚拟数字人员工将有自己的样貌、性格，并具备知识和情感。虚拟数字人能够对外代表公司形象，并成为公司形象和文化的体现，参与宣传经营、金融教育以及会议主持等活动。

3. 承接数字资产

金融本质上是资金和资产的发行、流通和回笼机制。而在元宇宙下，依托区块链技术，各种数据能够被确权，进而流通和交易，资金和资产的形式将更加多元化。在国内，数字藏品是金融机构承接元宇宙数字资产的重要方式。数字藏品能够为数字文件提供唯一性凭证，并形成新的资产形式。

4. 元宇宙赋能商业银行场景金融路径

Metaverse 是元宇宙的英文名字，它是由"超越"（meta）和"宇宙"（universe）两个单词组成的组合词，和电话链接听觉系统、互联网链接信息系统类似，它将"人—社会—宇宙"与"数字"系统有机地链接起来，将现实世界高效率地复制到数字世界，并且又将数字世界的情景反射到现实世界中。

三、元宇宙与场景金融

(一) 国内外商业银行已积极布局元宇宙

英伟达公司、Roblox 公司等四家世界知名科技公司的高管在 2021 年 11 月就"元宇宙愿景"举行了大型研讨会,这在一定层面上反映了科技公司在关于元宇宙方面的"拓荒心理"。韩国投资公司 IBK Investment & Securities 公司与 MetaCity Forum 进行深度合作后,其所提供的虚拟金融服务,以及具有专属特征的元宇宙平台,对于新一代客户具有极强的吸引力。

(二) 元宇宙因素已部分嵌入商业银行场景金融中

开放银行可以定性为商业银行场景金融的初级阶段形态,前者通常的做法是对商业银行的业务接口对外开放,立足于技术层面,而后者是立足于商业银行与客户金融交易的全过程、全景象,不仅包含技术,更关注客户方的体验。

开放银行在应用元宇宙原理方面虽有突破但仍很不足。目前开放银行最普遍的做法基本上是通过众多标准化 API 的接口来推动银客互联。

(三) 元宇宙是商业银行发展场景金融新的技术切口

元宇宙对社会经济金融各方面都产生了深刻的影响,而对商业银行场景金融的影响更直接、更全面。

1. 推动场景金融的技术创新

对商业银行而言,元宇宙不仅能对场景金融的发展带来大幅度的提升,而且指明了商业银行数字化转型的方向。

2. 提升场景金融服务效能

元宇宙并没有改变商业银行场景金融锁定客户的本质目的,它对商业银行场景金融服务的核心价值在于:一是进一步改善场景金融下的客户体验,在这种场景下,客户可以打破物理空间和时间距离,随时随地实现商业银行金融业务交割。二是随着元宇宙技术的不断进步以及基础设施的完善,商业银行通过元宇宙在场景金融的应用,可以为各类客户提供更加丰富多样的综合化、个性化、虚拟化的金融产品以及服务。三是元宇宙应用于场景金融，既为商业银行在客户服务转型方面提出了新目标，也为商业银行变革服务技术提供了新的条件。

3. 实现场景金融中的场景虚实融合

将虚拟与现实世界场景进行融合、实现互动是元宇宙技术特征之一，通过应用元宇宙数字孪生、区块链、数据交互等方面的技术，商业银行发展场景金融时的信息不对称、信息量小、信息间难以相互验证等问题可以得到有效解决，信息对称度、透明度能得到大幅度提高。

4. 改变场景金融中的客户交互方式

在传统的场景金融中，客户的交互方式以线下为主，并且受到时间和空间的限制。然而，在元宇宙的应用环境下，场景金融发生了显著的变化。提升客户的感知、连接和服务能力成为场景金融的核心。在这一新环境下，客户能够享受到线上与线下相结合的双线体验，这已成为当下的流行趋势。同时，随着5G、AI等基础技术的应用以及硬件产品的不断创新，链接的媒介也发生了根本性的变化。

5. 全面提升客户场景体验质量

虽然运用改进商业银行环境、推动产品服务创新可以在一定程度上提升客户的场景服务体验，但要实现客户完全无感和沉浸体验还有较大差距。元宇宙赋能场景金融中的场景体验主要有无感体验的金融产品、沉浸式的客户陪伴、金融产品实时创造以及数字员工（数字机器人）的充分就业等。客户可以通过直观、便捷的方式来体验各种金融服务，银行也可更深入地了解客户。

（四） 元宇宙赋能商业银行场景金融的路径

场景金融作为目前商业银行发展的重要路径，借助元宇宙技术赋能场景金融已经成为各商业银行当前竞争的重要方法之一。元宇宙赋能场景金融是一项系统的工程，必须从技术、产品、风险、体制等多个方面采取措施，才能有效地发挥元宇宙的强大潜力。

1. 元宇宙在场景金融中先行先试

元宇宙作为一种技术可以广泛应用于商业银行的各项业务流程和环节。然而，由于元宇宙目前仍处于初期发展阶段，许多方面尚不成熟，因此，商业银行应重点关注技术储备和场景探索，持续加大对数字技术、数字员工（如数字机器人）以及数字资产的投资和建设。同时，也要关注不同类型客户在不同场景中的个性化需求。

在元宇宙应用于场景金融的开发和应用过程中，商业银行需要为客户提供全天候、全方位的金融服务，重构客户互动模式，实现线上线下模式的无缝融合。这将使各类客户能够随时体验个性化、极致化的金融产品和服务。

2. 以创新为抓手推动元宇宙在场景金融中的应用

元宇宙在场景金融中应用并没有改变商业银行服务的基本理念，即主要解决用户体验、满足客户的各方面需求。元宇宙在商业银行场景金融中应用带来的主要是对现有场景金融中的场景服务的延伸。

基于元宇宙将虚拟世界与现实世界连接并实现虚实相生的根本特征，不断完善场景金融的底层架构和硬件入口，是推动元宇宙有效应用的原动力，而人工智能、区域链等新型数字技术不断创新与应用为其提供了有效的支撑。

3. 元宇宙在场景金融中的应用

银行应开发具有元宇宙基因的场景金融新产品。元宇宙在场景金融中应用，为场景金融中新产品的研发提供了更加丰富的想象空间。

在元宇宙应用到场景金融的背景下，商业银行要立足于特色化、个性化、差异化的场景金融定位，开发具有针对性和个性化的金融产品。这样可以更好地满足场景金融参与者的个性化需求，使客户的体验感更加独特。

4. 发挥数字技术在元宇宙赋能场景金融中的核心作用

以大数据、区块链、人工智能、物联网为代表的数字技术已经成为商业银行业务经营活动的基因。

大数据在场景金融中的应用主要可以帮助商业银行及时了解元宇宙在场景金融中的应用现状，及时发现存在的问题并提出相应的解决方案。此外，大数据还能对场景金融中的客户进行精准画像，从而提高目标客户的营销精准度。

区块链技术在场景金融中的应用有助于人们了解在元宇宙背景下各参与主体的真实信息。通过区块链，金融活动的脉络将变得十分明确。如果关联方按照事先的约定履行职责，在完成预定的工作流程后，可以通过区块链技术实现自动结算交易等功能。

物联网技术通过远程射频、传感技术等的应用，可以将场景金融中线下的所有实物场景进行全面的记载、跟踪和反馈，可以从物质形态上对场景金融中的风险进行有效的控制和管理。

5. 管理好元宇宙在场景金融应用中的风险

元宇宙技术嵌入商业银行的应用场景将面临元宇宙未来发展未知的不确定性风险以及可能由此造成的重复投资风险等。因此，元宇宙赋能商业银行场景金融应注意以下几点：一是要高度重视元宇宙在场景金融中应用的风险，要坚守全面风险管理的理念，将元宇宙在场景金融中应用的风险纳入全面风险管理体系；二是要加强元宇宙在场景金融中应用风险的研究，在确定其应用过程中风险完全或基本可控的条件下，再有序推进元宇宙在商业银行场景金融中应用；三是加强对元宇宙在场景金融应用中的风险监测，对在场景金融中应用元宇宙的项目、产品构建风险预警系统，持续进行风险监测与评估，设计风险管控预案，一旦出现风险可以及时进行有效控制。

四、元宇宙在场景金融的应用风险管理

（一）管理好元宇宙在场景金融中的应用风险

一是元宇宙在商业银行场景金融应用过程中，要和保护参与者数据隐私以及数据安全法律规范制度的建设有机结合起来，坚持先有规范及制度，再创新和应用的基本原则，在法律、制度框架体系内进行试点与推进。二是要与数据安全和数据隐私技术水平同步。目前，我国数据安全和数据隐私技术不断创新、优化，数据加密计算也有了很大的进展，要切实加快加密计算技术在元宇宙及在场景金融中的应用，在技术上要有堵塞数据隐私技术漏洞的能力。三是要开展数据安全和数据隐私技术方面的研究，公安、监管部门、金融机构要联合加强数据安全和数据隐私技术创新、重大项目的攻关，从而提升元宇宙在场景金融中的应用数据安全和数据隐私技术管理水平。

（二）重点抓好场景金融中的用户隐私安全保护

元宇宙在场景金融中的应用由于完全在虚拟空间中进行，存在一些尚未开发的领域，这给场景金融中多个参与者的数据隐私保护和数据安全带来了巨大的挑战。

（三）构建元宇宙赋能场景金融的体制和机制

传统的商业银行场景金融是基于当时的金融技术条件而设计的。元宇宙技术在场景金融中应用，强化了数字世界和现实世界的交互、相融，这必然对商业银行原有的场景金融生态和场景模式带来挑战。

应遵循风险与效益兼顾的原则，探索商业银行在场景金融中应用元宇宙技术的业务发展、风险管理以及财务盈利的基本模式，通过治理机制的构建，确保元宇宙技术赋能商业银行场景金融快速进行转型、规范发展并能提供高品质金融服务，以推动商业银行更快更好地构建新型的场景金融业务模式。

元宇宙在场景金融中应用要求相对应的资源配置。根据虚实结合的发展大趋势，商业银行要加强元宇宙在场景金融应用的研发，配置相关的技术人才，设立相应的承办和管理机构，进一步明确场景生态圈中的客户定位，不断优化管理手段和考核奖惩管理办法等。

五、银行入局，初探元宇宙应用场景

（一）元宇宙、元宇宙 AI 数字人上线

2019 年 12 月，浦发银行首次推出的数字员工"小浦"正式上岗，优化了智能客服场景。2021 年 12 月，百信银行推出虚拟数字员工 AIYA（艾雅），同时，百信银行提到未来 AIYA 将会活跃在短视频、App 和虚拟直播等多个场景，与用户进行沉浸式的互动。

（二）元宇宙沉浸式服务体验

2022 年 2 月，摩根大通公司宣布在元宇宙中开设了一个 Onyx 虚拟休息室，并发布了一份详细介绍虚拟世界的报告。报告称，元宇宙的虚拟世界有自己的入口、货币和 GDP，摩根大通公司在虚拟世界中可以像现实中的银行一样运作，用户也可以使用虚拟世界里的加密货币购买虚拟土地。

（三）虚拟物品数字资产化的实现可期

2021 年 11 月，百信银行发行了四周年纪念的 NFT 数字藏品"4 in love"，这个数字藏品基于区块链技术发行，是银行业的首个 NFT 数字藏品。NFT 数

字藏品的受众通常是对新产业、新技术、新领域、新概念感兴趣的年轻群体，这部分消费人群普遍消费意识超前、消费能力较强，且多为银行的优质客户。

六、"元宇宙银行"道阻且长

（一）金融行业风险

银行作为金融服务行业，对风险控制和风险保障的要求很高，但是元宇宙整体的概念相对超前，技术领域又过于依赖底层技术，元宇宙技术在金融领域的运用可能会催生新的行业风险。

（二）金融监管风险

元宇宙作为现实世界的延伸和拓展，也具有社会和经济属性，因此需要建立合理的法律体系和监管系统来维持元宇宙世界的秩序。元宇宙去中心化、虚拟角色等属性，结合金融领域时间价值、财富聚集、风险自担等特性，使监管变得更加复杂。

（三）个人隐私和数据安全风险

元宇宙金融沉浸式的体验背后，是其所承载的生成使用的数据量远超以往的 PC 时代和互联网时代。与文字、图像、视频等二维数据收集相比，未来元宇宙世界的数据收集和使用将更加全面、广泛和多样。

（四）刑事风险

近年来，元宇宙概念被热炒，银行业需要警惕发展元宇宙金融中的种种刑事风险。银行目前主要是在战略层面对元宇宙领域提前布局和谋划，盈利模式尚不明朗，但是已有部分技术公司和咨询公司利用欺骗的手段，不法宣传元宇宙金融产品，千方百计地与银行员工、金融服务挂钩，借助银行信誉背书进行违法犯罪。

七、案例总结

元宇宙将对数字经济应用带来基础性、全面性的影响，元宇宙的应用是大势所趋，顺应这个趋势及早进行应用就能抢抓到技术发展带来的红利。发展场景金融是当前金融竞争的必经之路，场景金融解决了传统金融过于呆板、被动、低质的问题，通过银客互动，不断提升金融消费者自尊、幸福、快乐的消费感。元宇宙在场景金融中的应用，大幅度提升了客户体验，增进了金融现实功能，丰富了金融的业务场景，提升了商业银行的核心竞争力，元宇宙作为最高层级的数字技术，与金融的融合也就显得必然与自然。

2021 年虽是元宇宙元年，但还属于混沌期（认知建立期），全面应用元宇宙有大量基础工作要做，诸如基础设施的搭建、基础制度的设计等。应积极探索元宇宙赋能商业银行场景金融的业务和盈利模式。元宇宙目前在商业银行场景金融中应用还处于碎片化、个体性项目状态，主要起到工具或补充的作用。应培育和提升客户对元宇宙的适应心理及认知度。场景金融的成功从根本上讲还是取决于客户的认同和认可。在元宇宙应用于场景金融，广大青年是最适宜的消费群体。然而，商业银行的客户结构多元且多样化，其中相当一部分金融消费者，特别是老年消费者，可能在心理上难以接受和适应这一新技术。

案例使用说明

一、教学目的与用途

1. 适用课程：数字金融、金融大数据分析与应用、金融市场与金融机构、金融服务营销、财富管理。

2. 适用对象：金融学专业研究生、高年级本科生、MBA 学员的案例教学，也可供有一定实践经验的工作人员或管理者学习。

3. 教学目的：本案例以百信银行在元宇宙场景金融方面大胆创新和尝试，不断开发具有元宇宙基因的金融新产品为主线，揭示了元宇宙赋能场景金融的理论、机制及应用。具体教学目标如下：（1）熟悉"数字化金融"的底层逻辑。（2）了解"场景金融"的内涵及特征。（3）掌握"金融+元宇宙"的逻辑、机理知识理论，以及在商业银行的运用。

二、启发思考题

以下几个思考题可以预先布置给学生，让学生在阅读案例时进行思考：

1. 百信银行是如何实现将元宇宙技术嵌入场景金融中，以增加客户黏性的？

2. 百信银行借助"数字孪生"技术开发的具有元宇宙基因的金融产品，其应用风险有哪些？

3. 试探析未来元宇宙赋能场景金融的机制与路径。

三、理论依据与分析

（一）"数字化金融"的底层逻辑

随着科技的快速发展，数字金融业务已经成为金融行业的主要发展方向之一。数字金融业务数字化底层逻辑是指数字金融业务所涉及的底层技术和系统架构，它是数字金融业务能够顺利运行和发展的基础。

1. 底层技术

（1）云计算技术。数字金融业务通常需要处理大量的数据和复杂的计算，云计算技术能够提供强大的计算和存储能力，满足数字金融业务的需求。

（2）大数据技术。数字金融业务产生的数据量庞大且多样化，大数据技术能够对这些数据进行分析和挖掘，为业务决策提供支持。

（3）区块链技术。区块链技术能够确保数字金融业务的安全性和可信度，提供去中心化的交易和结算方式，降低交易成本和风险。

（4）人工智能技术。数字金融业务中的风险管理、客户服务等环节可以通过人工智能技术实现自动化和智能化，提高效率和用户体验。

2. 系统架构

（1）分布式架构。数字金融业务需要处理大量的并发请求，分布式架构能够将请求分散到多个节点上进行处理，提高系统的性能和可伸缩性。

（2）微服务架构。数字金融业务通常由多个功能模块组成，微服务架构将各个功能模块拆分为独立的服务，使系统更加灵活和可维护。

（3）开放式架构。数字金融业务需要与其他系统进行集成，开放式架构能够提供标准化的接口和协议，实现系统之间的互操作性和信息共享。

（4）安全架构。数字金融业务涉及用户的敏感信息和资金交易，安全架构需要提供可靠的身份认证、数据加密和访问控制等功能，保障用户的信息安全和资金安全。

3. 数字金融业务数字化底层逻辑的重要性

（1）提升效率。通过数字化的底层逻辑，数字金融业务能够实现自动化和智能化，提高业务处理的效率和准确性，降低人力成本和错误率。

（2）改善用户体验。数字化的底层逻辑可以提供更加便捷和个性化的服务，满足用户的多样化需求，提升用户的满意度和忠诚度。

（3）降低风险。数字金融业务数字化底层逻辑能够提供更加安全和可靠的交易和结算方式，减少风险和纠纷的发生，保护用户的合法权益。

（4）推动创新。数字金融业务数字化底层逻辑为金融机构和科技公司提供了技术和平台，可以促进金融创新和业务模式的变革，推动金融行业的发展和升级。

数字金融业务数字化底层逻辑是数字金融业务能够顺利运行和发展的基础。通过应用底层技术和系统架构，数字金融业务能够提升效率、改善用户体验、降低风险、推动创新，为金融行业的发展带来新的机遇和挑战。未来，随着技术的不断进步和应用的不断深化，数字金融业务数字化底层逻辑将继续发挥重要作用，推动数字金融行业实现更加快速和可持续的发展。

（二）"场景金融"的内涵及特征

1. 场景金融的内涵

场景金融实质上是由"场景＋金融"形成的复合词，主要包括五层含义：一是场景金融是一种形象化、立体性的金融模式。所谓场景就是指客户经营活动的场所和背景，场景金融就是为场景客户服务的金融，通过场景的搭建，使金融活动在银行客户间的活动完全场景化。二是场景金融是侧重于客户体验、以客户为中心的一种生态金融，可以让客户在不知不觉中完成所需要的金融业务，改变了传统的以商业银行为中心的经营思维，使银行、客户在高科技平台上实现了金融交易。三是场景金融是借助于技术手段，使金融服务更加数字化的一种形式，实质上是金融机构业务数字化的一种新形式，有利于扩大金融业务，提供更快捷的金融服务。四是场景金融是对传统金融媒介的一种创新，运用技术手段，将金融机构与客户通过一定的交易场景连接起来，打通了商业银行与客户之间的技术通道，从而使银行开展业务更加便捷，突破了时间与空间的限制。五是场景金融是基于开放银行的一种形态，是开放银行在生态圈上的进一步延伸。通常情况下，开放银行侧重于金融机构的接口开放，对于开放后的后续工作，商业银行往往处于被动的状态，没有形成系统的商业银行与客户之间的互动机制。场景金融则侧重于商业银行与客户金融交易的全过程，立足于整个生态的健康发展，是一项更全面系统的金融工程。开放银行属于场景金融的低层次表现形式，而场景金融更具有金融业务发展的内在逻辑和内容，场景金融的概念比开放银行的概念内涵更丰富、范围更广泛、管理更系统。此外，开放银行立足于技术，而场景金融不仅包括技术，更侧重于客户的体验，而这正是商业银行未来的发展模式的基点。场景金融更加人性化，体现了金融的层次性，是商业银行未来的发展方向与主导模式，而开放银行只是传统银行向未来银行转换过程中的过渡形式，最终会被场景金融替代。基于上述论述，场景金融的概念可表述为：在特定的场景下，商业银行通过有关渠道的产品输出，依托技术手段，使客户在虚拟空间实现金融交易的一种金融活动模式，它具有良好的客户体验、黏性较强的银客关系、丰富多样的金融产品供给等优势。

2. 场景金融的特征

（1）场景金融数字化。因为数字经济是当代所有社会经济主体的必答题，"无数字不金融"将成为所有金融企业的座右铭。商业银行作为金融行业中数据最为集中、数字化程度最高的群体，在未来的发展中保持高度的数字化水平也是必然的。也正因为如此，诸多商业银行将数字金融作为全行转型发展的目标与方向，数字银行成为商业银行未来的主要特征。一方面，商业银行在发展场景金融时必须依托现有的大数据、区块链、人工智能、物联网等技术，对其金融供给、客户服务需求及相互交叉的场景建设进行技术互联，构成一个完整的场景金融生态链，而在这个链上的场景必须与商业银行的数字化程度、进度高度一致，系统间必须相互连通，场景必须高度数字化，这样才能实现银行、客户间的同频共振。另一方面，场景金融中的场景是对实体场景的线上化，是在虚拟空间完整地再现线下的各种金融交易情景，在线上的场景中，商业银行可以销售本行的各类金融产品，也可以捕捉自己的目标客户，而融入场景中的客户可以随心所欲地进行金融消费，具有非常良好的客户体验。

（2）场景金融技术化。商业银行的发展历史可以抽象为商业银行的技术发展史，每一次金融技术的创新都将商业银行带入一个新的时代，如计算机的应用、互联网的引入、大数据以及区块链技术的应用等。目前有些商业银行甚至将本行定位为持有金融牌照的科技公司，可见技术在商业银行发展中的地位与作用越来越大，新技术在商业银行中的应用必将为其打开一个新世界。显然，场景金融作为商业银行业务的组成部分之一，将伴随着技术的进步而不断完善。

（3）场景金融专业化。随着社会经济的发展，专业化协作将成为现代社会和未来社会的主要运行模式，大而全模式将被小而专模式替代。同样，商业银行也面临着社会专业化分工的影响，即商业银行很多职能将由社会专业机构外包运作。目前，诸如银行卡业务、一些技术开发项目、后勤服务等均由社会专业机构来运营操作。未来的商业银行将更加专注产品设计、风险控制、流程管理，而对于客户的营销等均可以通过社会专业机构来实现，专业化经营将成主流。开放银行背景下，主要是由与商业银行合作的第三方科技公司来搭建场景，但纯属技术范畴，场景专业化运营水平较低。场景金融的专业化运营是指由专业化的运营公司对各类场景生态圈进行细分管理，为各家金融机构提供适应市场定位和产品需求的场景生态圈。这一方面是由于场景运营公司是各行业细分出来的一个子行业，另一方面是由于专业运营，形成了特定的盈利模式，具有专业的风险控制能力以及不断提升场景生态圈管理质量的内在冲动。将开放银行背景下的场景非专业化管理转向专业化运营，使商业银行有足够的场景生态圈供其选择，可以使其真正从开放银行迈向场景金融。

（4）场景金融人性化。场景金融是方向。未来的商业银行将完全改变传统的不平等银客关系。目前商业银行强调在与客户平等交易的基础上，持续不断地通过改进金融服务来增加客户的黏性。而通过场景平台的打造，将银行与客户微缩在一个时时都可以处理业务的虚拟空间中，将使客户得到更加快捷、精准的场景金融服务，各类客户的个性化金融需求将得到最大限度的满足，场景金融的人性化更加具体、特别。

（5）场景金融立体化。目前开放银行的场景基本上还属于平面化的展示，而未来的场景金融却是立体化的。当前，线上高层次的场景金融已采用3D技术，引入"数字孪生"的概念，在线上打造线下式的立体场景金融生态，使商业银行与客户即使在线上交易金融业务仍有身处实地场景的感觉，使客户体验达到极致。

（三）"金融+元宇宙"的逻辑与机理

1. 元宇宙

元宇宙是整合多种新技术而产生的新型虚实相融的互联网应用和社会形态，它基于扩展现实技术提供沉浸式体验，基于数字孪生技术生成现实世界的镜像，基于区块链技术搭建经济体系，将虚拟世界与现实世界在经济系统、社交系统、身份系统上密切融合，并且允许每个用户进行内容生产和编辑。

"虚拟现实补偿论"假定一个文明为了得到补偿而创造虚拟世界的冲动是永恒的，那么在长时期的发展中就必然会创造出一个个虚拟世界，其自身所处的世界也极有可能是上层设计者打造的。这就是尼克·波斯特洛姆（Nick Bostrom）和埃隆·马斯克（Elon Musk）等人相信的"世界模拟论"。

元宇宙的虚实界面为拓展现实、机器人、脑机接口。拓展现实包括 VR（虚拟现实）、AR（增强现实）、MR（融合现实）。VR 提供沉浸式体验，通过全面接管人类的视觉、听觉、触觉以及动作捕捉来实现元宇宙中的信息输入输出。AR 则在保留现实世界的基础上叠加一层虚拟信息。MR 通过向视网膜投射光场，可以实现虚拟与真实之间的部分保留与自由切换。机器人通过其实体化的仿真肉身，成为连接元宇宙的另一种途径。脑机接口技术的应用正在成为科技巨头争夺的焦点，目前主要应用于医学领域。

元宇宙的生成逻辑依赖于人工智能。为了在元宇宙中实现最大限度的自由，AI 技术需要从传统的决策树和状态机发展到更高级的深度学习和强化学习。这将营造出随机生成且独一无二的游戏体验，突破人工脚本的限制，允许玩家自由探索和创造。

从元宇宙生态版图来看（见图 1），产业场景上，目前由于底层技术的发展仍受限，相关场景的成熟度还不够高。例如，受到虚拟现实（VR）、带宽和计算能力等限制，还难以实现理想的体验状态。因此，元宇宙的世界蓝图为数字孪生。数字孪生即在虚拟空间内建立真实事物的动态孪生体。借由传感器，本体的运行状态及外部环境数据均可实时映射到孪生体上。该技术最初用于工业制造领域，而元宇宙需要数字孪生来构建细节极致丰富的拟真的环境，营造出沉浸式的在场体验。

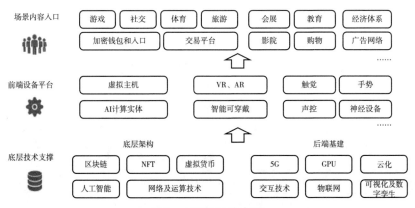

图1 元宇宙生态版图

2．"金融元宇宙"的发展逻辑

如图2所示，"元宇宙"相关概念及其底层技术的不断完善，为我国金融机构的数字化转型提供了丰富的可能性和广阔的想象空间。一方面，随着"元宇宙"的逐步发展，其底层技术如建模渲染、交互技术、物联网、网络算力、区块链和人工智能等的应用有望加速落地，预计金融机构将从这些技术的快速发展中受益，更好地实现业务创新、流程改造和组织变革等数字化转型目标；另一方面，"元宇宙"描绘了一个具有数字原生能力，甚至具备完善经济与社交体系的虚拟世界图景。我们认为，"元宇宙"带来的沉浸式体验和虚拟元素的真实感，将为金融机构在线上协作、业务拓展以及客户体验升级等方面提供更为丰富的想象空间。

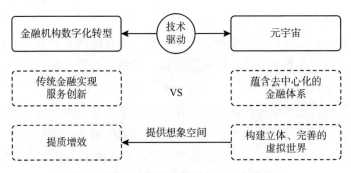

图2 金融机构数字化转型与元宇宙的关系

从虚拟现实技术应用来看，元宇宙的演进可以分为三个阶段：数字孪生、数字原生和元宇宙。元宇宙的核心是要构建巨大、统一、持久、共享、并发的 3D 虚拟空间，这种空间被连接成了元宇宙。元宇宙正在成为金融行业数字化转型和发展的新突破口。以银行为代表的金融机构紧紧踏着元宇宙的发展节拍，从产品渠道到场景，在元宇宙大潮中打造新的竞争优势。通过研究发现，金融领域的元宇宙也可以分为三个阶段（见图3）。

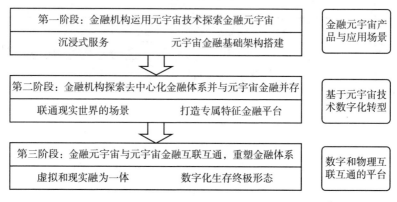

图3　金融元宇宙的发展逻辑与发展阶段

第一阶段，金融机构运用元宇宙技术探索金融元宇宙，创造沉浸式的金融服务体验。这是元宇宙金融基础架构搭建的雏形时期，原有技术与应用成效还不成熟。金融机构以技术储备和场景探索为主，主要表现在 VR、人工智能等新技术便利性的体验优化。应用场景多表现在现在能看到的虚拟员工、VR 营业厅视觉产品展示等，是对现有服务的补充和延伸，能满足金融服务业优化客户体验和市场营销的需求。例如，B 银行认为，元宇宙有人、场、物三个核心内涵，分别是虚拟数字人、沉浸式体验的场景和数字资产。B 银行将数字银行卡和数字藏品、区块链等技术相结合，为金融机构和用户提供数字资产的发行、领取、购买、存储、转让和确权等服务。

第二阶段，金融机构探索去中心化的金融体系并与元宇宙金融并行。当元宇宙发展到成熟阶段，虚拟世界和现实世界高度融合，密不可分。元宇宙用户数量和使用时长在不断增长，真实世界的元素被引入虚拟网络成为热潮。目前，我们认为市场正处于一种非理性的热潮阶段，主要表现为噱头化的炒作。未来这种状况很可能会导致泡沫破裂，市场将逐渐回归理性。最终，只有那些真正能够创造价值的金融产品和服务才会得以保留。元宇宙技术提升将会提高金融服务效率，优化金融服务体验，基于去中心化的思路，元宇宙技术会逐渐促使数字经济进入新的发展逻辑，对金融领域的体制机制带来深刻的影响。金融机构与元宇宙平台会加强合作，打造具有专属特征的元宇宙金融平台。例如，韩国国民银行在元宇宙平台Gather上创建了一个"虚拟城镇"（virtual town），虚拟城镇包括一家远程办公中心、一家金融商务中心和游戏场。

第三阶段，金融元宇宙与原宇宙金融互联互通，重塑金融体系。当脑机接口等技术取得革命性突破以后，人机交互体验会接近真人水平。元宇宙将进入虚拟游戏与现实融为一体、多个元宇宙融合的高级形态。人类会从被动模仿变为主动创造，摆脱现实世界框架的约束。届时，元宇宙金融将融入元宇宙世界支撑元宇宙经济发展，金融元宇宙与元宇宙金融融合进入终极形态，人类以数字身份在元宇宙世界中进行生产、消费、交易。在这个阶段，最难的问题是监管在金融创新、风险防范和保护投资者权益上取得动态平衡。

四、关键要点

数字经济时代，商业银行间的竞争已经从传统的网点、人员投入的竞争迈向高科技嵌入下的场景竞争，元宇宙作为与现实世界共生的虚拟世界，直接满足了客户猎奇、刺激、沉浸的消费体验，与商业银行提出的场景金融目标完全吻合。本案例需要理解的关键点为百信银行根据何种逻辑率先实现了将元宇宙的技术嵌入场景金融中，增加对客户的黏性，其产品具有哪些应用风险。本案例试图揭开元宇宙赋能商业银行的使用场景，深入探讨未来元宇宙到金融科技再到场景金融的发展路径。

案例十一　大数据背景下个人征信行业的变革与创新

——以百行征信有限公司为例

摘要： 近年来，随着互联网与大数据技术的迅猛发展，国内征信体系的建设面临着更高的要求，需要与时俱进。新时期个人征信需求更为全面和具体，需要更多的参考维度。大数据时代为征信业务带来了全新的变革，它能够通过分析用户在网络上的信用数据，有效填补个人的信用空白，使用户的征信情况能够以更为立体的方式展现在用户与机构面前，这是传统征信方式所无法比拟的。因此，研究如何利用复杂的用户行为在大数据征信中建立起真实有效的征信体系，以反映信用水平，是我国在征信市场化道路上持续探索的重要方向。

一、引言

如今，我们身处一个悄然演变的网络时代，其影响已经渗透到生活的方方面面。从购物、租房到日常交流，网络已无处不在。人们早已习惯在网上进行消费、咨询等日常活动，这使网络在人们的日常生活中占据了不可或缺的地位。随着用户在互联网上进行多样化的消费行为，网络也在无声无息中积累了大量的用户信用数据。各大平台利用这些数据，结合企业特有的信息技术，如大数据和云计算，深入分析用户的信用状况。这种做法不仅有助于更客观地呈现用户的个人信用情况，还为实现商品与服务的精准对接提供了有力支持，从而最大限度地发挥了信用的价值，并且这一趋势也极大地推动了征信市场化的进程。在经济全球化的背景下，基于市场的个人信用评价在全球经济中的地位日益凸显。特别是在市场经济发达、开放程度较高的国家，这种评价方式已逐渐成为主流。这些现象不仅反映了征信市场化的迫切需求，也为我们的案例分析提供了丰富的素材。

《2020 年营商环境报告》由世界银行发布，该报告指出，至 2019 年 5 月，全球参与调研的 190 个经济体中，有 88.4% 的经济体设立了个人征信机构。其中，69.6% 的经济体存在市场化运作的个人征信机构，更有 45.2% 的经济体仅依赖于市场化的征信机构。根据我国央行最新公布的数据，至 2019 年底，央行的征信系统已收录了 10.2 亿名自然人和 2834.1 万户企业及其他组织的信息，这一规模在全球范围内名列前茅。如今，个人信用报告在社会中扮演着越来越重要的角色，它逐渐成为每个自然人经济信用的标识。然而，随着用户数量的增长和社会行为的日趋多样，以及互联网生态的深刻影响，央行信用信息逐渐显得捉襟见肘，难以满足社会快速发展的需求。因此，央行在推动信用市场进步的同时，也在积极考虑市场信用体制的变革，并将其纳入整个信用体系的建设中。央行通过引导征信过程走向市场化，致力于使公共信息更加透明，从而降低信息不对称给市场带来的负面影响。

本案例以国内首家市场化征信机构——百行征信作为切入点，揭示了我国征信行业市场化的发展历程以及大数据时代个人征信的演变与革新。在此过程中，我们强调了市场参与在征信资源分配中的核心地位，认为其是优化资源配置的最佳方案。通过这一案例的细致剖析，我们进一步验证了我国选择市场化征信道路的正确性，这不仅是基于当前形势的明智选择，更是推动行业发展的最佳路径。此外，本案例的研究并不仅局限于百行征信本身，更延伸至整个国内互联网征信市场的探讨。本案例的分析旨在为市场化难题的后续探索提供理论支撑，同时也为大数据时代个人征信企业的成长与发展提供有价值的参考。

二、国内征信体系建设现状与变革

（一）国内征信体系建设现状

自 20 世纪 30 年代起，征信体系开始在中华大地上萌芽。当时中华征信所作为国内最早的专职征信机构成立，标志着我国征信行业的诞生。然而，征信体系真正的快速发展则是从改革开放以后开始的。到 20 世纪 80 年代，我国第一家信用评级公司——上海远东资信评级有限公司正式成立，标志着征信行业的重要发展。改革开放以来，我国征信体系的发展可以分为四个阶段：探索阶段、起步阶段、深化阶段及市场化发展阶段。在 1988~1995 年的探索阶段，征信需求逐渐显现，企业征信的初步形态开始形成。随后的 1996~2002 年起步阶段，银行信贷登记咨询系统实现了全国联网查询，为征信行业的进一步发展奠定了基础。进入 2003~2014 年的深化阶段，征信管理局的成立、《征信业管理条例》的颁布以及信用评级和数据交换行业标准的制定，为我国征信行业提供了法律保障和标准化指导。自 2015 年起，我国个人征信行业正式步入市场化发展阶段。从最初的 8 家市场化个人征信机构试点，到2018 年百行征信有限公司获得首张个人征信牌照，我国的征信行业已经逐渐形成了政府主导、市场补充的发展模式。这一转变不仅促进了征信行业的快速发展，也进一步推动了我国信用体系的完善。21 世纪以来我国国内征信行业的重要事件见图 1。

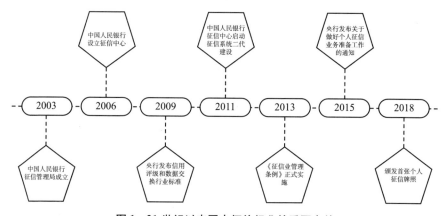

图1　21 世纪以来国内征信行业的重要事件

目前，国内个人征信市场已经形成了较为完整的产业链和竞争格局。征信机构通过收集个人的信用信息，如信贷记录、消费记录等，对个人的信用状况进行评估和评级，为金融机构和其他企业提供决策依据。同时，个人征信服务也逐渐渗透到日常生活的各个方面，如免押租借、租赁出行等场景。

（二）国内个人征信市场发展情况

随着中国金融改革的不断深化，征信行业市场化发展已逐步展开。然而，由于监管体系尚不健全、行业自律组织有待完善等多方面因素，个人征信市场化进程尚未取得显著突破。2013 年，中国人民银行颁布实施《征信机构管理办法》，为国内私营征信机构开展个人征信业务奠定了基础。同时，为了进一步推动中国市场化征信机构的发展并完善征信体系，以央行为首的监管部门改变思路，将首张个人征信牌照颁发给中国互联网金融协会牵头成立的百行征信，旨在将人民银行征信中心未能覆盖的"征信空白"人群的信用数据整合到一个官方平台，以加速我国信用社会的构建进程。从 2013 年 12 月央行正式受理个人征信牌照申请，到 2015 年 1 月首批 8 家个人征信准牌照名单的出炉（见表 1），可以看出我国对征信行业发展持鼓励态度。

表 1 2015 年 8 家个人征信准牌照机构名单

机构名称	背景	市场定位	数据来源
芝麻信用管理有限公司（芝麻分）	蚂蚁金服（阿里体系）全资控股	酒店、租车、旅游等多生活场景	覆盖数亿名互联网用户，蚂蚁金服互联网金融数据，阿里电商交易数据
腾讯征信有限公司	腾讯认缴 95% 资本	金融反欺诈和个人信用评价	海量社交数据，如微信、微博、腾讯网等
深圳前海征信中心股份有限公司（好信度评分）	平安创新资本占 95%，平安之夜占 5%	借贷金融场景	平安集团传统金融数据
鹏元征信有限公司	鹏元资信评估占 43%，央行深圳分行征信处和深圳市政府支持	深圳本地征信业务	
中诚信征信有限公司（万象分）	中诚信投资、信诚鑫投资、天壕投资集团	保险、就医	
中智诚征信有限公司	阿米巴资产管理为企业法人	金融反欺诈	数据来自 P2P 网贷和反欺诈云平台
拉卡拉信用管理有限公司（考拉分）	拉卡拉持股 40%，其余四家各持股 15%	酒店、租车、旅游等多个场景领域	拥有海量拉卡拉线下支付数据，且能共享蓝色光标等四大股尔数据
北京华道征信有限公司（猪猪分）	银之杰、北京创恒鼎盛、清控三联、新奥资本分别持有 40%、30%、15%、15% 股份	反欺诈、检验租房者信用状况	数据来自东方财富网

中国人民银行征信中心数据显示，2020 年个人征信市场规模已达到 379

亿元，5 年复合增速高达 20%。这一数据进一步证明了个人征信市场的快速增长态势，以及其在金融市场中的重要地位。然而，尽管市场规模在不断扩大，但个人征信市场发放牌照数量相对较少，这在一定程度上限制了征信机构的发展速度和市场规模的进一步扩大。此外，随着技术的发展，个人征信机构也迎来了更多创新和变革。大数据、云计算、区块链等新兴技术将进一步推动个人征信行业的发展。

首批 8 家获得个人征信业务筹备资格的机构拥有充分的内部数据资源优势，通过网络公开爬取、建立联盟和外购数据源等方式来丰富其数据源，覆盖金融消费、个人消费行为和社交网络等多个领域。这些数据由于长时间的积累，通常涉及多个维度，覆盖的人群相对较广。同时，这 8 家私营征信机构大多都推出了独特的个人信用产品，这些产品具有多种用途。例如，芝麻分和考拉分不仅服务于各自母公司的核心业务，还能在租车、酒店预订、签证申请等日常生活场景中发挥作用。从技术视角来看，这 8 家机构都具备运用大数据算法进行信用模型创新的技术实力。比如，中智诚征信在反欺诈领域展现出强大的数据处理能力，通过多维度数据关联和大数据识别用户信息，有效减少损失并预防风险。而中诚信则基于"数据 + 规则 + 模型"的风控理念，对贷款全流程的潜在风险进行精准控制，为用户提供安全可靠的借贷环境，覆盖现金贷、消费金融、汽车金融等多个领域，从多个层面保障资金安全。

（三） 大数据时代个人征信与传统个人征信比较

征信各环节中，数据都扮演着至关重要的角色，是征信业发展的基石。随着大数据信息技术的迅猛进步，信用信息数据以惊人的速度增长，人们对于数据的捕获、处理和分析能力得到了显著提升，这预示着大数据征信时代的到来。大数据个人征信不仅广泛收集个人信用数据，还通过大数据技术进行深度与广度的融合，在继承传统个人信用评估所使用的数据指标的基础上，进一步深度挖掘这些数据，并努力将可能影响申请者信用状况的各种数据纳入大数据评估体系，从而在广度上实现了更广泛的覆盖和拓展。大数据个人征信与传统个人征信存在着很大的差别。

第一，从数据来源的角度来看，大数据征信业务展现出更为广泛的覆盖范围。传统征信业务主要依赖于金融机构和商业银行的信贷数据，这些数据大多源于线下，种类相对单一。然而，随着人们日常生活中对电子化设备使用的日益频繁，大数据信息技术手段得以有效捕捉人们的生活轨迹。这导致大量非结构化数据和线上数据的涌现，使数据资源变得丰富多样。这些海量的数据资源不仅涵盖信用主体的基本信息、金融关系信息，还包括他们的交易行为信息。通过对这些信息的深入挖掘，我们能够更准确地描绘出信用主体的信用模式，为征信业务提供更全面、更精细的数据支持。

第二，数据处理技术在大数据征信中变得更为复杂和精细。传统征信的数据处理方式相对简单，而大数据技术的引入，使海量数据的整合、挖掘和匹配变得更为高效，显著提升了个人信用评估的准确性和时效性。这主要体现在以下几个方面：首先，随着数据量的急剧增长，数据的价值密度相对降低，因此，需要利用先进的大数据挖掘技术，对原始数据进行清洗、分类、匹配、整合和实时更新，以提取出有价值的信息。其次，传统征信处理技术难以处理图片、视频、文本等非结构化数据，但这些数据往往蕴含着丰富的行为价值，大数据征信则能够充分利用这些资源。最后，大数据征信的核心理念在于注重"现在"，通过多维度分析行为个体的习惯和性格特征，并利用实时数据反映其行为轨迹，从而预测其未来的履约趋势。这使非结构化数据在大数据征信中具有了极大的价值。

第三，征信产品和服务在大数据背景下呈现出更为丰富的面貌。传统的个人征信业务主要聚焦于个人信用报告和信用评分等，主要服务于银行和金融信贷领域。然而，由于金融服务存在长尾效应，部分人群难以被传统征信体系覆盖，导致他们无法获得优质的金融服务。随着信息技术的深入渗透、电子设备的广泛普及以及大数据技术的飞速发展，个人征信产品服务的应用场景得到了极大的拓宽。大数据个人征信机构所推出的产品和服务更加贴近人们的日常生活需求，满足了更多群体的信用评估需求。

三、大数据背景下个人征信案例研究：以百行征信有限公司为例

（一）百行征信的发展现状

2023年5月，百行征信有限公司（简称"百行征信"）公布了其成立五周年的业绩数据。数据显示，至2022年底，百行征信的个人征信数据库中已收录了高达5.68亿的个人信息主体。此外，其各类产品的累计调用量已达到了惊人的72亿笔。在财务方面，百行征信全年实现的产品销售收入达到了

5.29 亿元，相较于前一年增长了 244%。这一系列数字不仅彰显了百行征信在征信领域的强大实力，也反映了其稳健且迅猛的发展态势。百行征信作为我国首个面向市场的个人征信机构，其诞生之初便致力于填补征信领域的空白。当时，银行、证券公司及保险公司等传统金融领域的信贷活动信息均上报至央行征信中心，而互联网、P2P 以及类金融等非传统金融领域的信用数据却未能得到统一整合。成立百行征信，正是为了解决这一问题，推动信用信息的全面覆盖与整合。百行征信的运作模式具有以下特点。

第一，采用市场化的运行机制。百行征信于 2018 年获得牌照，标志着其在市场化运行机制方面取得了显著进展。在持续探索中，征信业务逐渐由政府主导的模式转变为政府与市场共同支撑的格局。市场化的核心在于其灵活适应市场变化的能力，强调将重心放在市场领域，而不是实行单一的决策模式，更多地赋予市场话语权。自获得牌照以来，百行征信积极从多个维度满足市场需求，适应非线性市场发展的特点，并专注于提供个性化的市场服务。信用信息的研究分析在市场中已成为推动征信行业发展的关键工具。

第二，致力于提供持续、稳定的查询服务。例如，面对新冠疫情的挑战，作为我国金融和信用信息领域的重要企业，百行征信加强了技术保障，确保信息查询服务的连续性。同时，百行征信加大了对个人征信系统的监管力度，对日常数据进行严密监控，并建立了异常处理机制，以有效防范潜在风险。在日常运营中，公司注重服务管理，深入了解机构客户的需求，并提供在线咨询服务支持。此外，公司精心制定了线上服务计划，确保个人信息主体能够便捷地获取所需服务。通过移动 App 等互联网终端，信息查询结果能够迅速送达个人，保证了服务渠道的畅通，满足了信息主体的基础征信服务需求。

第三，致力于与互联网实现深度融合。这一融合体现在多个方面。首先，百行征信积极创新网络征信服务模式，通过开发全景式线上 App，运用移动互联网技术，为消费者提供便捷的一站式信用管理服务。2020 年 1 月，百行征信宣布其新产品的线上 App 公测，旨在收集用户反馈，对系统进行优化调整，进而正式提供服务，同时注重用户个人信息的保护和隐私安全，不断完善基础功能。其次，百行征信也积极与政府、社会机构等各类端口接洽，推动多方合作，旨在建立全面的社会信用体系。为实现服务流程的标准化和提升服务质量，公司正积极探索适用于多种情形和全客户类型的服务体系。展望未来，数据与互联网的集合将推动百行征信开展更大规模的数据建设，通过人工智能、云计算等技术的强化，不断改进和丰富服务体验。百行征信还计划开发线上多渠道的数据整合机制，拓展数据源的同时，利用网络技术确保信息安全，并致力于建设智能、高效的数据平台，实现数据的高质量管理和共享，为数据服务创造更美好的前景。

（二）百行征信的产业链架构

百行征信产业链在整体上可划分为三个层次，形成了一种内循环的结构。其中，产业链的上游构成了征信体系的基础，即数据供应平台，它们主要是那些汇集和储存海量网络信用数据的互联网平台。位于中游的则是百行征信的数据中台，它在整个链条中发挥着双重作用。首先，数据中台负责整合和处理征信相关的数据，如个人征信报告等，确保这些数据经过适当的清洗和标准化后，能够提供给机构使用。其次，它还负责设计数据模型，以供机构在风控和评估等场景下使用。数据中台的操作不仅要确保所设计的模型和变量能够满足自身需求，还要确保服务机构在使用这些数据时能够遵守相关的个人信息保护规则和规定，确保整个使用过程的安全性和合规性。最后，百行征信的数据中台还负责将处理后的数据报送至下游的实际应用平台，实现这些数据在实际场景中的有效应用。

第一，数据提供商。数据层，百行征信在成立初期接入了数十家网络机构，截至 2020 年 10 月底，已拓展金融机构超 1800 家，签约信贷数据共享机构近 1000 家。百行征信在收集数据时尽可能覆盖到更全面的网络数据以及借贷人群，与传统征信行业形成互补。

随着接入机构规模的不断扩大，数据源愈发丰富，设计合理的数据报送管理策略成为亟待解决的难题。作为互联网征信模式市场化的重要代表，百行征信在征信模式架构上具有独特性，其业务以产业链形式将数据应用于各类机构。与此同时，传统的央行征信模式下，信息提供者通常按月提供信用数据，更新速度相对较慢。这在传统信贷申请周期较长的情况下或许尚可应对，但在大数据环境下，金融交易和商业交易的高效性对征信数据的时效性提出了更高的要求。因此，百行征信致力于在大数据背景下缩短征信数据的采集周期，提升数据的实时性。通过实施按日更新甚至采用流处理的数据技术，百行征信能够更有效地应对大量数据的传送和处理需求。

第二，机构考核机制在百行征信的运营中占据重要地位。随着合作机构的规模逐渐扩大，建立有效的控制机制成为必要，以确保业务的规范运行。在此过程中，机构应严格遵守协议，及时向百行征信报送数据。作为接入机构，它们有责任和义务确保数据的及时性和准确性，避免瞒报、漏报等延误征信时效性的情况发生。百行征信已明确制定了考核接入机构的标准，旨在筛选出不符合征信质量的数据。对于那些有意隐瞒的机构，百行征信将采取严厉措施，以维护征信行业的良好氛围和整体环境的清肃。这也是百行征信设立之初的重要目标之一，通过严格的考核机制，促进征信行业的健康发展。

从图2中，我们可以观察到百行征信各大股东的持股情况。深入分析其持股结构，我们发现中国互联网金融协会作为百行征信的创始人和主要股东，拥有显著的社会公信力和丰富的行业资源，这对百行征信在业务运营中提升公信力起到了关键作用。然而，要推动征信市场化并充分利用市场资源，仍需依靠那些在市场上占有较大份额的机构。参股的8家机构不仅拥有庞大的数据网络，还在征信业务上具备较为成熟的技术。百行征信成立后，前期参与个人征信业务准备工作的8家参股机构（见图2）已不再单独开展个人征信业务，而是剥离并入百行征信的业务范畴内，将视野聚焦在共商共建共享征信平台上。而由于这8家机构在业界均享有较高的声誉和地位，具备强大的实力。它们基于自身的资源和能力，不断拓展征信业务，为市场提供了广泛的服务。将这8家征信机构联合起来，不仅实现了强强联手，更将发挥前所未有的协同效应。通过这一整合，百行征信得以更好地利用各股东的优势资源，提升整体业务水平，为市场提供更加全面、高效的征信服务。同时，这也将有助于推动征信行业的市场化进程，促进市场的健康发展。

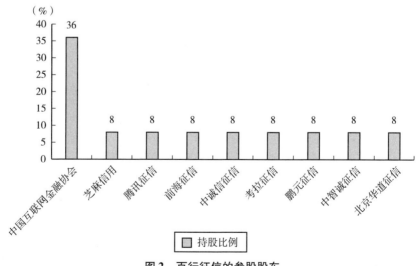

图2　百行征信的参股股东

（三）百行征信的应用场景

百行征信的应用平台在互联网征信产业链中占据末端位置，服务机构负责整理并报送所收集的数据至百行征信。随后，百行征信会根据这些数据设计出征信产品，并应用于多种场景。值得注意的是，百行征信的服务链实际上是一个循环结构。下游的各类平台同样具备成为上游数据服务商的潜力，而上游的数据服务商为提升信贷质量，也会选择使用百行征信的产品。网络数据的应用场景相当广泛，不仅涵盖了各类互联网金融和消费金融从业机构，还涉及共享经济平台等多个领域。具体如下：

第一，互联网金融从业机构。互联网金融领域涵盖了网络小贷、互联网银行、P2P借贷等多种机构，它们共同构成了互联网机构的核心。这些机构规模相对较小，贷款流程简便快捷，因此备受急需资金的企业青睐。然而，正因为审查过程相对简化，违约风险也随之上升。若不能有效应对这些风险，机构的发展将受到严重阻碍。在借款人信用审核方面，机构需要权衡快速便捷与审慎严谨，所选取的信用数据不仅要易于获取，还需确保时效性和准确性。此时，百行征信的数据资源就显得尤为重要，其既具备公信力又经过充分市场化，能够显著提升资金分配效率，在资金快速流通的同时保障其安全性。通过利用这些数据，机构可以更好地管理风险，优化贷款流程，从而为企业提供更加高效、安全的金融服务。

第二，消费金融从业机构。随着互联网的快速发展，消费金融已成为推动市场经济的重要力量，因此，亟须审慎应对消费金融普及所带来的各种挑战。在征信领域，互联网消费催生的大量信息数据成为新时代个人信用能力的重要标志。如何有效利用这些数据，使其成为市场化征信的有力助手，是当前征信机构面临的重要课题和挑战。消费金融与大数据风控的紧密结合，是互联网消费金融数据的显著特征，也是推动市场化征信不断创新的关键所在。将这些信用数据纳入征信体系，不仅是征信市场化的关键一步，还能填补用户信息空白，挖掘消费潜力，同时降低信贷成本，为构建新的信用体系发挥重要作用。

第三，共享经济平台企业。共享经济平台从广义层面来讲主要包括金融共享（如闲置资金众筹）、出行共享（如共享单车、网约车）、空间共享（共享办公室）。共享经济属于近几年的热门行业，作为典型的信用经济，其进步使社会对信用的依赖性加强。共享经济的存在使社会闲置资源得到充分利用，同时也加快了经济运转速度。共享经济的主要模式为资源拥有者和资源使用者基于双方信任通过互联网平台完成交易。在交易的不断累积中，共享经济平台拥有了大量个人信用数据，这些数据成为社会信用体系的重要补充。

（四）百行征信的业务范围

第一，核心数据来源。传统的征信系统主要依赖于大型金融机构如商业银行、农村信用社等，以及国家机关和公用事业单位的数据。然而，与央行的征信系统相比，百行征信更加注重市场化发展，并专注于央行征信系统尚未覆盖的长尾人群。在互联网的推动下，百行征信积极拓展网络征信数据。其核心数据来源涵盖了互联网搜索平台、社交中心以及各类电商平台等大型网络平台所积累的数据，充分展现了其市场化特征。

第二，数据采集范围。中央银行征信系统主要聚焦于政府控制的公共机构数据，涵盖公安部身份信息、贷款与信用卡记录、欠税及行政处罚等公共记录。虽然 2020 年央行升级至二代征信系统，新增了共同借款等关键信息，并计划在未来征得主体同意后纳入税费、电费等更多数据，但时效性仍是其短板。相较之下，百行征信则积极拓展数据采集范围，特别关注新兴互联网行业。其采集的数据不仅涵盖电信运营、第三方支付等传统领域，还深入社交网络和互联网公开信息等广泛领域，以更全面地反映个人信用状况。

第三，征信服务对象。关于征信服务对象，中央银行主要通过传统银行与地方金融机构等渠道收集信息，这是其信用分析的基础。然而，百行征信则诞生于互联网繁荣的时代，其成立的初衷是为了应对网络金融的挑战。通过对比，我们可以清晰地看到，相较于互联网金融，中央银行在信息收集的广度上确实存在不足。百行征信主要聚焦于个人信用信息，特别是个人负债情况，并辅以其他相关信息。其服务对象主要是网络信贷机构以及提供反欺诈服务的第三方网络机构。如今，百行征信已经能够提供各平台网贷信息与还款记录的查询服务，这有助于促进互联网信息的互通，减少因信息不对称导致的多头借贷问题。

四、百行征信的优势分析

（一）拥有海量的数据资源

百行征信成立之前，这8家参股机构已在各自的业务领域累积了丰富的个人信用信息。例如，中智诚在网贷数据方面颇具特色，芝麻信用则以其电商消费数据而知名，华道征信专注于燃气数据，而前海征信则依托平安集团的数据资源。这些机构的资源被整合起来后，将形成一个规模庞大的信息库，有效避免了单一征信标准可能带来的不公正问题。根据百行征信官网公布的信息，目前百行征信已成功与多家国有银行、商业银行以及汽车金融企业建立了战略合作关系。展望未来，百行征信在确保数据有效性的同时，将积极寻找更多合作机会，以扩大其数据基础，从而为打造更全面、更精准的征信服务而努力。

（二）拥有先进的技术优势

百行征信的 8 家参股机构在网络技术、大数据和云计算方面均具备领先地位，掌握着先进的技术。例如，它们运用多种生物识别技术（包括指纹、虹膜、声波和面部识别）对个人用户注册信息和网络行为进行综合比对与分析，有效提升了身份验证和防欺诈能力。而在百行征信成立后，这些技术更是得到了进一步的应用和推广。目前，百行征信不仅运用云计算等国际先进技术，还积极探索区块链和人工智能在业务中的应用。特别是区块链技术，其本质是去中心化的分布式数据库，通过将中心数据库分散到各个节点，实现了数据的分布式存储，有效解决了数据处理中的痛点问题。这种数据分散存放的方式不仅降低了成本，还实现了海量存储与高新计算的融合。每个节点都掌握着数据的副本，可以记录数据的变化，并随时检查数据的真实性和完整性。此外，百行征信还计划打造全新的数据中心平台，作为数据共享的中间站，集中采集、存储和加工数据，与多元化的市场化场景进行关联，提高数据的匹配度和应用效果。

（三）致力打造特色征信产品

个人征信产品方面，百行征信率先推出了一系列具有针对性的特色产品，旨在满足市场的多样化需求。其中，个人信用报告作为基础性产品，准确反映了个人信用活动，为金融机构提供了评估个人信用的有力依据。自 2019 年 5 月 5 日正式向机构开放查询以来，该报告已服务于 190 家机构，查询量持续增长，展现出其强大的市场需求和应用价值。此外，信息核实核验产品通过整合多方数据资源，有效降低了业务流通环节中的风险，确保了信息的真实性，提高了数据处理效率。在防范团伙欺诈和多头借贷等问题上，该产品发挥了重要作用，为构建健全的信用体系做出了积极贡献。特别关注名单则针对存在特别风险的人群，重点关注其潜在的信用违约风险。该名单的信息主要来源于最高人民法院、地方政府金融监管机构以及法院被执行人等权威渠道，旨在打击恶意逃债行为，维护市场秩序。在持续发展过程中，百行征信不断研发创新，推出了包括百行智绘、特别关注名单、共债预警以及信贷资产优化等在内的十余款专业化产品及服务平台。这些产品针对特定风险领域，为市场提供了更为全面和精准的征信服务，进一步提升了征信行业的整体水平。

(四) 提供更有效率的征信服务

为了寻求新颖的数据采集方法，百行征信致力于拓展征信数据的多元性，为社会团体提供多样化的征信产品和服务。百行征信集结精英团队，专注于推进普惠金融政策的实施，特别推出了百行征信信用普惠服务。我们简化了审批流程，实行专业分工，并提供定制化的服务。通过线上线下的融合，运用技术替代人力，减少了烦琐的沟通环节，力求让群众一次性解决问题，从而提升了公共服务的质量和效率。2019 年 6 月，百行征信与人民银行成都分行携手合作，共同推进四川省信用信息综合服务平台（天府信用通平台）的建设工作。经过多方共同努力，天府信用通平台于 2019 年 12 月正式投入使用。至 2020 年底，该平台已覆盖四川省所有开展信贷业务的银行网点，汇集了超过 14 亿条信用信息，涵盖了 80 种 53 类数据。同时，已有超过 10 万家企业注册使用，上线银行机构提供了 1500 余款信贷产品。通过该平台，金融机构进行了 187.78 万次的企业信用信息查询，成功促成了 2.8 万笔企业融资对接，涉及金额高达 2863.92 亿元，惠及了 2.28 万户小微企业。天府信用通平台实现了信用信息的"一站式"整合，极大地提高了金融机构获取信息的效率，同时也降低了成本。

五、百行征信对我国个人征信格局的影响

(一) 有助于网络金融业态的稳健发展

随着新金融业态逐渐进入公众视野，其迅猛的发展势头往往伴随着风险的高发。不同业态纷纷暴露出风险，特别是曾经高速发展的 P2P 行业 2018 ~

2019 年风险事件频发，众多平台陷入困境。这种风险的涌现使行业监管问题变得尤为突出，相关部门也加大力度进行整治。尽管目前一些明显问题已有所改善，但金融领域仍存在多头借贷、超高利率等乱象，以及暴力催收等不可忽视的问题。这些问题本质上源于人们的信誉问题，以及交易双方的不信任或缺乏契约精神导致的道德风险。因此，完善社会信息系统成为防止金融市场威胁的关键途径。征信作为信息汇集和评估的源头，其管制对于金融市场的健康发展具有立竿见影的效果。百行征信致力于汇集网络数据信息，有助于促进信息的透明化，进而对解决多头借贷等道德问题产生积极影响，规范行业内部风气。这不仅有助于促进金融业健康稳步发展，还考虑了新型互联网行业存在的数据信息问题，可以推动互联网金融的可持续发展，为整个互联网行业营造风清气正的环境。

（二）有助于商业银行开拓服务范围

近年来，商业银行的传统业务正面临巨大的转型压力，如果继续沿袭旧有模式，其发展必将受阻。在传统征信的框架内，商业银行的财务信息通常是评估个人和企业信誉的重要依据。然而，随着网络的迅速普及，商业银行的服务范围逐渐受限，与网络信息相比，传统的银行信贷信息虽为基础，但显得力有不逮。面对新的发展阶段，商业银行有必要进一步深化个人消费信贷业务的发展。这不仅有助于刺激内需、拉动消费，还能完善商业银行的产业结构，使其更好地适应市场变化，有效应对经济新常态。同时，这也是商业银行实现业务转型、提升业务水平和利润增长的重要途径。

百行征信的成立为商业银行在信贷业务上提供了强有力的支持。其存在有助于解决银行信用白户问题，随着数据的不断丰富，信贷评价也将更为全面。这将进一步拓展商业银行的服务范围，推动信贷产业链的转型升级，有助于商业银行更快实现盈利目标。此外，百行征信不断完善信用评级体系，以扩大其适用范围。在百行征信强大数据的支持下，商业银行能够整合静态资源和动态环境信息，为信贷评估提供多维度的数据支持，优化信用分析模型，提高信用评估效率，进而优化信贷结构，实现服务水平的全面提升。值得一提的是，百行征信还对商业银行的非信贷业务起到了重要的辅助作用，有助于银行提供更优质的金融服务，展现银行的综合实力，从而赢得更多客户的信赖和支持。

（三） 有助于社会信用体系建设

百行征信作为新兴的征信机构，在推动社会信用体系建设方面扮演着举足轻重的角色。其存在和发展不仅有助于提升社会整体的信用水平，还可以促进经济的健康发展和社会的和谐稳定。首先，百行征信通过其独特的信用信息收集和评估机制，为市场主体提供了一个全面、客观的信用评价依据。这有助于降低交易风险，增强市场信心，促进信用交易的广泛开展。同时，百行征信的数据支持也为政府部门提供了决策参考，有助于政府更好地实施信用监管，提高社会治理水平。其次，百行征信的信用信息共享机制有助于打破信息孤岛，促进信用信息的流通和应用。通过整合各类信用信息，百行征信为社会各界提供了一个统一、便捷的信用查询平台，使信用信息更加透明、可获取。这有助于提升市场主体的信用意识，推动形成守信激励和失信惩戒的社会氛围。此外，百行征信还积极推动信用服务创新，为不同领域、不同需求的市场主体提供个性化的信用解决方案。这有助于满足不同行业、不同场景的信用需求，推动信用服务向更广泛的领域延伸。同时，百行征信还积极参与国际合作，推动信用体系建设的国际化进程，为提升我国在国际市场的信用形象贡献力量。

六、尾声

征信作为市场经济的润滑剂，显著减少了经济交易中的摩擦，连接着经济社会的各个环节。我们有理由相信大数据时代以信用为基石的时代将会到来，将彻底改变我们的生活。在大数据的浪潮下，个人征信产业链和技术取得了显著的进步，征信服务日益广泛，促使经济社会中各方主体的信用意识逐渐觉醒并提升，进而推动了信用体系建设的步伐。本案例聚焦的百行征信的成立，正是"政府＋市场"双轨并行的征信模式的有力体现。这种新型的市场化征信机构，不仅为我国传统征信体系注入了新的活力，更力求实现错位发展，形成互补效应。特别是央行对百行征信的批准成立，无疑加速了我国征信业的市场化进程。市场化征信的研究为全面覆盖信用提供了可能性，对提升就业、改善生活质量具有积极意义。更重要的是，它借助互联网机制有效解决了征信中空白用户的难题，成功打破了信用数据"孤岛"问题。这不仅是新时代征信模式探索的里程碑，也为征信业个人信息保护树立了新标杆。

百行征信作为新起点，有望成为互联网经营下征信业的典范。然而，国内个人征信市场仍面临着一些挑战。首先，征信体系建设尚待完善，数据共享与互通仍存在障碍。其次，个人信息保护与隐私安全问题亟待解决。因此，在大数据时代，政府、央行和私营征信企业应继续深化合作，进一步完善征信体系，提升数据质量和安全性，从而推动个人征信市场的健康发展。

案例使用说明

一、教学目的与用途

1. 适用课程：金融风险管理、数字金融、金融监管、金融市场与金融机构。

2. 适用对象：本科生、研究生、MBA 学员的案例教学，也可供有一定实践经验的工作人员或管理者学习。

3. 教学目的：征信体系是现代金融体系运行的基石。有无健全的征信体系，是市场经济是否走向成熟的重要标志。通过本案例教学，使学生对征信体系、国内征信市场发展等方面的基本概念和基本理论有正确的理解和较深刻的认识，还要能够掌握观察和分析征信问题的正确方法，培养学生风险管理理念、激发学生学习征信市场建设的兴趣。教师通过结合百行征信的具体案例，丰富教学内容，并通过课后习题、小组讨论、课堂演示等形式培养学生分析问题、解决问题的能力，对于重点内容，可在讲授的基础上，引导学生查阅资料，并进行课后学习兴趣小组讨论。以此提高学生在社会科学方面的素养，为进一步学习其他专业课程打下必要的基础。

二、启发性思考题

以下几个问题可以预先布置给学生，让学生在阅读案例时进行思考：

1. 现代征信体系主要涵盖哪些内容？

2. 国内个人征信体系建设面临的主要问题有哪些？

3. 我国个人征信机构的发展现状。

4. 个人征信体系建设如何适应大数据时代发展？

三、理论依据及分析

（一）基本概论界定

1. 信用与个人信用

信用（credit）是指在商品交易过程中形成的一种互相信任的生产关系和社会关系。汉语中关于"信用"的解释为"能实现诺言而得到信任"，可以从多方面理解：首先，信用是诚实、遵守其诺言而互相取得的一种信任。其次，信用被认为是一种价值运动的特殊形式，该形式是以偿还为先决条件的，是货币借贷或交易中延期付款的统称。信用伴随着商品交易而产生，属于生产关系范畴。在经济活动中，信用被视为一种资本，其是可以进行度量的、有价值并且能够进行交易的。在诚实守信等基本要素的前提下，信用资本的表现形式是守信、践约。随着经济社会的发展，信用作为资本成为生产要素的一个重要组成部分，且优化了资源配置，促进了市场经济的快速健康发展。

个人信用是经济社会信用的基础，具有丰富的内涵。从社会学角度看，个人信用是具有社会性的，是交易各方相互的约定；从经济学角度看，个人信用是指在经济关系中，交易各方遵守相互承诺且付诸实现的行为。同时，还可以从其他角度理解信用：个人信用是依据家庭收入和资产、借款和信用等状况，评估个人信用等级，进而约束其贷款额度和贷款行为的制度。

2. 征信与个人征信

"征信"一词在我国最早出现于《左传·昭公八年》中："君子之言，信而有征，故怨远于其身。"其中，"信而有征"即为可验证其言为信实，或征求、验证信用。《征信业管理条例》明确规定，征信即依法收集、整理、保存、加工自然人、法人及其他组织的信用信息，并对外提供信用报告、信用评估、信用信息咨询等服务，帮助客户判断、控制信用风险，进行信用管理的活动。具体来看，信用涉及以下几个方面：一是"信用信息"。中国人民银行征信中心对信用的界定为：在交易的一方承诺未来偿还的前提下，交易的另一方为其提供服务或商品，是随着货币流转与商品流转相分离、商品运动与货币运动产生时空分离而产生的。二是服务的对象。除了政府部门，金融机构是征信中心重要的服务对象。但是随着大数据和社会经济活动的发展，服务对象将扩展为所有有合法需求的、经授权的用户。三是征信的功能与价值。除了向外界提供信用报告（企业信用报告和个人信用报告）以外，还提供信用评分等其他征信服务，全方位、多层次为客户提供判断信用风险的信息。随着大数据征信的发展，信用价值不仅用于控制信用风险，还将会有其他更多方面的运用。个人征信是指征信机构通过筛选且整合散落在商业银行、司法机关等社会机构中有关个人信用的信息，经过处理后，对其信用状况进行整体评估，同时在法律允许的范围内对外提供相关个人信用资料。个人征信体系大致由个人征信制度、监管研究、挖掘方法、产品服务等多方面构成。

3. 大数据征信

"大数据"并不是"数据大"这个字面含义。首先，大数据具有两个重要特点：一是数据流动性。流动才能创造价值，所以数据必须流动起来。二是跨领域数据的交叉融合。如果将不同领域数据进行交叉融合，就会产生乘法效应。其次，随着大数据处理技术的发展，处理数据的能力迅速提升，数据量及数据间的相互关系以几何指数方式变化。一是对数据的收集技术。大数据并不能通过传统意义上的简单的汇总统计获得或者单纯的系统抓取。二是对非结构化数据的处理技术。随着大数据、云计算等技术跳跃式发展，承载行为信息的数据可以被转化为结构化数据，纳入已有的结构化数据体系中重新进行量化分析。三是对数据相关性关系建模的技术。这些建模方法能够帮助我们快速地找出大量数据间的关系，并对未来行为进行预判。

征信业发展的根基是数据，各个环节都需要依据数据展开。伴随着大数据时代的到来，从数据来源的范围、数据规模、先进的处理技术如大数据技术、云计算、移动互联网等技术，到应用场景和理念等多方面的演变，征信业务跳跃式发展到一个新的模式阶段——大数据征信，即电子商务、互联网交易平台等机构通过对海量数据进行抓取和处理后，对客观主体进行全方位的信用轨迹的描述。

（二）理论基础与分析

1. 信息不对称理论

信息不对称是指由于外部环境的不确定性和复杂性，期间产生的信息被经济活动交易各方所了解的程度存在不同，获取信息的量是不对等的，信息掌握较多的占据有利地位，信息掌握较少的处于劣势地位。由于外界条件所限，这种现象总会长期且普遍存在，这就使拥有较多信息的占优，拥有较少信息的处于劣势。信息不对称导致占有较多信息者会追逐更多的利益，造成双方利益失衡，降低市场资源配置效率，甚至导致交易失败。

按信息的非对称性发生的时间，信息不对称可分为事前信息不对称与事后信息不对称。逆向选择（adverse selection）由事前信息不对称引起，道德风险（moral hazard）由事后信息不对称引起。其中，逆向选择是指拥有信息较多的一方可能会通过隐藏等方式谋取更多好处，而拥有信息较少的一方可能会做出不正确的判断，从而受到利益损失。虽然逆向选择不会完全阻止交易的开展，但是信息不对称的存在会对交易产生影响，使市场交易产品的质量下降，市场资源配置效率降低，进而导致市场失灵。道德风险是指由于利益角度不一致，交易双方在追求利益时，可能会有损害他人利益的行为。

由于客观条件的限制，信息不对称将会普遍且长期存在下去，因市场不发达和不规范所引发的逆向选择和道德风险现象将会普遍存在。由于自身的特点，大数据征信在解决此类问题上具备优势：一方面，大数据征信的数据源非常广泛，用户的任何行为都可能会被大数据征信所采集，远远超越传统个人征信采集的范围和关注点，这些数据使其信用评估在某种程度上更加充分、全面和客观。另一方面，大数据征信拥有更加丰富的场景，这些场景是信用评估的新依据，其结果是动态变化的，这种评估方式可以使其真实的信用信息及其变化更加准确和及时地展现出来，从而降低逆向选择和道德风险的发生。

2. 公共物品理论

公共物品理论是新政治经济学的一项基本理论。萨缪尔逊将公共物品严格定义为：每个人对这种物品的消费不会造成其他人对该物品消费的减少。即无论个人是否购买该物品，都不会影响其他人对该物品的正常使用，具有效用的不可分割性和消费的非竞争性特征，该物品对社会其他成员具有同等的效用和价值。公共物品理论是正确处理政府与市场关系、公共服务市场化等方面问题的基础理论。我们通常将物品分为三类，即公共物品、私人物品、准公共物品。私人物品是与公共物品相对的，具有竞争性和排他性，它的效用和价值可以分割。准公共物品介于私人物品和公共物品之间，兼具二者的部分属性，当政府提供的公共物品效率不高或者公共物品的属性发生变化的时候，就需要私人来提供公共物品，因此准公共产品可以由国家宏观调控，也可以由市场自主配置。征信是一种典型的准公共物品，具有消费的不完全竞争性和非排他性特征。因此，政府征信管理部门可以在一定程度上引入市场化竞争机制，开放征信业务的准入入口，完善征信增值产品的供给，促进征信产业的发展，这有利于促进在政府监管下的更高效、更全面的征信体系建设。

四、关键要点

在当前大数据时代背景下，个人征信行业经历了深刻的变革与创新，在这一进程中，百行征信有限公司的实践尤为引人注目。作为国内首家获得个人征信业务资质的市场化机构，百行征信充分利用大数据技术，对个人征信服务进行了全方位的创新与升级。公司通过收集和分析来自不同来源的海量数据，构建了更为精准和全面的信用评估模型，极大地提高了个人信用信息的覆盖面和评估效率。百行征信的产品服务体系涵盖了基础征信服务和增值服务，通过提供定制化和个性化的征信产品，满足了金融机构多样化的需求，有效支持了信用风险管理和信贷决策。同时，百行征信在保障信息安全和个人隐私方面也做出了积极努力。公司严格遵守相关法律法规，建立了严格的数据管理和保护机制，确保了个人信用信息的安全和合规使用。此外，百行征信还积极探索与金融机构、政府部门和其他社会组织的合作，推动了信用信息的共享和应用，促进了社会信用体系的建设。百行征信的案例表明，大数据技术为个人征信行业带来了前所未有的发展机遇，同时也对征信机构的数据处理能力、风险管理能力和合规性提出了更高的要求。展望未来，随着大数据技术的不断进步和应用领域的不断拓展，个人征信行业有望实现更高质量的发展，为建设信用社会和促进金融创新做出更大的贡献。

第四篇　供应链金融

案例十二　超级平台自我优待或"破壁"?

——以淘宝商城为代表的平台经济反垄断举措

摘要：数字经济时代，依托庞大的国内市场和商业模式源源不断的创新，我国平台经济实现了由弱小走向强大、由跟随者走向引领者的跃迁。平台经济的影响力也越来越大，在此背景下，推动平台经济规范健康持续发展、防止平台垄断成为现阶段反垄断工作的关键。2021 年 4 月 10 日，市场监管总局对美的集团在网络零售平台服务市场所实施的"二选一"垄断行为做出了182.28 亿元的行政处罚；2021 年 4 月 26 日，市场监管总局依法对美团实施"二选一"等涉嫌垄断行为立案调查。如何实现平台经济的强监管与反垄断也就成为经济社会实践发展的重要课题。本案例主要通过分析淘宝商城反垄断事件始末，梳理平台经济孕育生成、稳步发展、爆发增长和强监管四个阶段的发展特征，系统考察了平台经济面临的垄断协议、滥用市场支配地位、经营者集中三种主要表现形式的多维垄断问题，分析了平台经济多维垄断将会带来的消费者福利损失、损害中小企业利益、资源要素错配、抑制社会创新等后果。在此基础上，提出了数字经济时代平台经济规制的相关策略。

一、引言

早在 2011 年 10 月 10 日，淘宝商城就已宣布将正式升级商家管理系统，提高淘宝商城的技术服务费和保证金，并加大对假冒伪劣产品的打击力度。之后一天，近 5 万多名网友有组织地对部分淘宝商城大卖家实施"拍商品、给差评、拒付款"的恶意操作行为，导致多家店铺多数商品被迫下架。在各方的博弈之中，凸显了法律问题在其中的重要意义。

"强化对数字经济的治理成为全球趋势，全球数字经济治理规则博弈加剧。中国数字经济已经从包容发展走入规范发展的阶段，已有的互联网反垄断实践为国内数字经济反垄断提供了经验。"中国宏观经济论坛（CMF）宏观经济热点问题研讨会（第19期）发布的"数字经济时代的反垄断"专题报告指出，目前数字经济的代表互联网企业规模庞大，发展迅速，市场集中度高，引发了各界的持续担忧，数字经济时代的竞争特点则是平台竞争与网络效应、动态竞争与跨界竞争并存，以及数据成为企业在市场竞争中的核心竞争力。

数字经济的这些竞争特点也对反垄断与竞争政策带来了一些挑战：首先是传统相关市场界定和市场势力测度指标在数字经济时代的适用性降低；其次是高市场集中度、低于成本定价和排他性协议等垄断行为的判定存在争议；最后是反垄断执法实践面临诸多挑战。

二、事件主体间法律关系解析

（一）淘宝商城与卖家

淘宝商城在升级商家管理系统的同时，提高了自己的技术服务费和保证金。

1. 技术服务费

淘宝商城是一个以提供网络销售平台为盈利方式的机构，与各个卖家之间可以看作是服务的提供者与接受者之间的关系。在这里，淘宝商城就是服务的销售者，而各个商家则是服务的消费者。淘宝商城为各个商家提供技术支持，相应地也要收取一定的费用，来维持自己的生存。随着管理系统的升级，提高收费也在情理之中。年费返还机制方面，为鼓励商家提高服务质量和壮大经营规模，淘宝商城将有条件地向商家返还技术服务费年费。返还方式上参照消费者动态评分（DSR）和年销售额两项指标，返还的比例为50%和100%两档。通俗来讲，只要做得够好，消费者满意，那么这部分费用将会大大减少甚至能够全部免除。这是促使商家改进自己服务的一个优惠措施，同时也在一定程度上减轻了商家的负担。

2. 保证金

保证金从1万元提高到5万~15万元，表面上看这个涨价幅度太大，但仔细推敲后发现，这次涨价是合理合法的。第一，提高了保证金的合理性。

淘宝商城是 2008 年 4 月正式成立的 B2C 交易平台，1 万元的保证金从成立之初就一直未曾改变。第二，大幅提高了保证金的合法性。2011 年企业公开财报显示，淘宝商城在中国网络购物市场中的 B2C 市场份额达到了 46.9%，远远超过市场份额排名第二的卓越亚马逊商务平台。

这里的价格应该限定为保证金，即在卖家销售假冒伪劣商品的时候对消费者的违约保证。淘宝商城招商的规则中，只是将保证金的额度按照销售产品的类别分类，而没有按照商家的规模进行分类。形式上，所有的商家只因销售的产品不同而在保证金上有所区别。所以从这个角度来看，淘宝商城已经达到了形式上的公平。淘宝商城最初的定位就是企业，而此时的企业应当是具备一定规模、拥有固定的经营场所和经营组织以及相当注册资本的企业，且淘宝商城的保证金就是给这样的企业设定的，那些无力承担这种额度保证金的商家本就不适合淘宝商城这个平台。这就不存在较高的价格和差别待遇的问题。综上所述，淘宝商城提高年费和保证金的行为是合理合法的。

（二）大卖家与"反淘宝联盟"中小卖家

10 月 11 日的事件中，"反淘宝联盟"的中小卖家们与淘宝商城的大卖家们之间构成了销售者与消费者的关系。这部分利益受到损害的中小卖家联合起来，集体对淘宝商城的大卖家进行恶意操作，严重损害了大卖家的利益。在他们之中，市场份额处于优势地位的是大卖家，也就是这次事件的受害者。明明是处于优势地位的大卖家，在这场竞争中却受到中小卖家的严重打击。近 5 万名网民在某语音频道上集结，通过协商达成了一致意见。这种一致意见可以视为合同的一种表现形式，因此符合该条款的行为要件。网民的集体恶意操作使大卖家的运营几乎陷入瘫痪，店铺商品被迫下架，严重限制了那部分大卖家的竞争能力。

三、关于事件中各方态度的思考

（一）大卖家利益受损失

在整个事件中，大卖家的地位是最尴尬的。作为独立的营利组织，大卖家追求的是利益的最大化，所以虽然平台新规变相排挤了中小卖家，但是大卖家既不是新规的制定者，也不是执行者，其在新规出台过程中并未起到实质性的推动作用。

（二）中小卖家维权方式不可取

相对合法的方式是到法院以垄断为由起诉。此次事件中，淘宝是真正的政策制定者，新规也是淘宝在追逐自己利益最大化的前提下制定的。中小卖家本来就没有足够的进入淘宝的实力，硬要别人的规则符合自己的条件，这也是不合理的。规则修改之后，阿里巴巴集团投入18亿元为符合条件的中小卖家提供担保，而部分卖家仍然坚持反对淘宝，这样的行为可以用网络暴力来形容。

（三）商务部干涉

从1978年起，我国便开始进行社会主义市场经济体制的探索。要发展市场经济，就必须承认市场在资源配置中的基础性作用，在社会主义商品生产流通过程中，发挥价值规律的作用，让"看不见的手"调动各方面的积极性。我国的B2C市场尚不成熟，发展过程中也必然会出现许许多多的问题，10月11日淘宝事件就是其中之一。在此次事件中，争议的双方是淘宝商城和各个卖家，因此该事件的争议应当由他们自己协商解决，即由市场解决，而不应当由国家出面干涉。长此以往，会造成部分人的依赖心理，从而影响我国B2C市场的正常发展。因此，商务部出面干涉争议的行为值得商榷。

四、从竞争走向垄断的平台经济演化进程

与传统业态比较而言，平台经济作为新生事物仅经历了几十年的发展历程，已经逐步实现了从竞争走向垄断的演化过程，这也反映出中国平台经济从弱小走向强大的历史进程。对这些年的发展和标志性事件进行梳理后，可以将中国平台经济的成长划分为四个阶段：孕育生成阶段、稳步发展阶段、爆发增长阶段和强监管阶段。

（一）平台经济孕育生成阶段

1998～2007年是平台经济孕育生成阶段，以腾讯、阿里巴巴和百度三家企业的成立为主要标志。平台经济孕育生成阶段的可行盈利模式并不明朗，以"烧钱"为主要手段不断探索未来发展的可行路径。在较为长期的发展进

程中，腾讯、阿里巴巴和百度三家企业逐步形成了关系型数据、交易型数据、信息型数据的垄断地位，成长为细分领域内的龙头企业。这一阶段平台经济的总体规模并不大，对实体经济的冲击很小，构成了对实体经济的有益补充。

（二）平台经济稳步发展阶段

2008～2014 年是平台经济稳步发展阶段。2008 年《中华人民共和国反垄断法》开始实施构成推动平台经济稳步发展的关键事件，为互联网平台型企业的反垄断执法提供了法律依据。这一时期，随着科学技术持续创新和人们生活水平稳步提升，移动互联网用户呈现爆发式增长，多种商业模式形态快速发展，为平台企业奠定了基本的业态模式框架，各种新兴模式、新兴事物都在平台经济总体框架下积极探索。随着平台经济规模的提升，平台之间在边界、市场竞争等方面发生了激烈冲突，最知名的是 2010～2014 年发生的"3Q 大战"。总之，平台经济对宏观经济体系的深远影响已经逐渐显现，平台经济规模的增速超过实体经济的增速，成为补充实体经济的一支重要力量，并且互联网已经成为人们工作、生活、消费等日常活动的重要组成部分。同时，交叉网络外部性是平台企业发展的基本逻辑，平台企业通过实施非对称定价，通过对一端用户收取服务费，而对另一端用户实施免费的策略，如搜索引擎、电商购物都是对接入的商家收取费用，而对消费者实施免费的策略，这种充分利用交叉网络外部性来实现非对称定价的策略激励了平台规模的提升。

（三）平台经济爆发增长阶段

2015～2019 年是平台经济爆发增长阶段。平台经济爆发增长得益于移动互联网的普及，人们的网络购物、社交等活动从电脑端转向手机端，随着 5G、人工智能、大数据、云计算等一系列新技术的突破与产业化，以互联网平台为代表的平台经济实现了快速发展。这一阶段无论是平台经济数量还是规模，都实现了爆发式增长。根据中国信息通信研究院发布的《平台经济与竞争政策观察（2020 年）》报告，2019 年全球市场价值超 100 亿美元的数字平台企业达 74 家，美国和中国的数量分别达到了 35 家和 30 家；中国市场价值超 10 亿美元的数字平台企业从 2015 年的 67 家增加到 2019 年的 193 家；数字平台总价值从 2015 年的 7957 亿美元增长到 2019 年的 2.35 万亿美元。同时，新兴领域的平台不断涌现，尤其是本地生活、数字媒体、智慧物流、医疗健康、金融科技、电子商务、在线教育等领域的平台数量增长较快。随着平台之间竞争的加剧和对垄断利润的追求，平台巨头们的合并浪潮愈发猛烈，导致细分市场从双寡头格局转向单寡头局面，市场的垄断程度急剧上升。

（四）平台经济强监管阶段

2020 年以来平台经济走向强监管阶段，以阿里巴巴的反垄断调查与处罚为标志性事件。在这一阶段，随着平台经济的快速发展，平台经济在经济社会发展全局中的地位和作用更加凸显。另外，新冠疫情冲击也在一定程度上改变了人们的工作和生活模式，进一步加剧了人们对互联网的依赖，对平台经济的发展起到促进作用。平台经济的规模也实现了大的跃迁，如何对平台经济进行有效监管、合理监管成为摆在眼前的重要命题。这一阶段，无论是平台经济的规模还是数量都已达到较高水平，平台经济发展的基本矛盾发生了变化，平台经济的巨额垄断利润与社会福利损失之间的矛盾成为基本矛盾。未来，政府对平台经济的监管将不再流于形式，或是象征性地处罚，而是开展全方位、系统性、多角度的强监管，强有力的实质性措施会不断出台以促进平台经济健康发展。

五、数字经济时代平台经济多维垄断的表现形式

传统企业垄断的判断标准是价格和产出等关键指标，数字经济时代平台经济往往利用交叉网络外部性通过低价甚至是免费的策略占领市场，导致传统的垄断判断标准失灵。平台经济垄断的目的并没有改变，依然是寻求市场支配地位并获得超额的垄断利润。数字经济时代平台经济垄断仍是垄断协议、滥用市场支配地位、经营者集中三种形式，但是垄断的具体表现却发生了天翻地覆的改变。

（一）垄断协议

垄断协议指的是排除、限制竞争的协议、决定或者其他协同行为。传统的垄断协议包含商品数量垄断协议、商品价格垄断协议、联合抵制交易等行为，数字经济时代的垄断协议可以划分为横向垄断协议、纵向垄断协议和轴辐协议三种形式。

1. 横向垄断协议

横向垄断协议是为了达成固定价格、市场划分、限制产量等协同目标，主要手段包含平台收集用户敏感信息，利用数据、算法、平台规则实现协调一致的行为。尤其是算法共谋这种典型的现象，构成数字经济时代一种较为隐蔽的垄断类型，实施者通过采用一致的程序、算法、逻辑，从而在没有形式上企业串谋的情况下达成实质性垄断协议。这种垄断协议是数字经济时代所特有的，具有极高的隐蔽性。

2. 纵向垄断协议

纵向垄断协议是固定转售价格、最低转售价格的合谋，平台经济能够基于平台规则、算法实现固定价格的目的。纵向垄断协议中富有特色的形式是"独家销售协议"，如平台企业强迫接入平台的企业"二选一"，尤其是传统线下企业想要发展线上业务，选择已有的电商平台成为最优选择，但是"二选一"协议导致传统线下企业只能在唯一的电商平台销售，从而约束了企业的选择空间。假设一家中小型的服装制造商想要接入电商平台，当遭遇平台企业"二选一"协议时，签署协议将会导致自身品牌只能在单一平台销售，剥夺了该服装制造商在其他电商平台销售的权利；若是服装制造商不签署协议，那么将直接被排除在占据支配地位的平台之外，造成更大程度的损失。这种协议也会导致消费者的选择权利被剥夺，原本消费者可以自由选择"平台＋生产商"的搭配，但是一旦生产商接受平台企业"二选一"协议，消费者就只能被动接受固定的平台和生产商组合，约束了消费者的选择范围和选择空间。

3. 轴辐协议

《国务院反垄断委员会关于平台经济领域的反垄断指南》第八条提到轴辐协议，区别于横向垄断协议和纵向垄断协议，这种垄断协议的鲜明特征包含中心参与者和一般参与者。如通过"双十一"等活动，接入平台的企业"先涨价后打折"，并形成一种行业内共谋。轴辐协议中，一般参与者都是和平台企业签订协议，双方能够预期到协议签订后的协同行为。因此这种垄断协议是以平台消费者的福利损失为代价，带来平台企业和接入者整体利益的提升。

（二）滥用市场支配地位

1. 依靠资本的市场掠夺

平台经济具有网络外部性和交叉网络外部性，所以平台企业的市场规模足够大,就会获得市场支配地位。数字经济时代平台经济的创新发展具有非常高的固定成本和较低的边际成本,所以相较于短期盈利,优势资本更加看重平台的成长性与长期利润,这也加剧了短期内平台经济依靠资本进行无序掠夺的现象。第一,平台企业依靠优势资本向产业链的上下游掠夺。平台经济更有可能依靠优势资本进入并不属于主业的其他关联行业,形成无序扩张的局面。例如,近年来无论电商平台、租赁平台还是外卖平台,都热衷于建立自有的金融业务,千方百计打通金融链条,造成优势资本跨界向金融领域的无序扩张。数字经济时代平台企业利用优势的市场地位和先进的技术手段,能够在较短时间内募集大量资金并利用高杠杆从事金融活动,这种依靠优势资本向金融产业延伸的做法将会暴露出较大的金融风险和经营风险。第二,平台企业的掠夺性定价策略。掠夺性定价的主要原因在于交叉补贴,例如,近期值得警惕的现象是互联网平台进入社区团购市场,以低价策略来获得社区团购的市场份额,"以低价策略获取市场→垄断市场后再涨价"成为平台企业的常规操作。第三,平台企业大规模的用户补贴行为。平台经济在进入某一市场时,为了与其他平台竞争市场份额,往往采取大规模的补贴来培养用户黏性,从而获得更大的流量,这需要精准识别界定用户补贴行为的合理性。总之,适度的用户补贴是提高企业竞争力的通行做法,但是以垄断市场为目的而进行巨额补贴,一旦实质性获得市场垄断地位后就取消补贴、提高价格的做法会触犯反垄断法。当然,用户补贴和低价倾销的认定则需要识别行为背后的动因和实际效果。

2. 数据垄断

数字经济时代,平台经济的显著特征是平台企业可以获得交易过程中产生海量的用户信息数据和交易数据,这些数据往往被平台企业所俘获,造成数据垄断的特有现象。这些数据构成平台企业的核心资产,在大数据和云计算技术的加持下可以通过用户画像分析,获得关于消费者需求特征的精准信息,从而为精准营销、个性化内容推送提供便利。事实上,企业合理合法运用这些数据无可厚非,但是滥用数据来实施不正当销售行为将会催生出一系列的数据垄断现象。第一,平台企业利用数据进行不当定价。平台企业获得了用户消费行为数据后,可以较为精准地模拟识别消费者的购买意愿,进而能够以最高的价格推送产品,尽可能多地榨取消费者剩余。在大数据和云计算的加持下,平台企业可以实施更加贴近于三级价格歧视的销售价格,从而获得最大化的利润。这就催生出了"大数据杀熟"现象,尤其是在打车软件、租赁市场中较为常见，消费者在重复消费、重复搜索后反而会出现更高的商品与服务价格。这种不当定价相当于利用消费者对平台的使用习惯和依赖性来损害消费者的正当权益。第二，利用优势数据实施不兼容行为。平台经济可以利用庞大的用户规模优势，在软件安装、信息推送等领域实施"对内关联、对外封闭"的策略，对外部竞争者尤其是初创型企业建立市场壁垒，影响了公平竞争的市场环境，也破坏了市场的创新动力。

（三）经营者集中

经营者集中主要体现在妨碍市场竞争的并购行为。企业之间的并购是优势资源的互补过程，通过资源重组获得更强的市场竞争力，原本无可厚非，但是数字经济时代平台经济却存在一些妨碍市场竞争的并购行为，主要表现在扼杀型并购和过度并购。一是扼杀型并购。扼杀型并购的发起人往往是市场中占据支配地位的平台企业，并购的对象是初创型企业和新生企业。扼杀型并购和传统并购形式是相似的，但是目的却截然不同。传统并购的目的是获得被并购企业的优势资源、优势技术等，但扼杀型并购的目的是消除潜在竞争对手，在潜在竞争对手尚处于发展阶段之时，通过并购的形式予以消灭，并且并购后最为显著的特征是终止目标企业的产品和品牌。扼杀型并购最为显著的害处是破坏了创新，导致具有较强发展前景的商业模式和企业形态被扼杀在摇篮中。二是过度并购。过度并购在平台经济中表现得较为常见，往往是同一市场寡头之间的合并，目的是消除寡头之间的激烈竞争，从而更早地获取垄断利润。例如，网络叫车服务领域中滴滴与快的合并，随后又与优步中国合并，导致市场垄断程度急剧上升，市场垄断造成网络叫车服务水平下降。

六、数字经济时代平台经济多维垄断的后果

根据芝加哥经济学派的观点，自然竞争阶段平台垄断有利于社会福利的提升，"垄断高效说"也成为放松对平台经济管制的重要理论基础。但是，当平台经济发展到一定规模后，平台企业可能会利用市场势力来攫取超额利润，从而产生诸多不良后果。并且，数字经济时代平台经济的垄断是多维度的，导致平台经济垄断带来综合的负面损失，主要表现为消费者福利损失、

损害中小企业利益、资源要素错配和抑制社会创新。

(一) 消费者福利损失

平台经济的发展能够降低交易的搜寻成本，从而降低交易的不确定性并提高效率，带来消费者的福利水平上升。在平台经济发展初期，平台企业为人们提供了高效便捷且优质价廉的服务。但是，随着平台经济走向爆发增长和强监管阶段，数字经济时代平台经济垄断的直接效果是消费者福利更大程度的损失。福利损失主要源于平台企业利用大数据进行歧视性定价，从而在商品和服务议价过程中形成天然的优势地位并攫取更多福利，消费者对平台企业不透明的定价策略并不知情，往往会在需求驱动下支付更多成本。"大数据杀熟"体现在掌握优势数据的平台企业对处于信息劣势的消费者的不公平剥夺，长此以往会造成消费者的福利损失。同时，平台用户规模的提升将会产生用户黏性，导致消费者过度相信并依靠平台，平台能够在不知不觉中榨取尽可能多的消费者福利。此外，平台利用自身优势的市场地位和资本力量，扭曲要素和产品的市场价格，妨碍正常的市场定价和公平竞争原则，以优势资本力量致使更高效率的初创型企业很难打开市场，造成低效率在位者阻碍高效率潜在进入者进入的损失，剥夺了消费者原本能够享受更高福利的产品和服务的权利。

(二) 损害中小企业利益

首先，平台企业垄断将会导致市场内部中小平台失去竞争机会。在网络外部性的影响下，用户和资源逐渐向头部平台转移，市场之中很难形成其他具有竞争性的平台企业，所以在位平台企业一家独大的局面很难被打破，导致市场丧失了竞争活力。这是因为中小平台往往放弃与头部平台直接竞争，转而进入缝隙市场。只有当技术范式发生变革时，才会出现全新头部平台形成的契机。其次，平台企业垄断将会导致与平台共生的企业利益损失。利用平台参与经营的中小企业往往不具备议价能力，或者说议价能力较弱，往往需要付出较高的接入费用和经营成本，并且在市场进入和流量导入等方面受到较多限制，这就损害了中小企业的合法利益。最后，平台企业垄断导致潜在进入者利益损失。潜在进入者在准备进入市场或者进入市场初期阶段，由于自身实力不足、资本规模较小、品牌知名度不高等原因，作为挑战者被强势的平台企业所打压，很难获得公平的发展机会。

（三）资源要素错配

平台经济演化生成的重要功能是降低信息不对称程度，促进资源要素的充分配置与更高的经济效益。随着平台经济发展到一定阶段，又会产生资源要素错配效应，主要表现在平台企业为了获得市场的支配地位，利用优势的金融资本破坏已有的资源配置状态，导致大量资源在重新配置过程中产生闲置与浪费现象。如共享单车业态中，从平台企业自身看，通过优势资本扩大共享单车市场规模，助推了平台企业自身估值的提升；从社会层面看，却存在巨额社会资本的损失。主要表现在：第一，传递了有偏差的单车生产信号。在共享单车疯狂扩张时期，原本应该平稳发展的单车制造企业获得了海量订单，从而导致短期内产能的巨大提升，但是产能提升之后却又面临需求市场的萎缩，导致生产资源的不当配置与大量闲置。第二，单车资源的浪费。共享单车的目的原本在于"共享"，让需要的人在需要的时间获得骑行的工具，但是大量闲置单车在城市的集聚却又产生了占道、占地的问题，反而催生了一系列监管难题。第三，资源配置的扭曲。平台经济资源要素错配主要是"垄断利润驱动"和"优势资本加持"引致的，平台企业往往推出有悖于常识的低价产品和服务，破坏已有的资源配置状态，最终巨大的社会成本仍然由消费者买单。

（四）抑制社会创新

数字经济时代也是创新蓬勃发展的时代，平台经济就是持续创新的产物，也是创新最为密集的领域。但是，随着平台经济发展到一定阶段，平台企业获得了较强的市场势力，此时它的创新动力将会降低，因为平台企业为了生存而创新的激情不断减弱，为了利润而俘获消费者福利的动力不断上升。对于平台企业而言，抑制创新最大的通道体现在抑制其他企业的创新。平台经济的创新极为丰富，新业态、新模式持续演化发展，很多新的想法能够快速出现，但是这些全新的业态模式还没有完全步入高速增长阶段，就进入了头部企业的视野。头部企业为了保持市场的垄断地位，往往采取收购的形式获得创新型中小企业，从而阻碍了创新型中小企业的进一步发展，社会创新动力将会逐步萎缩。平台企业抑制社会创新的另一个渠道是抑制社会创新的欲望。当平台经济成为市场的主导者后，具有创新想法的实践者的创新空间将会受到压缩，社会将会缺乏供创新思想发展的土壤。

七、数字经济时代平台经济反垄断现状

近几年，在数字经济的背景下，各国和地区对互联网大型科技公司的反垄断执法不断加强。

欧盟一直以来坚持对互联网公司进行严格治理。在执法层面，欧盟从未停止过对互联网公司的反垄断调查。在立法层面，欧盟于 2020 年 12 月 15 日颁布了《数字服务法案》与《数字市场法案》，以保护用户的基本权利，创造安全的数字空间，最终建立一个促进创新、增长的公平竞争环境。

不同于欧盟，美国对互联网平台的反垄断监管较为审慎。美国联邦司法部和 20 个州政府于 1998 年对微软提起的反垄断诉讼以及美国联邦贸易委员会 2011 年和 2013 年对 G 公司展开的反垄断调查都以和解告终，但近几年美国加大了其对平台经济反垄断的力度。2020 年 10 月 6 日，美国众议院司法委员会发布《数字市场竞争调查报告》，指出谷歌公司（Google）、亚马逊商务平台（Amazon）、脸书社交网络（Facebook）分别在其主导的市场中扮演着"看门人"角色。此后，美国接连涌现了众多针对谷歌、亚马逊、脸书等企业的反垄断诉讼。

针对平台经济出现的不良竞争现象，我国也在加强平台经济反垄断工作。市场监管总局于 2021 年 2 月 7 日发布了《关于平台经济领域的反垄断指南》，对"二选一""大数据杀熟"等问题做出专门规定。在执法方面，2020 年 12 月 14 日，市场监管总局分别对阿里巴巴、阅文集团、丰巢未依法申报实施经营者集中行为做出顶格处罚。

数字经济时代平台经济反垄断面临着一些挑战。

一是算法共谋。算法共谋利用算法实施协同行为，具有稳定性强、透明性弱等特点。如果没有深入的数据分析及实证研究，人们很难意识到算法的存在。同时，分析算法对竞争的影响也更具挑战性。

二是拒绝交易。数字经济市场具有明显的网络效应，许多企业为了巩固自身的垄断地位，往往会对潜在的竞争对手进行限制。要判断拒绝交易是否具有排除或限制竞争的效果，通常需要评估拒绝交易方所提供的产品或服务是否构成必要设施。然而，目前对曝光平台拒绝交易行为的讨论仍停留在理论探讨阶段。

三是限定交易。一直被诟病的"二选一"行为是一种典型的强制限定交易行为。然而，认定反垄断法在数字经济领域既涉及市场界定问题，也包括支配地位的认定、滥用行为的构成及相关抗辩是否成立等问题。

四是价格歧视。数字经济时代互联网平台能从各种渠道获取大量用户数据，基于大数据和算法，实行差异性交易价格。

五是自我优待。《数字时代的竞争政策报告》认为自我优待是平台方在与平台内其他企业进行竞争时，给予其自身产品或服务以优惠待遇的行为。数字经济背景下，平台的自我优待行为在很大程度上被放大了，其对消费者及平台内经营者的影响很大。

八、数字经济时代平台经济的规制及策略

平台经济的规制策略离不开三个方面：一是中国反垄断进程中所形成的有效做法；二是传统反垄断规制中的经典策略；三是欧美发达国家平台经济反垄断积累的经验。据此本案例提出数字经济时代平台经济规制策略：健全监管模式、塑造监管团队、加强数据保护、建立案例档案。

（一）健全监管模式

平台经济的反垄断监管需要前移，监管工作需要提前到事前、事中。事前监管的核心在于政府反垄断部门，需要根据平台经济的特征制定好反垄断规则措施，并且需要契合平台经济不断演化发展的动态特征，持续更新反垄断的具体措施。事中监管的核心在于平台企业自身，平台企业应做好自我监管。

（二）塑造监管团队

数字经济时代平台经济垄断的具体形式变得更加复杂，传统的反垄断人才队伍在面对全新的理念、内容和技术时，很难有效快速地识别垄断。所以需建立健全以法律、经济、管理、技术等为核心的专业人才队伍，为数字经济时代平台经济反垄断提供源源不断的理论和实践人才支撑。

（三）加强数据保护

要加快完善数据反垄断的制度，明确平台企业能够收集数据的范围、内容与使用规范，防止企业过度收集数据和滥用数据的行为。对平台企业数据

泄露、数据滥用等行为进行严厉处罚。同时建立内部管理与外部监控相结合的数据保护制度，加强平台企业自身对数据保护的定期报告制度，以企业自我管理、自我保护为基础，加强平台企业提高对数据保护的重视程度；适时利用非利益共同体的第三方机构对平台企业数据利用情况进行监控，形成对数据资源的多重保护制度。

（四）建立案例档案

以立法的形式赋予平台企业反垄断所形成的案例档案更多的指导意义，能够为以后大量的相关反垄断调查提供切实可行的指导依据，推动反垄断"替代弹性""相关市场认定""处罚力度"等关键信息有法可依、有例可循。

近年来，中国平台经济实现了量的突破、质的提升和业态的丰富，无论是平台经济的类型，还是平台经济的创新发展，都取得了长足进步，已经成为比肩美国的平台经济强国。平台经济发展和反垄断构成一对矛盾与发展的事物，需要根据平台经济演化发展的不同阶段推动政府层面反垄断的进程。政府应该以最大的耐心让平台经济能够在宽松的环境下自由发展，当平台经济垄断问题阻碍了创新、导致社会福利损失时，政策强监管应迅速实施。无论是"自由放任"还是"强监管"，监管部门都需要把握好反垄断的"度"，不能陷入"一管就死、一放就乱"的被动局面。同时，需要客观冷静地分析平台经济垄断与反垄断的理论与现实挑战，需要看到平台经济垄断的新特征，尤其是数据垄断、算法合谋等一系列新问题，切实从理论和实践层面提出可行的解决方案。

案例使用说明

一、教学目的与用途

1. 适用课程：数字金融、金融大数据分析与应用、金融市场与金融机构、金融服务营销、财富管理。

2. 适用对象：金融学专业研究生、高年级本科生、MBA 学员的案例教学，也可供有一定实践经验的工作人员或管理者学习。

3. 教学目的：本案例详述了淘宝反垄断事件的始末。具体教学目标如下：（1）熟悉平台经济的网络外部性及交易成本构成。（2）掌握平台经济反垄断的正确举措。

二、启发思考题

以下几个思考题可以预先布置给学生，让学生在阅读案例时进行思考：

1. 淘宝引发争议的行为有哪些？如何评价自我优待？
2. 什么是多维垄断？它的直接后果是什么？
3. 数字经济时代平台经济反垄断面临的最大挑战是什么？正确举措有哪些？

三、理论依据与分析

（一）交易成本理论

平台经济模式的理论基础可以追溯到经济学家科斯（Ronald Coase）提出的"交易成本理论"。他认为，在市场经济中，如果交易的成本（包括信息成本、谈判成本、执行成本等）低于组织成本，那么就会选择市场交易；如果交易成本高于组织成本，就会选择组织交易。而平台经济模式的出现就是因为在信息技术高度发展的今天，通过建立一个开放、互联的平台可以较大程度地降低交易成本，从而促进市场交易的发展。

（二）可竞争性理论

可竞争性理论由鲍莫尔（William Baumol）于1982年提出，该理论主要用于解释为何当市场中仅存在少数企业时，企业的定价仍然接近完全竞争市场价格的现象。该理论表明，即使某一市场中并未同时存在许多企业，但存在的少数企业仍可能产生竞争性的市场结果，因为这些企业随时面临潜在进入者的竞争。如果现存的企业向消费者收取高价，其他企业将进入并占领市场。因此，在均衡状态下，市场价格也可能接近完全竞争市场下的价格。可竞争性的一个含义是，即使市场中仅存在一家公司，其定价也可能接近完全竞争市场下的价格。

传统产业中的可竞争性具有一定争议。因为企业的进入和退出通常伴随着巨大的沉没成本，这意味着潜在的竞争变得不可信。然而，在平台经济行业，可竞争性则有条件存在。数字平台通常具有突出的"规模经济"特征，这意味着数字平台通常可以轻松进入其他部门。如果某个平台在某领域盈利颇丰，其他平台会很快进入并产生激烈竞争。然而，平台行业的可竞争程度可能会随时间而变化。当一个平台在一个领域长期经营时，往往能积累相当多的特定技术和知识，这能够为它建立起"护城河"。因此，随着时间的推移，其他平台进入竞争的成本会升高。一般而言，可竞争性视角在平台反垄断中很可能扮演重要角色。在可竞争性理论支撑下，即使平台拥有相当的市场份额，也可能无法垄断市场。当然，某一平台是否构成垄断需要逐案审查。

（三） 网络外部性

网络外部性是指随着服务或产品的用户增长，企业的服务或产品的价值亦不断上升。例如，使用微信软件聊天的人越多，微信这一平台就越有价值。这一特性意味着，一个平台的成功往往会对其他公司（包括潜在进入者）产生负外部性。因此，具有网络外部性的平台行业常出现市场份额很高的巨头，表现出类似"自然垄断"的现象。在这一特点下，传统的基于市场份额的反垄断标准不太适合平台行业。

（四） 轴辐共谋

轴辐共谋理论描述了平台（轴）和与平台垂直相关，但彼此竞争的企业（辐条）之间的横向协调机制。即在传统市场结构下，彼此竞争的企业之间形成共谋并涨价的可能性较低，而当这些企业共同依附于某个大型企业时，在这个中心企业（轴）的统一安排下，彼此竞争的企业共谋的可能性就大大提升。由于轴辐共谋主要采取纵向协议的形式，反垄断机构往往难以发现其反竞争效应。然而，由于数字平台相对于商家的强大地位和信息优势，数字平台可能能够创建辐条协议并监督其实施。因此，轴辐共谋理论在平台反垄断中尤为重要。

四、关键要点

自我优待是平台方在与平台内其他企业进行竞争时，给予其自身产品或服务以优惠待遇的行为。数字经济背景下，平台的自我优待行为在很大程度上被放大了，其对消费者及平台内经营者的影响很大。在整个淘宝事件中，大卖家的地位是最尴尬的。作为独立的营利组织，大卖家追求的是利益的最大化，虽然淘宝新规变相排挤了中小卖家，但是大卖家不是新规的制定者，也不是执行者，其在新规出台过程中的作用是微乎其微的。

案例十三 "互联网+供应链金融"助力纾解中小微企业融资难题

——以京东为例

摘要："互联网+供应链金融"是自2012年"互联网+"战略提出后发展起来的新型融资模式。供应链金融的核心商业模式是将供应链上下游企业、供应链平台、供应链核心企业与物流企业等实体连接在一起。通过引入金融机构或第三方融资平台为供应链上下游的客户提供金融服务。传统金融机构在供应链金融领域耕耘时间较久，但一直受限于风险防控、信息沉淀、体量较小以及管理经验不足等因素制约，存在金融渗透率较低以及行业覆盖面较窄等问题。相比之下，具有天然技术优势和互联网运营经验的新兴互联网科技企业与电商平台正成长为供应链上的核心企业。新时期，拥有大量流量和广泛客户群体的互联网电商企业充分利用互联网、大数据和云计算等技术优势布局供应链金融业务，将为供应链金融的发展以及解决中小微企业融资问题带来新的思路和价值。

一、引言

目前，国内拥有数量庞大的中小企业群体。工信部中小企业局局长梁志峰称，截至2021年末，全国中小微企业数量已达4800万户左右。中小微企业法人单位数量占全部规模企业法人单位的99.8%，吸纳就业量占全部企业就业规模的79.4%。中小微企业既为经济社会发展创造了大量物质产品和服务，又发挥着吸纳与调节就业的"蓄水池"作用，同时还贡献了全国半数以上的财政税收。2020年《中小微企业创新发展报告》提及，中小企业营收占比达62.98%，利润总额占比达53.46%，经济贡献正在稳步提高。以上数据充分表明了中小微企业健康稳定发展是保持我国经济韧性、促进社会就业的重要支撑，事关经济社会发展全局。

值得注意的是，在激烈的市场竞争中，中小企业的抗风险能力并不突出。2008年次贷危机、2011年三角债、2018年贸易摩擦、2020年新冠疫情，往往最受伤的都是中小企业。现有研究、报道与国家政策文件均认同，充沛的资金流是中小企业生存下去的关键。但现实却是，受规模较小、信用记录不健全、资金需求灵活等因素影响，中小微企业在国内信贷市场中的地位并不占优。多数国内银行在中小微企业融资方面存在着观念陈旧、专门机构缺失、融资品种匮乏、金融营销动力不足、过度夸大风险等问题，使中小微企业相对国内大型企业在信贷融资上更加困难，错失发展机遇。长远来看，切实解决好中小微企业融资难、融资贵问题，事关国计民生，也将有利于中国经济行稳致远。

与此同时，我国对供应链金融理论与实践的探索为解决中小微企业融资问题提供了新的思路，"互联网＋"更是为中小微企业融资提供了更多的选择空间。2017年10月，国务院办公厅下发《关于积极推进供应链创新与应用的指导意见》，指出："随着信息技术的发展，供应链已发展到与互联网、物联网深度融合的智慧供应链新阶段……"同时还指出："要推动全国和地方信用信息共享平台、商业银行、供应链核心企业等开放共享信息。鼓励商业银行、供应链核心企业等建立供应链金融服务平台，为供应链上下游中小微企业提供高效便捷的融资渠道。"这说明在互联网背景下应运而生的互联网供应链金融将为解决中小微企业融资难题提供新的途径。

二、何谓互联网供应链金融

(一) 互联网供应链金融界定

互联网供应链金融是近年来随着互联网技术快速发展和供应链管理理念的不断深化而兴起的一种新型金融服务模式。它通过互联网平台和信息技术手段，将供应链上的物流、信息流和资金流进行有效整合，实现供应链各环节之间的协同优化，从而提升供应链整体效率并降低运营成本。互联网供应链金融的主要特点是平台化和"N＋N＋N"的业务模式。

第一，互联网供应链金融服务平台。它是一种基于互联网技术和供应链管理理念，为供应链上的企业提供融资、账款管理、支付结算等一系列金融服务的互联网金融系统解决方案。它不仅具备运营、管理、生产、融资等功能，而且能将供应链各环节精心有效地整合。通过积累客户动态信息，借助大数据分析和建模技术，为供应链金融提供数据支持，有效解决产能和金融配置缺位、资金约束问题。

第二，"N + N + N"的业务模式。它是基于市场的现实需求，利用互联网开放、共享的特性，借助互联网供应链金融服务平台将 N 家核心企业、N 家链属企业（即上下游企业）、N 家金融机构进行汇聚，即构建统一的供应链金融平台，将各方参与者紧密地连接在一起，实现信息的实时共享和交互。通过平台的数据服务，将金融服务渗透到产业链条的各个环节，促进整个供应链金融生态结构协同发展。具体而言，在这一平台上，核心企业的信用得以在供应链上进行信用转移，使上下游企业能够享受到核心企业的优质信用，从而帮助上下游企业提升信用并获得更好的融资支持。

实际应用中，"N + N + N"模式已经在一些领先的供应链金融服务平台（如阿里巴巴、京东）得到了成功应用。这些平台通过整合各方资源，为供应链上的企业提供全方位的金融服务，包括融资、支付、结算等。未来，随着技术的不断进步和市场的不断发展，"N + N + N"模式有望在更多领域得到广泛应用，为供应链金融的发展注入新的活力。因此，从这个意义上讲，平台化的互联网供应链金融代表了供应链金融发展的趋势。

（二）互联网电商平台供应链金融界定

互联网电商平台供应链金融是基于电子商务平台服务商的核心地位，将中小微企业、金融机构、中介服务机构的资金需求、资金供给和中介服务信息进行有效对接。在互联网背景下，电商建立互联网供应链金融平台，凭借其在商流、信息流、物流等方面的优势，为供应链企业提供担保或者通过自有资金为企业融资，并从中获益。这一模式的优势在于：其一，它能够利用电商平台丰富的交易数据和信用信息，对供应链上的中小微企业进行精准的信用评估和风险管理。通过大数据分析和云计算等技术手段，电商平台可以实时掌握供应链上中小微企业的经营状况、交易行为以及信用记录，从而为其提供更加精准的融资和信用支持。其二，电商通过网络将买卖双方的所有交易实现电子化，具有强大的信息整合和处理能力，可以通过优化融资流程和降低融资风险来降低企业的融资成本。

国内电商主导的互联网供应链金融业务实践开展较早。在实践中，互联网电商平台供应链金融有多种模式。一开始是和银行合作建立互联网平台，电商提供交易信息，由银行提供融资，如金银岛和建行合作建立的 e 单通平台。随着电商实力的日益强大，单独取得小贷资质的电商平台也可以基于自身的交易数据和信用体系开展互联网供应链金融，为供应链上的中小微企业提供订单融资、应收账款融资、仓单融资等创新型金融服务，如阿里巴巴的阿里小贷和京东的"京保贝""京小贷""动产融资"平台。互联网供应链金融平台的建立，不但能够增强企业资金的流动性，也成为知名电商增强自身竞争力的标配。

同时，京东在与供应商和商户进行合作时发现，大部分中小企业都存在资金周转困难的问题，而这些中小企业关乎京东的营收问题。与此同时，京东利用电商交易平台存储交易数据和订单，而这是京东开展供应链融资的关键一步。因此，为了提高与自己合作的中小企业的融资效率，京东集团开始进行供应链融资服务，并且成立了自己的金融公司，由自身来打造一个能够覆盖更多企业需求、提供优惠利率的供应链融资体系。目前，京东供应链融资中的中小企业利率区间为年化 8%～15%。和传统融资相比，中小企业的融资成本大幅降低，资金的使用效率得到提高。

（三）互联网电商平台供应链金融的特点

互联网电商主导的供应链金融有以下特点：第一，电商平台的交易属性，使其能够方便快速地获取整合供应链内部交易和资金流等核心信息，成为电商平台切入供应链金融领域的最大优势。第二，电商平台具有很强的科技、信息化属性，在交易数据的价值挖掘上优于传统企业。电商平台积累了大量真实的交易数据，通过不断积累和挖掘交易行为数据，分析、归纳中小微企业的经营与信用特征，利用云计算和大数据相关技术，电商平台可以做到合理的风险定价和风险控制。

电商供应链金融的作用机理如图 1 所示。

当前，根据电商平台提供的商品是"自己的"——拥有自己的库存，并直接向消费者销售商品，还是"别人的"——平台主要作为在线交易的中介，可以将电商分为两类：自营型电商和平台型电商。电商平台开展供应链金融服务需要取得融资贷款资质。平台型电商开展供应链金融的企业主要有阿里巴巴、金银岛和敦煌网等大型电商交易网站。自营性电商开展供应链金融的企业有京东、苏宁等。另外，按电子商务平台的性质，电商平台供应链金融可以分为基于企业对企业（B2B）电商平台的供应链金融模式（如阿里巴巴、敦煌网、快塑网等)、基于企业对消费者(B2C)电商平台的供应链金融模式(如天猫、京东商城、唯品会、苏宁易购等),以及基于消费者对消费者(C2C)电商平台的供应链金融模式(如淘宝等)(见表1)。

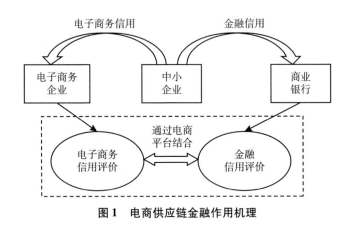

图1 电商供应链金融作用机理

表1 基于电商平台的供应链金融模式及典型案例

序号	按照电商平台类型分类		按照资金来源不同分类		按照信用质押物不同分类
	模式	典型案例	模式	典型案例	
1	基于B2B电商平台的供应链金融模式	阿里巴巴、敦煌网	自有资金	阿里巴巴+蚂蚁金服	电子订单模式 电子仓单模式 网络信用模式
			银行资金	敦煌网+平安银行 金银岛+建设银行	
2	基于B2C电商平台的供应链金融模式	天猫、京东商城、唯品会、苏宁易购	自有资金	天猫+蚂蚁金服 京东+京保贝	电子订单模式 电子仓单模式 网络信用模式
			银行资金	苏宁易购+交通银行	
3	基于C2C电商平台的供应链金融模式	淘宝	自有资金	淘宝+蚂蚁金服	电子订单模式 电子仓单模式 网络信用模式

三、互联网电商平台供应链金融模式介绍

(一)基于B2B电商平台的供应链金融模式

传统供应链金融与B2B电商平台的结合,催生了四种各具特色的互联网

供应链金融模式，包括电子订单融资、电子仓单质押融资、应收账款融资等。B2B 电商平台不仅掌握了平台上买卖双方的海量交易信息，更能基于这些信息，为供应链上下游的供应商和客户量身打造金融产品和融资服务。具体来说，电商平台依托其在商流、信息流、物流等方面的显著优势，有时扮演担保者的角色（资金主要来自银行），有时则利用自有资金协助供应商解决资金问题，从而获取相应的收益。这种合作模式不仅提升了供应链的融资效率，还拓宽了电商平台的业务领域，实现了多方共赢。

具体来说，基于 B2B 电商平台的供应链金融模式通过以下几种方式实现：

一是电子订单融资。供应商在接到买家的采购订单后，可以向电商平台申请融资，用于生产或采购所需原材料。电商平台根据订单信息、供应商信用记录以及历史交易数据等因素，对供应商进行信用评估，并为其提供融资支持。

二是电子仓单质押融资。供应商将其存货或仓单作为质押物，向电商平台申请融资。电商平台通过对质押物的评估和管理，确保融资的安全性和可控性。这种方式适用于有大量存货的供应商，可以帮助其盘活存货资产，提高资金利用效率。

三是电子应收账款融资。供应商将其在销售过程中产生的应收账款转让给电商平台，电商平台根据应收账款的金额、期限以及买家的信用状况等因素，为供应商提供融资服务。这种方式可以帮助供应商提前回收货款，缓解资金压力。

（二）基于 B2C 电商平台的供应链金融模式

B2C 即网络零售，指企业通过在线商店直接向消费者销售商品和服务的零售模式。在供应链的每个环节，如商品生产、运输以及电商平台的运营，都涉及庞大的资金需求。为了应对这些挑战，B2C 电商线上供应链金融应运而生，它巧妙地将互联网技术融入传统的供应链金融中。这一创新使供应链上的各方主体能够通过电子商务平台实现信息的深度共享。银行能够实时掌握融资企业的交易数据和信用记录，进而做出贷款决策及确定贷款额度。与此同时，B2C 电商平台还为融资企业提供信用担保，协助它们解决资金周转难题。这种模式不仅显著提升了中小企业的融资效率，还有效减少了因信息不透明给银行带来的信用风险。

随着银行与电商企业的合作日益深化，我国 B2C 电商线上供应链金融逐渐发展出以电子订单融资、电子仓单融资以及电商担保融资为代表的三种主要融资模式。这三种融资模式各有特点，可以根据企业的实际情况和需求进行选择和组合。它们共同构成了 B2C 电商平台供应链金融模式的核心内容，为供应链上的中小微企业提供了全方位、全流程的金融服务，促进了整个供应链的健康发展。

一是电子订单融资模式。它是基于供应链中企业的电子订单进行融资。当企业在电商平台上接到订单后，可以利用订单信息向金融机构申请融资，用于支付原材料采购、生产组织等前期费用。这种融资模式能够很好地解决中小企业临时性的资金周转需求，提高经营周转速度，增加利润收益。

二是电子仓单融资模式。它是基于企业在仓库中的存货或仓单进行融资。企业将存货或仓单作为质押物，向金融机构申请贷款。金融机构通过对质押物的评估和管理，确保融资的安全性和可控性。这种融资模式有助于企业盘活存货资产，提高资金利用效率。

三是电商担保融资模式。它是利用电商平台自身的良好信誉和稳定资产，为供应链上的企业提供担保融资服务。电商平台通过对供应链上企业的信用评估和风险管理，为融资企业提供担保，降低其融资成本，提高其融资成功率。这种融资模式不仅解决了企业融资问题，还降低了金融机构的风险。

（三）京东电商平台互联网供应链金融分析

互联网、区块链、人工智能等数字技术的融合，催生了供应链金融科技，为京东供应链金融的革新带来了显著的推动力。京东的供应链金融科技源于其多年的数智供应链实践经验，它已在供应链金融服务领域深耕近十年，为超过百万家中小微企业提供了支持。京东作为国内大型电商平台，占据了电商零售领域 46.5% 的市场份额，拥有上亿的客户资源，依靠大数据系统详细记录了客户的交易数据。京东以上下游中小企业在京东电商平台留下的交易数据和订单为基础，推出了面向不同对象的融资服务。

目前，在供应链金融科技领域，京东通过运用机器学习、多方安全计算和产业知识图谱等先进技术，构建了一套全面而完善的供应链金融技术体系。这一体系覆盖了从产品设计、系统搭建，到智能信用评估、多头贷款识别、反欺诈、反洗钱，再到智能化的贷中风险监控和贷后风险管理等多个关键环节。京东不仅致力于为核心企业搭建高效的供应链金融平台，更努力构建一个开放、协同的生态体系，将更多普惠的金融服务精准地提供给中小微企业。这一举措有助于解决长期以来中小企业"融资难"的问题，从而有效推动实体产业的稳健发展。

四、京东供应链金融概况

京东在互联网供应链金融领域持续耕耘，早期京东在与供应商和商户进行合作时发现大部分中小企业都存在资金周转困难的问题，而这些中小企业关乎京东的营收问题。因此，早在 2013 年，京东便创新地推出了首款互联网供应链保理融资产品"京保贝"，专为京东自营供应商提供融资服务。随后，京东不断与银行等合作伙伴深化合作，推出了一系列供应链金融科技产品与服务，包括采购融资、动产融资、仓单融资、信用融资、融资租赁、企业支付以及票据平台等。历经近 20 年的发展，京东的供应链金融市场已迅速扩大，规模接近 30 万亿元。京东近期表示，其打造的供应链金融技术旨在协助地方政府、大型产业集团、产业服务平台及园区等构建供应链金融服务平台，通过平台化的方式连接金融机构，有效缓解不同产业链、供应链上中小企业"融资难、融资贵"的问题，推动"科技—产业—金融"的良性循环发展。通过总结归纳京东供应链金融发展过程可以发现，京东供应链金融模式主要可以分为与银行开展合作和运用自有资金经营两个阶段。

（一）京东银企合作供应链金融模式

京东在供应链融资业务的初期阶段，主要采取与银行紧密合作的方式，其资金来源主要依赖于商业银行等金融机构的支持，因此这一阶段也常被称为"银企合作"阶段。在此过程中，京东扮演了核心企业的角色，利用自身的良好资信以及与上下游中小微企业之间的真实交易订单作为抵押，协助中小企业从银行获得贷款。这一阶段，京东主要提供了订单融资、入库单融资、应收账款融资和委托贷款融资这四种融资模式。

1. 订单融资模式

京东上下游中小企业凭借真实交易订单，向金融机构申请融资，而且资金将专门用于生产订单的产品。企业在销售完产品之后，收到的资金将优先偿还贷款。该融资模式的优势为：提高了企业接受订单的能力，有效解决了上下游中小企业在生产经营过程中面临的资金短缺问题，同时缩短了供应商的贸易周期，提高了资金使用效率。订单融资充分利用了京东的物流优势，不仅释放了上下游供应商因货物存储而被占用的资金，而且盘活了上下游供应商的库存。

2. 入库单融资模式

该模式的主要质押物是商品进入经销商仓库的入库单等货权凭证，上下游中小企业可依据货权凭证向金融机构申请融资服务。京东凭借自身的物流优势，主要承担核心经销商和第三方物流公司的角色。

3. 应收账款融资模式

上下游中小企业与京东签订采购合同并且交付货物后，中小企业获得对应的应收账款，它可以通过将京东的应收账款债权质押给商业银行来获得资金。这种模式降低了中小企业融资成本，提高了资金周转速度，有利于中小企业的快速发展。

4. 委托贷款融资模式

京东将自己的自有资金委托给商业银行，由商业银行向资金需求者发放贷款的模式。在这个过程中，资金的供给者是京东，并由京东进行所有的信用评级和管理，帮助供应商加速资金周转，进一步实现盈利。

（二）京东自营供应链金融模式：以"京保贝"为例

1. "京保贝"情况介绍

2013年12月，京东成功推出了其首款互联网供应链金融产品——"京保贝"。这款产品作为京东金融业务旗下的一项具有鲜明互联网特性的供应链保理融资服务，涵盖了应收账款池融资、订单池融资、单笔融资以及销售融资等多个产品线。其主要目标在于解决中小企业供应商在融资、放款以及应收账款周转方面所面临的难题，从而优化整个供应链的资金流动。与以往京东与银行合作为供应商提供贷款的模式不同，"京保贝"专注于服务京东的供应商群体，并且主要依赖于京东自有资金进行运作。京东的供应商仅需凭借采购、销售等相关的财务数据，即可直接获取融资支持。为了构建这一模式，京东充分运用了大数据、云计算等先进技术，对数据池内的数据进行深度整合与分析，从而建立起初始的授信和风控系统，为后续的金融服务提供坚实的技术支撑。

自"京保贝"上线以来，其融资规模在2014年便迅速突破了百亿元大关，至2015年更是跃升至300多亿元。经过不断迭代与优化，目前"京保贝"已升级为2.0版本，这一新版本不再是单一的融资产品，而是能够灵活适应多种供应链模式。它将链条上的各类融资需求所运用的金融工具进行整合，形成了一套全新的供应链金融解决方案。与此同时，"京保贝"2.0还引入了动态风控和动态授信策略，旨在为客户提供覆盖全贸易流程的资金支持，确保可融资额度能够实时更新和有效管理。同时，基于供应链运营过程中产生的丰富数据特征，"京保贝"2.0将风控点精确布局到贸易的每一次流转环节，实现了风控措施深入到每一笔应收账款的精细化管理。这一创新举措不仅提升了供应链金融的效率和安全性，也为企业带来了更加便捷和灵活的融资体验。

2. "京保贝"运作模式

京东会依据供应商产品的入库情况、销售情况、合作时间等做出评级，共分5个等级，其中较高的3个级别的供应商才有申请融资的资格，无须额外抵押和担保。然后，按照以下具体模式流程开展动作：

（1）京东与供应商签订贸易采购协议，确定稳定的合作关系，从而获得长期的真实交易数据（见图2中的第1～第2环节）。

（2）供应商向京东金融服务平台提交申请材料，并签署融资协议（见图2中的第3环节）。

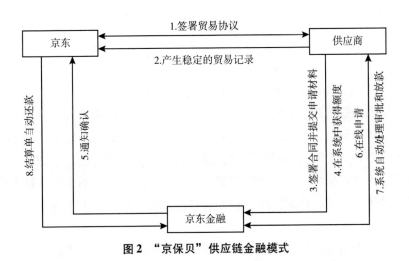

图2 "京保贝"供应链金融模式

（3）京东金融服务平台以过往的交易数据和物流数据为基础，自动计算出对申请供应商的融资额度，之后金融服务平台将批准额度告知京东（见图2中的第4环节）。

（4）供应商在线申请融资，系统自动处理审批并在核定额度范围内放款（见图2中的第6~第7环节）。

（5）京东完成销售后，向其金融部门传递结算单，自动还款，完成全部交易过程。

3. "京保贝"融资模式

（1）应收账款池融资。它基于供应商与京东商城之间的应收账款，涵盖了从采购订单、入库到结算单付款前的所有相关单据，形成一个应收池。利用先进的大数据技术，"京保贝"建立起一套风控模型，精确计算出供应商的可融资额度。在获得批准的融资额度内，客户可根据自身需求自由选择融资金额，系统会自动完成放款操作。一旦融资成功，利息将按日计算，直至该笔融资完全还款为止。这一流程的设计旨在为客户提供更加灵活、高效的融资体验。

（2）单笔应收账款融资。这一模式服务允许以与供应商签订合同且对其产品有需求的买方所产生的应收账款作为融资基础，使供应商能够向京东申请资金，从而满足其流动性需求。该服务的核心特点如下：首先，其操作过程便捷高效，供应商仅需提供应收账款的相关证明，便可迅速完成融资申请，不必提供抵押或担保。其次，在还款方式上，供应商可以选择使用自有资金进行还款，同时京东也可以利用其向供应商结算的资金进行还款，为供应商提供了灵活多样的还款选择。最后，单笔应收账款融资服务在融资速度上表现出色，从申请到资金到账，整个过程仅需3分钟，大大提升了融资效率。

（3）单笔订单融资。该服务旨在满足供应商在订单项下原材料采购、生产组织以及运输等环节的资金需求。当有买方对供应商生产的产品表达需求并签署订单合同后，供应商可凭借此订单向京东申请融资。该服务的主要特点如下：首先，融资过程便捷高效，供应商仅需凭借签署的订单即可完成融资申请，不必提供额外的抵押或担保。其次，还款方式灵活多样，订单交易完成后产生的销货款将直接用于相应订单融资的还款，实现了资金流的闭环管理。

（4）订单池融资。中小企业在采用单笔订单融资时，常遭遇笔数多而分散、单笔金额较小的困扰，这使其资金流动性需求难以得到充分满足。相比之下，订单池融资为企业提供了更为灵活的解决方案。通过建立订单池，企业可以在单笔订单回款后不必立即还款，而是利用新的订单进行循环授信，实现资金的持续利用。这一模式不仅省去了频繁申请、放款和还款的烦琐过程，还大幅提升了资金使用的效率。供应商可将原本分散的单笔订单整合成一个由多项订单构成的"池"，经过京东的审核后，便可获得一定比例的资金支持。

4. "京保贝"融资流程

（1）核定额度。当供应商确认办理供应链金融业务后，供应链金融业务专员将发送邮件给供应商，告知最高融资额度，融资总金额须小于或等于最高融资额度。

（2）银行开户。供应商在获得最高融资额度后，到京东指定业务受理银行开立银行的融资专户。

（3）提交融资申请。供应商完成开户后，即可办理融资业务，每次融资时，应向采销同事申请，确认进行融资的采购订单等事项。

（4）核对结算金额。供应商选定采购订单后，应与采销同时核对结算金额。

（5）提交结算申请单。采销负责人在京东系统中提交结算申请单，先勾选供应链金融结算，再选择付款结算申请。

（6）结算单审批。融资资料提交以结算单在系统完成审批为前提，审批进度影响放款进度，需供应商和采销负责人沟通。

（7）融资资料准备。在结算单提交后，供应链金融专员准备融资资料，融资内容以结算单信息为主。

（8）审核通过、提交资料。结算单审核通过后，供应链金融专员向银行提交准备好的融资资料，跟进放款进度。

（9）银行放款、京东还款。银行审核融资资料无误后，放款给供应商。到期日，京东为供应商还款给银行。其中，授信是指银行向客户直接提供资金支持，或对客户在有关经济活动中的信用向第三方做出保证的行为。

（三）京东自营供应链金融模式：以"京小贷"为例

1. "京小贷"情况介绍

2014年10月，京东在第十届北京金博会上正式发布了"京小贷"这一商家贷款产品，旨在为京东商城开放平台上的商家提供量身定制的融资服务。这款产品源于京东在数智化社会供应链领域的丰富经验，并得到了京东云的技术支撑。它专为京东平台商家设计，根据商家的经营状况和不同阶段的特定需求，提供全面且个性化的融资方案。该产品现已覆盖京东平台的绝大部分商家。以京东的年度大促活动"双十一"为例，"京小贷"在商家备货阶段提供信用贷款服务，并设有专项提额和利率优惠措施。在促销推广阶段，"京小贷"与京准通合作推出特色活动，支持商家的市场推广资金需求。到了销售高峰期，"京小贷"特别推出提前收款和极速结算服务，满足商家快速回款的需求，并辅以免息等优惠政策，全方位保障商家的资金流转。据统计，2021 年京东"双十一"活动期间，"京小贷"为商家节约的利息和费用超过 3000 万元。

目前，"京小贷"支持最长 12 个月的贷款期限，贷款利率则低于同业水平，加上京东金融公司在 2013 年底推出的"京保贝"，业内人士认为，京东在融资服务方面实现了对京东体系内供应商和平台商家的全覆盖，有助于增加京东生态圈的活力和竞争力。图 3 为"京小贷"供应链与"京保贝"金融模式差异比较。

图 3 "京小贷"供应链与"京保贝"金融模式差异比较

2. "京小贷"融资模式

"京小贷"是一款以信用为核心的贷款产品，它不需要抵押物，贷款申请过程灵活自由，且融资费用相对较低。商家登录京东金融平台后，可以便捷地查询自己的贷款资格并在线申请贷款,这一流程与京东的支付、结算等环节实现了无缝对接。京东金融的供应链金融负责人王琳强调,与传统的以产品为主导的小贷业务不同,"京小贷"更侧重于商家的需求,提供定制化的融资解决方案。商家在申请贷款时拥有充分的自主选择权,可以根据不同的贷款条件享受不同的利率优惠。京东金融集团副总裁也指出,"京小贷"充分利用了京东对小微商家的深入了解和丰富的数据资源,通过技术创新和严格的风险控制,有效地降低了信息不对称的问题,帮助小微企业实现快速且成本较低的融资。其融资模式如下:

(1)订单贷款。基于京东开放平台第三方商家店铺目前的在途订单金额给客户核定额度的贷款。该贷款的期限为两个月,还款方式采用自动结算款进行还款。扣款方式灵活多样,可选择从订单完成后的第1日、第10日或第15日开始进行扣款。

(2)提前收款。提前收款功能旨在帮助第三方平台商家提前回收那些已发货但尚未得到买家确认收货的"在途订单"货款,从而有效缓解POP商家在资金周转方面所面临的压力。该功能的贷款期限设定为30天。还款则采用自动结算款方式。至于还款扣款方式,一旦提前收款申请成功,系统将从资金发放后的次日开始自动进行扣款操作。当有买家对订单进行确认收货时,系统会自动从京东钱包中扣除相应的款项。此外,提前收款的最低申请金额不得低于100元。

(3)信用贷。它是专为京东开放平台的第三方商家设计的一款贷款产品,其额度根据商家的综合信用状况进行核定,且具备循环使用的特性。贷款期限有多种选择,包括1个月、3个月、6个月、9个月以及12个月,具体期限以页面展示为准。此外,贷款金额、贷款期限以及还款方式等因素是相互关联的。可以选择支持的还款方式,包括等额本息、等额本金、按月付息到期还本以及一次性还本付息四种方式。

3. "京小贷"运作模式

"京小贷"产品运行模式如图4所示。

(1)企业与京东签署协议成为京东商城开放平台商家。

(2)企业提出贷款申请。

(3)平台在系统中自动给出适合的贷款方案。

(4)商家选择最优贷款方案。

(5)平台系统自动处理审批并放款。

（6）京东向京东金融平台传递贷款信息。

（7）贷款本息在双方结算款中自动扣除。

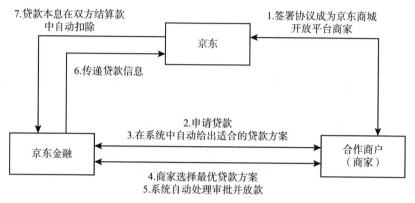

图4　"京小贷"供应链金融模式

"京小贷"的贷款申请条件如下：

（1）借款申请人的年龄为 18～65 周岁，具有完全民事行为能力。

（2）有工商营业执照且注册时间满 1 年（以营业执照注册时间为准）。

（3）在京东开放平台注册经营的商家，且在京东开放平台连续经营 3 个月以上，"京小贷"仅支持京东开放平台第三方商家。

（4）无严重违规记录、信用记录良好并且已开通京东钱包 T＋1 结算功能。

（5）有稳定的收入，具有按期归还贷款本息的能力。

4. "京小贷"融资流程

（1）申请入口。前提是已获得贷款申请资格，获得了贷款额度的商家店铺，首次申请贷款时需验证并绑定店铺的京东钱包结算账户，用于申请贷款。

（2）选择合适的贷款额度。通过填写个人资料，京东得以确定信用额度。可以在输入框中按需填写所需的贷款金额。贷款额度是由系统根据个人资质及以往的贷款记录等信息进行综合计算得出的。

（3）选择贷款期限。目前，"京小贷"的订单贷款期限固定为 2 个月，尚不提供其他选项。相比之下，信用贷款则允许自由选择贷款期限。这一期限是由系统根据申请的贷款金额自动提出的，因此每位用户的贷款期限可能有所不同。一旦选定了贷款期限，系统将自动显示相应的期限信息。

（4）选择还款方式。订单贷款偿还方式为订单结算，系统自动扣除，客户可根据需要选择结算扣除的时间点，分别为1天后、10天后、15天后；信用贷款选择金额和期限后，系统会自动显示可用的偿还方式。

（5）确认贷款信息。日利率将由系统自动计算，在点击申请贷款后，进入贷款确认页面。在此页面，应仔细检查贷款信息和企业信息是否准确无误。确认无误后，输入联系人的手机号码以及店铺京东钱包管理员的密码。仔细阅读并确认合同信息，之后单击确认贷款申请，即可完成贷款流程。若您发现贷款条件需要调整，可返回贷款页面进行相应的修改。

五、京东供应链金融的优势分析

（一）为中小企业提供量身定做的融资模式

从上下游中小企业的视角来看，京东为其提供了更为精准的融资服务。其中，"京保贝"作为京东推出的首款金融产品，专为京东上下游中小企业量身打造，以满足其融资需求。京东积极收集这些中小企业的交易和财务信息，通过其电商平台的系统对申请融资的企业进行信用评估，进而发放贷款。这一举措有效缓解了上下游中小企业面临的资金压力。

"京小贷"是专为京东开放平台商家量身打造的一款线上融资产品。利用大数据系统记录的商家交易、财务和产品信息，商家能够直接进行线上融资，既保证了放款的高效性，又降低了贷款利率。"京小贷"的推出，有效地解决了商家因存货资金占用时间长、应收账款回款慢等问题所带来的资金压力。此外，动产融资业务也为中小企业提供了另一种融资途径。中小企业可以凭借自有动产作为质押，通过京东线上平台申请贷款。这种融资方式不仅适用于京东电商平台上的中小企业，也适用于其他有融资需求的中小企业，实现了企业融资的多元化。

（二）审批流程简洁高效，中小企业融资成本降低

京东在与供应商和商户合作的过程中发现，众多中小企业普遍面临资金周转的挑战，而这些企业的稳健发展直接关系到京东的营收状况。传统融资方式中，由于中小企业自身条件的限制，商业银行提供的融资额度有限，利率偏高，且融资过程耗时较长，导致融资成本相对较高，无法满足中小企业

的实际需求。相比之下，京东的供应链融资模式允许融资企业直接通过京东电商平台进行融资，有效减少了中间环节，缩短了融资时间，从而帮助中小企业降低了融资成本。与此同时，京东利用电商交易平台存储交易数据和订单，而这是京东开展供应链融资的关键一步。因此，为了提高与京东合作的中小企业的融资效率，京东开始提供供应链融资服务，并成立了自己的金融公司，由自身来打造一个能够覆盖更多企业需求的、提供优惠利率的供应链融资体系。目前，京东供应链融资中的中小企业利率区间为年化 8% ~15%。和传统融资相比，中小企业的融资成本大幅降低，资金的使用效率有所提高。

（三）有效促进上下游中小企业资金周转

企业日常运营中，销售商品后所得资金通常是企业维持运营的资金的主要来源。然而，对于中小企业而言，备货阶段往往涉及大量流动资金的占用。京东供应链融资中的订单融资模式，有效减轻了上下游中小企业的资金压力，进而增强了京东与这些企业合作的可能性。此外，该融资模式还提升了上下游中小企业的资金周转率，为企业带来了更高的收益。作为核心企业，京东通过业务的多元化不仅扩大了市场份额，还推动了上下游中小企业的成长。这使供应商能够更迅速地组织订单生产，从而缩短了供应链中各企业间的交易周期，加速了资金流转，减少了资金占用时间。

在京东的供应链融资银企合作环节，上下游中小企业将其对京东的应收账款直接质押给银行，从而提前获取流动资金。这一模式不仅提高了这些企业的应收账款周转率，也显著加快了它们的资金周转速度。供应商能依托京东的信用资质在银行等金融机构顺利获取资金，有效降低了融资成本。同时，京东通过委托贷款模式，直接将自有资金通过商业银行提供给上下游中小企业使用，不仅解决了它们的融资难题，还实现了资金的合理配置和高效使用，进一步加快了资金流转速度。

六、结语

中小企业融资难题长期困扰着我国中小企业的发展。然而，随着互联网技术的日新月异和供应链管理的日益成熟，以及政策层面的积极指引，电商平台的供应链金融服务得以迅速崛起，为我国解决小微企业融资问题提供了新的路径。特别是供应链金融模式的不断创新与演进，互联网电商平台供应链金融以其独特的技术优势，成为供应链金融领域的一大创新亮点。这种模式为供应链上的中小微企业提供了高效便捷的金融服务，使众多小微企业受益。

京东开展供应链融资服务的初衷之一是降低中小企业的融资负担。京东平台涵盖的商品和服务范围广泛，供应链体系中涉及的上下游供应商、分销商数量庞大，其中大部分是中小微企业。这些企业在供应链外部向银行等金融机构申请融资时往往面临较大难度，因此，在资金需求迫切时，京东供应链金融自然成为它们的首选融资途径。从"京保贝""京小贷"等产品模式的分析来看，京东供应链金融主要凸显了两大优势：审批迅速和成本低廉。企业在京东平台申请资金的门槛相对较低，且流程简化使资金到账时间大大缩短，从而满足了大多数急需资金的中小微企业的时效性需求。随着京东电商平台的持续发展与壮大，未来将有更多品类的商品入驻平台，进而吸引更多中小微企业加入以京东为核心的供应链体系。这意味着在更广泛的供应链网络中，融资需求将持续增长，从而确保了京东供应链金融产品的需求稳定且源源不断，为供应链金融业务的发展提供了广阔的前景。

案例使用说明

一、教学目的与用途

1. 适用课程：普惠金融专题、供应链金融、金融科技、金融监管。

2. 适用对象：本科生、研究生、MBA 学员的案例教学，也可供有一定实践经验的工作人员或管理者学习。

3. 教学目的：通过本案例的学习，使学生能够顺利掌握供应链金融的内涵、互联网供应链金融的主要模式。本案例的主要内容由案例背景、互联网电商平台发展供应链金融的模式、京东供应链金融模式以及京东供应链金融优势这几个部分组成。教师通过结合当前京东供应链金融的案例，丰富教学内容，并通过课后习题、小组讨论、课堂演示等形式培养学生分析问题、解决问题的能力，并且在必要时对重点内容，可在讲授的基础上，引导学生查阅资料，并进行课后学习兴趣小组讨论，培养学生综合分析问题和解决问题的能力。

二、启发思考题

以下几个思考题可以预先布置给学生，让学生在阅读案例时进行思考：

1. 互联网供应链金融与互联网电商平台供应链金融的差异是什么？
2. B2B 与 B2C 电商平台的供应链金融模式的差异在哪里？
3. 京东互联网供应链金融究竟如何缓解中小企业融资问题？
4. 京东互联网供应链金融的优势有哪些？

三、理论依据及分析

（一）金融创新理论

金融创新是一种需求诱发的利润驱动的金融现象，通常是由需求诱发的，旨在追求利润最大化。金融创新能够为金融机构和市场参与者带来丰厚的利润，这是推动金融创新的主要动力。迄今为止，金融创新在实践中仍没有形成一套独立完整的理论体系。金融经济学家多用企业利润最大化的微观经济学理论来分析新金融工具的诞生和金融企业努力创新的进程。从金融创新的内涵上讲，金融创新通常被视为金融领域内各种要素重新组合和创造性变革的结果，它可以包括新的金融工具、服务方式、市场形式、金融机构类型、资源配置方式、科技应用以及管理方法等。其类型通常包含金融制度创新、金融市场创新、金融产品创新、金融机构创新、金融资源创新、金融科技创新和金融管理创新。每种类型的创新都对应着金融领域中特定的变革和进步，并且金融创新通过提供更多的金融产品和市场选择，提高了市场的流动性和效率，使投资者能够更有效地进行资源配置。供应链金融是金融创新的产物，它通过创新金融产品和服务来满足供应链中不同企业的融资需求。金融创新理论强调了供应链金融在解决中小企业融资难题、提高资金使用效率方面的重要作用。

（二）供应链协同管理理论

供应链协同（supply chain collaboration，SCC）在 20 世纪 90 年代中期被学术领域正式定义。1999 年，供应链管理领域的权威人物安德森（David Anderson）和李效良（Hau Lee）在一篇名为《协同供应链：新的前沿》（Synchronized Supply Chains：The New Frontier）的文章中提出，最新的供应链战略转向了协同的方向。他们强调，供应链管理的本质是促进供应链各方的协同合作，倡导各环节企业为增强整个供应链的竞争力而相互协调和共同努力。企业间通过签订合作协议或组成联盟等形式，构建起网络化的合作体系。在这个协同体系中，从供应商到制造商，再到分销商和最终客户，各方能够实时地交换信息，进行紧密的合作，共同朝着既定的共同目标前进。通过这种动态的资源共享和协作，供应链协同能够促进各参与方的一体化发展，提高整个供应链的响应速度和市场适应能力。

今天，供应链协同已成为该研究领域的一个焦点，受到了学术界和业界的高度关注。供应链协同将全球供应链中不同地区、不同增值环节（如资源分配、研发、生产、物流和市场推广等）的企业整合起来，这些企业各自拥有独特的优势。它以协同机制为核心，以技术为后盾，以信息共享为基石，从整体系统的角度出发，推动供应链内外部的协调发展。这不仅增强了供应链的全面竞争力，还可以最大化各个环节企业的效益，创造一个多方共赢的结果。供应链协同管理旨在通过协调一致的管理策略，减少供应链各环节企业之间的摩擦和资源浪费，优化其分工与合作。为了实现供应链协同，各环节企业需要采纳共赢理念，共同努力达成共同目标。供应链金融的发展促进了供应链各参与方之间的协同合作。通过共享信息和资源整合，供应链金融能够提升整个供应链的效率和响应市场变化的能力，实现供应链成员的共赢。

四、关键要点

本案例以京东为例，着重论述了京东如何利用产品创新和其强大的互联网平台及先进的供应链管理系统，通过"互联网＋供应链金融"模式，为中小微企业提供了有效的融资解决方案。京东供应链金融科技平台通过整合商流、物流、资金流和信息流，构建了一个数字化的新生态，实现了数据的透明化和流程的自动化，从而提高了融资效率并降低了风险。该平台依托京东的数智供应链能力，结合云计算、大数据、智能风控等技术，为供应链上的各个环节提供定制化的金融产品和服务。京东的供应链金融服务包括应收融资、采购融资、动产融资等，通过科技手段将非标资产标准化，匹配资金方的风险偏好，促进平台流量交易规模化。其创新之处在于"双链联动"模式，即将数智供应链与供应链金融相结合，不仅服务于京东内部的供应商，也向外部产业链的中小微企业提供服务。这种模式有助于核心企业提升供应链效率和韧性，同时为上下游的中小企业提供金融支持，解决其融资难题。通过这些措施，京东展现了其致力于推动实体经济高质量发展的决心，并为中小微企业提供了实实在在的资金支持。

第五篇　商　业　银　行

案例十四 新时代商业银行的风险 管理理论与实践

——以中国工商银行为例

摘要： 随着国内金融行业的蓬勃发展，商业银行在金融市场中的信息传递与交易中介角色日益凸显，其竞争也日趋激烈。在这样的环境下，如何在追求利益增长的同时保持稳健运营，已成为商业银行亟待解决的关键问题。显然，拓展业务以实现效益增长是商业银行的共同目标，然而，风险的不确定性、可扩散性和隐蔽性为这一目标的实现带来了挑战。因此，有效控制风险成为商业银行必须严肃对待的议题。商业银行的特殊经营性质，使其风险管理比一般企业尤为重要，且难度通常更大。在这种情况下，采取科学有效的管理方式至关重要。本案例剖析了商业银行的风险管理历程、主要风险类型及相应的管理方法，旨在寻找有效的风险防控策略。同时，以中国工商银行为例，具体探讨其风险管理模式，为其他商业银行提供借鉴与参考。

一、引言

自我国改革开放以来，商业银行的发展势头强劲。据中国政府网对外公布的信息显示，至 2020 年第四季度末，我国银行业金融机构的本外币资产总额已达到 319.7 万亿元，年度增长率为 10.1%。2020 年全年中，商业银行共计实现净利润 1.94 万亿元。然而，近年来受到疫情的深刻影响，我国经济正处于转型关键期，其发展方式与动力正在发生深刻变化。在这一时期，我们面临着一系列挑战，包括利率和汇率的市场化、金融脱媒现象的加剧以及同业竞争的日益激烈。同时，我国实体经济出现疲软态势，经济增速逐渐放缓，经济增长方式亟待由粗放型向集约型转变。为优化资源配置、促进经济结构的调整与转型，我国从供给侧入手，提出了供给侧结构性改革这一符合国情的战略思路。在这一宏观背景下，不仅我国经济整体发展面临新的形势，商业银行的经营与管理也遭遇了一系列新的挑战。因此，商业银行需要积极应对，不断创新经营策略，以适应新的经济形势和市场环境。

2021年，中国人民银行发布的《中国金融稳定报告（2021）》详细披露了银行业贷款状况。数据显示，至2020年底，参加偿付能力压力测试的4015家银行累计贷款余额高达150.72万亿元，整体不良贷款率为1.99%，整体资本充足率为14.39%。其中，大中型银行与地方中小银行的表现有所不同。具体来说，30家大中型银行的贷款余额总计114.64万亿元，不良贷款率为1.51%，资本充足率为15.28%；而3985家地方中小银行的贷款余额为36.08万亿元，不良贷款率为3.51%，资本充足率为12.12%。鉴于当前商业银行间的竞争日趋激烈，风险防控的重要性日益凸显，成为行业发展的关键环节。

回顾过往，20世纪90年代的金融危机与2008年的国际金融危机都深刻展示了商业银行在风险面前的脆弱性。在这样的背景下，风险管理的精细规划与执行变得尤为关键，成为商业银行在多变的经济环境中持续发展的核心要素。当前，国际金融市场风云变幻，风险的防范与控制工作显得至关重要，必须将风险管理置于首要位置。风险管理不仅关乎商业银行的生存与发展，更是其监测和优化财务与运营状况的重要工具。《巴塞尔协议Ⅲ》明确要求各商业银行独立进行风险管理，并实时监控风险指标，以保障银行稳健运营。因此，我们需要不断深入研究各类财务风险，与时俱进，适应市场发展的脉搏，持续优化和提升风险管理水平。目前，我国银行业已呈现出六大国有银行与各类商业银行共同发展的繁荣景象。本案例将聚焦国内规模最大的国有商业银行——中国工商银行，在进行深入理论分析的基础上，全面剖析其风险管理的具体实践。

二、国内商业银行风险管理历程

我国从计划经济向市场经济转型的历程中，商业银行历经四十余载的深刻变革，其风险管理亦逐渐成形并不断完善。改革开放时期，我国提出"要使银行真正成为银行"，这一观点无疑为我国商业银行风险管理理念的形成铺设了基石。随后，1984年中国工商银行从人民银行独立出来，逐步发展为四大专业银行之一，这标志着我国银行体系从"一统天下"的模式转变为二元银行体制，商业银行的风险管理也由此迈出了实质性的步伐。

（一）改革开放时期

20 世纪 80 年代中后期，我国经济体制转轨刚刚起步，改革聚焦于分权化。这些改革旨在打破银行与财政间的传统"大一统"模式，使银行能够真正独立运作。1987 年，交通银行重新组建，并随后设立了 10 家全国性的股份制商业银行，旨在丰富市场竞争的参与者。而在 1995 年前后，国家开发银行、中国农业发展银行以及中国进出口银行相继成立，标志着政策性金融与商业性金融的明确分离。同时，众多国有商业银行和非银行金融机构纷纷涌现，商业银行也在全国范围内设立了各级分支机构。这一过程使原本由国家直接控制的单一化银行体系逐步演变为一个多元且现代化的银行系统。

在这一时期，我国金融市场尚处于初级阶段，金融资产组合的选择相对有限。然而，改革开放政策的实施极大地推动了劳动密集型产业如建筑业、服务业等的蓬勃发展，进而促进了私营企业和居民资金的大幅增长，这对我国金融发展具有深远影响。随着居民资产的增加，他们逐渐成为储蓄的主力军，这促使银行开始为居民提供更加多元化的金融服务，如贷款和金融衍生品，以满足他们对金融资产组合的新需求。这些新需求使国内商业银行开始接触风险管理的概念。但在这个阶段，由于缺乏全国统一的管理模式和方法，风险管理主要依赖信息技术的研发和应用。对风险的预防、控制和监督因地域文化、管理者理念以及地方政府和政策的差异而各不相同，人为因素影响较大。因此，在这个阶段，系统控制的不足导致风险预防存在显著缺陷，银行更多的是侧重事后风险管理监督。

（二）世纪交替时期

1995 年，我国颁布了《商业银行法》，从法律层面确立了国有独资商业银行的地位，并明确了效益性、安全性、流动性作为其经营目标，同时提出了自主经营、自担风险、自负盈亏、自我约束的管理原则。随后，1997 年亚洲金融危机的爆发使我国深刻认识到金融安全的重要性。为了应对这一挑战，我国首次召开了全国金融工作会议，并陆续推出了一系列改革举措。其中，1998 年注入了 2700 亿元资本金，1999 年成功剥离了 1.4 万亿元的不良贷款。同时，商业银行加强了内部控制和风险管理，实行了银行、证券、保险分业经营和分业监管的模式。此外，商业银行还实施了授权授信、审贷分离、集体审查、资产负债比例管理和资产质量考核等制度，初步建立了风险内控机制。

（三）加入世界贸易组织时期

2001 年，中国正式成为世界贸易组织（WTO）的一员，国内商业银行开始逐步融入国际金融市场。这一时期，我国金融市场经历了巨大的变革，呈现出蓬勃发展的态势，金融监管体系也取得了显著的进步。与此同时，我国商业银行的内控机制、风险管理机制以及信息披露机制均获得了显著的发展。在这一阶段，我国商业银行开始更加重视事中风险控制，尽管事前风险预防尚存在不足，但已经开始逐步规范化。商业银行开始重视风险管理的资本要求、计量模型以及防控要点，加速了与国际通用风险管理方法的融合，并采纳了更为专业的行业管理实践。同时，在原有分权化的背景下，大量民间资本因经济体制改革得以释放，我国银行经营体系也经历了深刻的转变。这一转变体现在资金流动模式由原先的财政主导转变为以金融机构为主导的市场化流动模式。这种变革导致了财政部对商业银行控制力的减弱，而商业银行对金融资源的自主调控能力则得到了提升。同时，这也对银行的风险管理能力提出了更高的要求。为了应对这些挑战，银行管理者不断提升自身的治理水平。他们通过优化绩效考核体系，使银行业高管人员更加关注股东利益，从而确保银行的稳健运营。此外，通过不断完善金融监管体系，建立合理的金融企业治理制度，银行形成了决策有效、执行有力、制衡均衡的良好体系，为金融市场的健康发展提供了有力保障。

在这一阶段，我国积极推动政策性金融机构的改革。尽管我国经济在这一发展阶段仍对政策性金融有一定需求，但商业银行已逐渐从政策性金融的沉重负担中解脱出来。在此期间，中国工商银行、中国银行、中国建设银行以及交通银行等国有商业银行相继完成了数据集中处理并成功公开上市。这些大型银行在公司治理、经营管理、业务创新、资产质量、风险管理、盈利能力和市场价值等多个方面均取得了历史性的突破。特别值得一提的是，风险管理作为银行的核心竞争力，其变化尤为显著。

（四）《巴塞尔协议Ⅲ》时期

2008 年的次贷危机使国内外监管当局对商业银行的风险管理制度和资金成本问题给予了更多关注。在这一背景下，监管当局针对拨备覆盖率、拨贷比、资产充足率等指标设定了清晰的标准，并划定了一系列监管界限。在此阶段，商业银行不再局限于事中和事后的风险管理，而是开始更加重视风险的预防，逐步转向以风险预防为核心。值得注意的是，监管机构所设定的"红线"是商业银行必须坚守的底线。同时，监管机构也支持银行根据各自情况选用合适的方法和标准来计算资本充足率，鼓励各商业银行积极探索和研发新的风险管理方法。

在此期间，我国监管机构对商业银行实施了一系列渐进式改革。这些改革主要包括：一是优化银行附加资本规定，以强化其资本实力；二是采纳国际通行的银行业流动性和杠杆率标准，提升银行体系的稳健性；三是完善逆周期资本框架，以应对经济波动带来的风险；四是提高稳健性标准，确保银行业务的稳健运营。此外，政府还明确了中央与地方金融监管的职责界限和风险处置权限，引导地方政府在区域性监管中发挥积极作用，而中央政府则专注于国家整体金融行业的统一监管。同时，政府建立了存款保险制度，通过事前积累资金，构建了一套包括信息收集、核查、问题纠正和风险处理在内的市场化风险防范机制，与现有的金融稳定监管体系相互衔接，共同维护金融市场的稳定。通过这些改革，我国金融机构的分类更加精准，监管措施更加具有针对性，监管套利的空间也得到了有效压缩。

三、中国工商银行风险管理实践

（一）中国工商银行基本情况介绍

中国工商银行（ICBC）成立于 1984 年，其前身隶属中国人民银行。随着改革开放的深入推进，金融业蓬勃发展，中国工商银行最终独立出来，成为如今国内最大的国有独资专业化银行。2005 年，中国工商银行成功转型为股份制公司，一年后顺利在香港联合交易所和上海证券交易所上市，实现了资本的全面流通，有力支持了实体经济的发展。长期以来，中国工商银行严格遵循国家金融政策，有效筹集资金并管理信贷，为金融市场的稳定和发展做出了积极贡献。经过多年的稳健发展，中国工商银行在全球金融领域的影响力逐渐增强。其 A 股流通数量在证券市场中名列前茅，有效股份数也相当可观。据统计，截至 2022 年 12 月，中国工商银行在上海证券交易所的股份数已达 3564.1 亿股，总市值超过 1.5 万亿元，稳固了其在国内银行业的领先地位。同时，中国工商银行的全球网点分布广泛，通过不断创新和完善自身建设，积极拓展新的业务增长点，为全球客户提供更优质的服务。

中国工商银行以其卓越的客户资源、丰富的业务体系、突出的创新实力和市场竞争力，为全球 969.1 万家公司和 7.04 亿个人客户提供了全方位的金融产品和服务。2014 年，中国工商银行荣获了《银行家》杂志评选的"全球最佳银行"殊荣，如今更已成为"全球第一大银行"。2015 年，中国工商银行再度受到业界的肯定，被《欧洲货币》评为"全球新兴市场最佳银行"。此外，中国工商银行还在美国《财富》500 强榜单中位居全球商业银行之首，并连续六年荣登英国品牌金融（Brand Finance）全球银行品牌价值 500 强榜首，充分展现了其在全球金融领域的卓越影响力。

中国工商银行组织架构如图 1 所示。

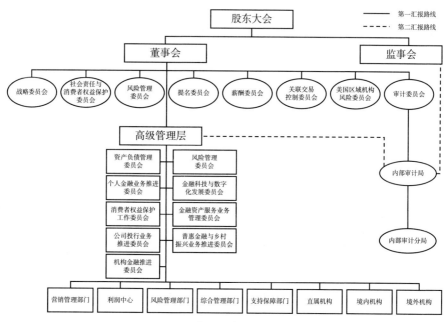

图 1　中国工商银行架构

资料来源：中国工商银行官网，http://www.icbc.com.cn/icbc/。

（二）中国工商银行业务开展情况

中国工商银行近年来取得了显著的发展成果，业务规模庞大且范围广泛。在积极拓展国内外市场的同时，该行大力实施国际化经营战略，有效把握跨行业竞争与合作并存的管理策略，从而在国际市场中占据了领先地位，成为国有银行中市场占有率最高的商业银行之一。此外，中国工商银行的海外分支机构建设完备，功能多样化，以国内稳固市场为基础，推动国际业务的顺利开展，成为国际货币交易和国际贸易往来的重要桥梁。在业务方面，中国工商银行涵盖了各类经济活动，主要包括资产业务、负债业务和中间业务。其中，资产业务涵盖了各类贷款和票据贴现等；负债业务则包括客户储蓄、支票、金融债券等；而中间业务则涉及金融代理、交易结算、资产抵押等各类中介服务。鉴于近年来科技的飞速发展、商业银行市场的日益多元化以及利率市场化的深入推进，中国工商银行在坚守传统银行业务的同时，积极投身于新兴业务领域的探索。该行对负债业务和资产业务进行了细致的市场细分，并对中间业务进行了深入的挖掘与创新。例如，中国工商银行推出了融资履约类担保服务、基金托管业务以及企业信用评级服务等新型中间业务，以满足市场多元化需求，推动业务结构的优化升级。

（三）中国工商银行风险面临的信用风险

2021 年末，中国工商银行在没有任何担保物和其他信用增级措施的情况下，其最大信用风险敞口达到了 367370.42 亿元，比上年末增长了 17202.24 亿元。按照五级分类标准，2021 年末中国工商银行正常贷款额为 199617.78 亿元，与上年末相比增加了 20433.48 亿元，占各项贷款总额的 96.59%。与此同时，关注贷款总额为 4120.38 亿元，略有增长，增加了 1.38 亿元，占比 1.99%，但相较于上年末下降了 0.22 个百分点。另外，不良贷款额为 2934.29 亿元，较上年末减少了 5.49 亿元，不良贷款率为 1.42%，下降了 0.16 个百分点（见表 1）。

表1　　　　　　　　　中国工商银行贷款五级分布情况

项目	2021 年 12 月 31 日		2020 年 12 月 31 日	
	金额（亿元）	占比（%）	金额（亿元）	占比（%）
正常	199617.78	96.59	179184.30	96.21
关注	4120.38	1.99	4119.00	2.21
不良贷款	2934.29	1.42	2939.78	1.58
次级	1348.95	0.66	1144.38	0.61

续表

项目	2021 年 12 月 31 日		2020 年 12 月 31 日	
	金额（亿元）	占比（%）	金额（亿元）	占比（%）
可疑	1289.83	0.62	1499.26	0.81
损失	295.51	0.14	296.14	0.16
合计	206672.45	100.00	186243.08	100.00

资料来源：中国工商银行 2021 年年度报告。

至 2021 年底，公司不良贷款金额达 2548.87 亿元，较上年末微增 10.72 亿元，而不良贷款率则略有下降，为 2.09%，降幅为 0.20 个百分点。在个人贷款方面，不良贷款总额为 385.42 亿元，较之前有所减少，减少了 9.99 亿元，同时不良贷款率也下降至 0.49%，降幅为 0.07 个百分点（见表 2）。

表 2 中国工商银行贷款和不良贷款结构

项目	2021 年 12 月 31 日				2020 年 12 月 31 日			
	贷款（亿元）	占比（%）	不良贷款（亿元）	不良贷款率（%）	贷款（亿元）	占比（%）	不良贷款（亿元）	不良贷款率（%）
公司类贷款	121947.06	59.0	2548.87	2.09	111027.33	59.6	2538.15	2.29
短期公司类贷款	27377.42	13.2	1073.90	3.92	26432.12	14.2	1308.93	4.95
中长期公司类贷款	94569.64	45.8	1474.97	1.56	84595.21	45.4	1229.22	1.45
票据贴现	5277.58	2.6	—	—	4062.96	2.2	6.22	0.15
个人贷款	79447.81	38.4	385.42	0.49	71152.79	38.2	395.41	0.56
个人住房贷款	63626.85	30.8	154.60	0.24	57283.15	30.8	162.07	0.28
个人消费贷款	1873.16	0.9	30.92	1.65	1837.16	0.9	36.68	2.00
个人经营性贷款	7024.41	3.4	68.11	0.97	5216.38	2.8	67.60	1.30
信用卡透支	6923.39	3.3	131.79	1.90	6816.10	3.7	129.06	1.89
合计	206672.45	100.0	2934.29	1.42	186243.08	100.0	2939.78	1.58

资料来源：中国工商银行 2021 年年度报告。

中国工商银行按贷款客户行业划分的境内分行公司类贷款和不良贷款结构如表 3 所示。

表3　　中国工商银行按贷款客户行业划分的境内分行公司类贷款和不良贷款结构

项目	2021 年 12 月 31 日				2020 年 12 月 31 日			
	贷款 （亿元）	占比 （%）	不良 贷款 （亿元）	不良 贷款率 （%）	贷款 （亿元）	占比 （%）	不良 贷款 （亿元）	不良 贷款率 （%）
交通运输、仓储和邮政业	28167.89	25.8	247.62	0.88	24679.59	25.2	206.83	0.84
租赁和商务服务业	16673.76	15.2	338.24	2.03	14416.88	14.8	312.42	2.17
制造业	16546.10	15.1	616.02	3.72	15553.82	15.9	653.61	4.20
水利、环境和公共设施管理业	13702.52	12.5	113.79	0.83	11542.01	11.8	84.25	0.73
电力、热力、燃气及水生产和供应业	10654.59	9.7	86.53	0.81	9952.32	10.2	39.77	0.40
房地产业	7057.14	6.5	338.20	4.79	7010.94	7.2	162.38	2.32
批发和零售业	4641.69	4.2	385.58	8.31	4372.83	4.5	602.72	13.78
建筑业	3128.49	2.9	55.38	1.77	2606.67	2.7	86.36	3.31
科教文卫	287601	2.6	69.47	2.42	2453.78	2.5	54.62	2.23
采矿业	2031.30	1.9	34.70	1.71	1774.08	1.8	75.93	4.28
住宿和餐饮业	730.63	0.7	80.95	11.08	838.86	0.9	117.43	14.00
其他	3176.41	2.9	57.32	1.80	2478.66	2.5	54.95	2.22
合计	109386.53	100.0	2423.80	2.22	97680.44	100.0	2451.27	2.51

资料来源：中国工商银行 2021 年年度报告。

中国工商银行按地域划分的贷款和不良贷款结构如表4所示。

表4　　中国工商银行按地域划分的贷款和不良贷款结构

项目	2021 年 12 月 31 日				2020 年 12 月 31 日			
	贷款 （亿元）	占比 （%）	不良 贷款 （亿元）	不良 贷款率 （%）	贷款 （亿元）	占比 （%）	不良 贷款 （亿元）	不良 贷款率 （%）
总行	7919.94	3.8	216.68	2.74	7723.72	4.1	216.03	2.80
长江三角洲	41637.32	20.2	351.49	0.84	35826.82	19.2	453.04	1.26

续表

项目	2021 年 12 月 31 日				2020 年 12 月 31 日			
	贷款 (亿元)	占比 (%)	不良 贷款 (亿元)	不良 贷款率 (%)	贷款 (亿元)	占比 (%)	不良 贷款 (亿元)	不良 贷款率 (%)
珠江三角洲	31347.81	15.2	338.60	1.08	27460.19	14.8	315.40	1.15
环渤海地区	33713.25	16.3	722.41	2.14	30305.52	16.3	717.63	2.37
中部地区	31335.39	15.2	400.46	1.28	27890.85	15.0	385.84	1.38
西部地区	37468.67	18.1	470.31	1.26	33699.16	18.1	477.88	1.42
东北地区	8952.38	4.3	306.00	3.42	8415.95	4.5	284.11	3.38
境外及其他	14297.69	6.9	128.34	0.90	14920.87	8.0	89.85	0.60
合计	206672.45	100.0	2934.29	1.42	186243.08	100.0	2939.78	1.58

资料来源：中国工商银行 2021 年年度报告。

（四）构建全面风险管理体系

全面风险管理旨在通过建立一套均衡的风险治理体系，培养一种稳健且审慎的风险管理文化，并确立统一的风险管理方针和风险偏好。通过实施风险限额和风险管理政策，中国工商银行能够精准地识别、评估、量化、监控、控制或缓解各类风险，进而确保集团经营和战略目标的顺利实现。中国工商银行的风险管理实践遵循全覆盖、匹配性、独立性、前瞻性和有效性等核心原则。其风险管理组织架构由董事会及其专门委员会、监事会、高级管理层及其专业委员会、风险管理部门以及内部审计部门等多个层面共同构成。中国工商银行的风险管理组织架构如图 2 所示。

近年来，中国工商银行秉持"积极防御、智能管控、全面治理"的风险管理策略，积极落实"人员管理、资金监控、防线加固、底线守护"等核心举措，有效提升了全面风险管理的效果。该行制定了风险管理三年规划，并不断完善风险管理制度框架，筑牢风险管理的三道防线，确保风险管理责任落到实处。同时，中国工商银行还强化了风险偏好和限额管理，提升了风险监测预警的及时性和准确性，从而增强了风险防控的主动性和预见性。此外，中国工商银行依托融安 e 盾等智能平台，积极推进风险管理的数字化和智能化升级。针对新兴领域，中国工商银行特别加强了风险管理，将气候风险纳入全面风险管理体系，构建了气候风险治理架构，并深入开展气候风险的识别、管理和压力测试工作。

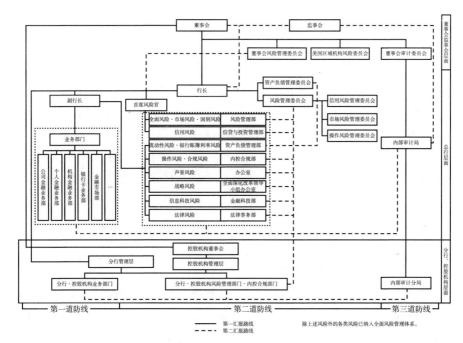

图2 中国工商银行风险管理组织架构

资料来源：中国工商银行2021年年度报告。

四、中国工商银行对主要风险源的管理手段

（一）信用风险管理

工商信用风险的主要来源涵盖了贷款、资金业务（如存放同业、拆放同业、买入返售、企业债券及金融债券投资等）、应收款项以及表外信用业务（包括担保、承诺、金融衍生品交易等）。在中国工商银行，董事会和高级管理层共同领导信用风险管理工作，实施既定的战略目标，并采用独立、集中、垂直的管理模式。董事会作为最终责任方，对信用风险管理的有效性负责。高级管理层则负责执行董事会批准的信用风险管理战略、总体政策及体系。此外，中国工商银行设有信用风险管理委员会，作为审议决策机构，负责审议重大、重要的信用风险管理事项，并按照委员会章程开展工作。各级信贷

与投资管理部门在本级牵头管理信用风险工作，而各业务部门则根据职能分工执行本领域的信用风险管理政策和标准。

根据贷款风险的监管标准，中国工商银行实施五级贷款质量管理，基于贷款本息回收的预期可能性，将贷款分为正常、关注、次级、可疑和损失五个类别。为深化信贷资产质量的精细化管理，提升风险管理效能，中国工商银行针对公司类贷款特别引入了十二级内部分类体系。对于个人信贷资产，中国工商银行则实行五级分类管理，全面考量借款人的违约时长、预期损失率、信用记录和担保条件等定性与定量因素，以确定贷款质量的分类结果。中国工商银行精准把握投融资业务布局和方向，并持续强化信用风险管理。在制度建设上，中国工商银行不断加强信贷制度体系的建设和优化，稳固非标准化代理投资制度的基石，同时积极支持国内国际双循环的推进，满足中国市场全球供应链相关行业的融资需求。此外，中国工商银行不断推进个人贷款信用风险管理的"移动化、数字化、智慧化、专业化"，持续强化"智慧大脑"在个人贷款信用风险管理中的应用，完善全面风险监测体系，提升关键业务环节的信用风险管理能力，并针对客户准入端和按揭项目等重要风险点进行强化防控。

（二）流动性风险管理

流动性风险主要是指中国工商银行在面临无法以合理成本迅速获取足够资金，从而无法及时偿付到期债务、完成其他支付义务以及满足日常业务运作的资金需求时所面临的风险。而触发这种风险的因素或事件多种多样，包括但不限于市场流动性的剧烈波动、存款客户的资金提取、贷款客户的提前还款、债务人的支付延迟、资产负债结构的不平衡、资产变现的困难、经营过程中的损失以及附属机构所带来的相关风险等。这些因素都可能对中国工商银行的流动性造成负面影响，进而引发流动性风险。

中国工商银行在流动性风险管理方面，秉持着与总体发展战略和整体风险管理体系相协调的原则，同时充分考虑到业务规模、业务特性以及复杂程度等因素。其管理体系的构建主要基于几个核心要素：构建有效的流动性风险管理治理结构，确立完善的流动性风险管理策略、政策和程序，实施高效的流动性风险识别、计量、监测和控制，以及建设完备的管理信息系统。在治理结构方面，中国工商银行形成了由多个层级和部门构成的完整体系。其中，决策体系由董事会及其专门委员会、总行资产负债管理委员会和总行风险管理委员会共同构成；监督体系则由监事会、内部审计局和总行内控合规部组成；执行体系则涵盖了总行资产负债管理部、各表内外业务牵头管理部门、信息科技部门、运行管理部门及分支机构相关部门。这些部门和层级在流动性风险管理中，依据各自的职能，分别承担决策、监督和执行等任务，共同确保中国工商银行流动性风险的有效管理。

2021年，中国工商银行继续坚守稳健审慎的流动性管理策略，确保了集团流动性的平稳运行。为此，中国工商银行增强了资金监测的力度，以确保流动性储备的充足与合理。同时，该行还对流动性风险管理机制和系统进行了优化升级，流动性风险监测、计量、管控的自动化和智能化程度均取得了显著的进步。中国工商银行还加强了境内外、表内外、本外币的流动性风险管理，进一步完善了多层级、多维度的流动性监测和预警体系，从而进一步提升了集团对流动性风险的防范和应急响应能力。在风险评估方面，中国工商银行综合运用流动性指标分析、流动性缺口分析等多种方法和工具，对流动性风险状况进行了深入的分析和评估。见表4，至2021年末，中国工商银行的人民币流动性比例达到了41.5%，外币流动性比例为88.9%，高于行业平均水平，且均符合监管要求。此外，贷存款比例也维持在77.3%的水平（见表5），展现出工商银行在资产和负债管理上的平衡，确保能够满足短期内的流动性需求，同时也反映出对资金使用的高效。

表5　　　　　2019～2021年中国工商银行流动性比率及存贷款比率

项目		监管标准	2021年12月31日	2020年12月31日	2019年12月31日
流动性比例（%）	人民币	≥25.0	41.5	43.2	43.0
	外币	≥25.0	88.9	91.4	85.9
贷存款比例（%）	本外币合计		77.3	72.8	71.6

资料来源：中国工商银行2021年年度报告。

（三）操作风险管理

操作风险涉及因内部程序的不完善或问题、员工行为、信息科技系统故障以及外部突发事件而可能导致的损失，其中涵盖了法律风险范畴，但策略风险与声誉风险并不包含在内。对于中国工商银行而言，可能遭遇的操作风险损失主要分为七大类别：内部欺诈行为、外部欺诈威胁、就业制度及职场安全挑战、客户和产品及业务活动的风险、实物资产的损害、IT系统故障以及执行、交割与流程管理中的问题。尤其值得注意的是，外部欺诈行为以及执行、交割与流程管理中的问题，已成为中国工商银行操作风险损失的主要源头。

中国工商银行始终坚守操作风险管理的监管准则。在组织架构上，董事会、监事会、高级管理层及操作风险管理委员会各司其职，分别承担操作风险管理的决策、监督与执行角色。各相关部门亦按其管理职责分工，构建了三道严密而相互制衡的操作风险管理防线。第一道防线由各机构和部门直接负责，承担各自领域内的操作风险管理责任；第二道防线由内控合规、法律事务、安全保卫、金融科技、财务会计、运行管理、人力资源等分类管理部门以及信贷与投资管理、风险管理等跨风险管理部门共同构成，负责牵头管理、分类管理以及跨风险类别的操作风险管理；内部审计部门作为第三道防线，专注于监督操作风险管理的有效性。这种分层负责、相互协作的管理体系，确保了中国工商银行在操作风险管理上的全面覆盖和高效执行。

（四）法律风险管理

中国工商银行致力于保障其经营依法合规，并高度重视法律风险管理体系的完善。为有效防控法律风险，该行建立了覆盖事前、事中、事后的全程防控机制，以确保业务创新与市场竞争的稳健发展，同时积极防范和应对各类潜在或实际出现的法律风险。在治理结构上，董事会负责审查并确定法律风险管理的战略与政策，承担最终的管理责任。高级管理层则负责执行这些战略与政策，并对重要事项进行审批。总行法律事务部作为核心职能部门，负责统筹集团的法律风险管理工作，而各业务部门也积极提供支持和协助。此外，各附属机构和境内外分行均承担着各自机构内的法律风险管理职责，共同为中国工商银行的稳健运营保驾护航。

2021年，中国工商银行在加强法律风险管理方面取得了显著进展，不仅提升了管理水平和防控能力，还有效地保障了集团的合规经营和业务稳健发展，整体运营保持平稳有序。该行积极落实新法规，如个人信息保护法，对业务制度和协议文本进行持续完善。同时，中国工商银行也积极响应金融监管的新要求，针对重点领域和关键环节深入开展法律风险防控工作。通过常态化监测法律风险，中国工商银行进一步完善了总分行间的纵向联动与横向协调机制，成功地将法律风险防控融入业务谈判、产品设计、合同签订等多个环节，从而增强了风险防控的前瞻性、主动性和针对性。此外，中国工商银行还优化了法律工作的跨境协调与管理机制，强化了境外机构的法律风险管理，有效应对了国际化经营中的跨境法律问题。在电子签约系统方面，该行也完善了功能设计和管理机制，加强了业务合同签约用印的全过程管控，有效防范了因违规用印而引发的操作风险、法律风险和声誉风险。

（五）市场风险管理

市场风险主要源于市场价格（如利率、汇率、股票及商品价格）的变动，可能导致银行表内外业务遭受损失。在此类风险中，利率和汇率风险（含黄金）需要重点关注。市场风险管理是一个全面而细致的过程，涵盖风险的识别、计量、监测、控制和报告等环节。其核心目标在于，根据中国工商银行的风险偏好，将市场风险控制在可承受的范围内，以最大化经风险调整后的收益。在市场风险管理方面，中国工商银行严格遵循相关监管要求，实行独立、集中、统筹的管理模式，形成了金融市场业务前、中、后台相分离的管理架构。在责任分工上，董事会承担对市场风险管理实施监控的最终责任；高级管理层负责执行董事会批准的市场风险管理战略、总体政策及体系；市场风险管理委员会作为高级管理层下设的专门机构，负责审议市场风险管理的重大事项，并依照既定规则开展工作；各级风险管理部门和业务部门分别负责本级和本业务领域的市场风险管理，确保政策和标准的贯彻执行。

五、中国工商银行对其他风险源的管理手段

（一）银行账簿利率风险管理

银行账簿利率风险主要是指因利率水平和期限结构的不利变化，导致银行账簿经济价值及整体收益受损的风险。目前，中国工商银行已构建了一套与银行系统重要性、风险状况和业务复杂度相匹配的账簿利率风险管理体系，这一体系与银行的总体发展战略和全面风险管理体系相契合。该体系的关键组成部分包括高效的风险治理架构，完善的风险管理策略及流程，全面的风险识别、计量、监控、控制和缓释机制，健全的内控内审制度，先进的风险管理系统，以及详尽的信息披露与报告机制。中国工商银行严格遵循相关监

管要求，在法人和并表层面进行银行账簿利率风险管理，形成了一套权责清晰、层次分明的风险治理架构。在这一架构中，董事会承担最终的管理责任，高级管理层负责实施管理工作，而总行资产负债管理部牵头负责银行账簿利率风险的管理。其他部门和机构则根据各自的职能分工，执行相应的风险管理政策和标准。同时，内部审计局和总行内控合规部等部门也承担了对银行账簿利率风险管理的审查和评估职责。

中国工商银行在制定银行账簿利率风险管理策略时，会综合考虑风险偏好、当前风险状况、宏观经济状况和市场变化等多个因素，并据此设定明确的管理目标和管理模式。在预判利率走势的基础上，中国工商银行会结合整体收益和经济价值变动的计量结果，制定并实施相应的管理政策。为缓解和控制风险，中国工商银行会统筹运用各类利率风险管理调控工具，确保实际承担的利率风险水平与风险承受能力和意愿保持一致。

为有效实施管理策略和目标，中国工商银行会制定相应的银行账簿利率风险管理政策，明确具体的管理方式和管理工具。在实际操作中，中国工商银行会灵活调整表内调节与表外对冲的利率风险管理方式，运用资产负债数量工具、价格工具以及衍生工具进行管理调控。同时，通过综合运用限额管理体系、经营计划、绩效考评和资本评估等多种方式，对利率风险进行管控和评估。这些措施有助于中国工商银行实现对各业务条线、分支机构、附属机构以及受利率风险影响显著的产品与组合层面的利率风险水平进行有效控制。

中国工商银行在进行银行账簿利率风险压力测试时，坚持全面性、审慎性和前瞻性的原则，运用利率风险敞口计量法和标准久期法，对不同压力情境下利率敞口变动对整体收益和经济价值的影响进行精确计量。同时，中国工商银行综合考虑境内外监管标准、全行资产负债业务结构、实际经营管理状况以及特定的风险偏好，结合当前利率水平、历史变化趋势、资产负债总量与期限特点、业务发展战略以及客户行为等多重因素，设定合理的银行账簿利率风险压力测试情景，并按季度定期开展压力测试工作，以确保风险管理的有效性和及时性。

(二) 汇率风险管理

汇率风险源于外汇资产与负债间币种结构的不平衡，当汇率发生不利变动时，可能导致外汇敞口蒙受损失。中国工商银行在汇率风险管理上，致力

于将汇率变动对财务状况和股东权益的影响限制在可接受的范围内。为规避
此风险，中国工商银行主要依赖限额管理和风险对冲策略。此外，中国工商
银行每季度都会进行汇率风险敏感性分析和压力测试，高级管理层与市场风
险管理委员会亦会定期审阅相关报告。在 2021 年，中国工商银行紧密关注外
部环境的变动和市场趋势，灵活运用限额管理和风险对冲等多元化管理手段，
优化外汇资产负债的匹配度，强化境外机构资本金的保值管理，从而确保汇
率风险整体处于可控状态。

2020 年和 2021 年末中国工商银行的外汇敞口如表 6 所示。

表 6 中国工商银行外汇敞口

项目	2021 年 12 月 31 日		2020 年 12 月 31 日	
	人民币（亿元）	等值美元（亿美元）	人民币（亿元）	等值美元（亿美元）
表内外汇敞口净额	444773	699.19	4027.74	615.93
表外外汇敞口净额	(2762.98)	(434.35)	(1984.74)	(303.51)
外汇敞口净额合计	1684.75	264.84	2043.00	312.42

资料来源：中国工商银行 2021 年年度报告。

（三）声誉风险管理

中国工商银行董事会负责制定与战略目标相契合的声誉风险管理政策，
并构建覆盖全行的风险管理体系，以监控管理状况与效果，并承担最终的管
理责任。高级管理层则负责领导全行的声誉风险管理工作，执行董事会所确
定的战略与政策，并审核相关制度、办法和操作规程，制定重大声誉风险事
件的应对预案和处置方案，以保障风险管理体系的正常和高效运行。此外，
中国工商银行设立了专门的声誉风险管理团队，负责日常的风险管理工作。
2021 年，中国工商银行进一步完善了声誉风险管理体系建设，优化了工作机
制，并提升了管理水平。通过修订并发布《声誉风险管理办法（2021 年
版）》，加强了全集团、全流程的风险管理。同时，通过强化专业和属地"双
线管理"的效能，从源头上预防声誉风险的发生。中国工商银行还积极回应
社会关切，组织并推进了一系列具有影响力的传播活动，以进一步提升其品
牌形象。在报告期内，中国工商银行的声誉风险保持稳定，并保持在可控的
范围内。

（四） 国别风险管理

国别风险源于特定国家或地区的经济、政治、社会变动，可能导致当地借款人或债务人丧失偿还银行债务的能力，或拒绝偿还银行债务，从而给银行在该国或地区的商业活动带来损失。这种风险可能源于经济衰退、政治动荡、社会不安定、资产国有化或征用、政府拒付外债、外汇管制及货币贬值等多种因素。中国工商银行高度重视国别风险管理，严格遵守相关监管规定。董事会在此方面承担着最终监控责任，确保风险管理的有效性；高级管理层负责执行董事会批准的国别风险管理政策；总行风险管理委员会则负责相关议题的集体审议。为了有效管理和控制国别风险，中国工商银行采用了一系列管理工具，包括风险评估与评级、风险限额设定、风险敞口统计与监测，以及压力测试等。为确保风险管理的及时性和准确性，国别风险评级和限额每年至少进行一次复审。2021 年，面对外部环境的不确定性增加，中国工商银行在遵循监管要求的同时，紧密结合业务发展需求，进一步强化了国别风险管理。通过密切监测风险敞口变化，持续跟踪、监测和报告国别风险状况，及时更新和调整风险评级与限额，加强风险预警机制，积极开展压力测试，中国工商银行在推动国际化发展的同时，有效控制了国别风险。

六、尾声

新时代的浪潮下，商业银行的风险管理理论与实践正迎来前所未有的变革与机遇。中国工商银行作为这一时代的佼佼者，其风险管理策略与实践不仅体现了深厚的行业积淀，更彰显了前瞻性的战略眼光。在风险管理的理论探索上，中国工商银行紧跟时代步伐，深入研究新时代金融市场的特点与规律，将先进的风险管理理念与本土市场实际相结合，形成了一套独具特色的风险管理理论体系。这不仅为中国工商银行自身提供了有力的理论支撑，也为整个银行业树立了榜样。

在实践层面，中国工商银行更是勇于创新、敢于实践。通过构建全面、系统的风险管理体系，中国工商银行有效提升了风险识别、评估、监测和应对的能力。同时，中国工商银行还注重风险管理的科技化、智能化，运用大数据、人工智能等先进技术提升风险管理效率，为银行稳健运营提供了坚实保障。展望未来，新时代商业银行的风险管理将面临更多挑战与机遇。中国工商银行将继续秉持"稳健经营、风险可控"的理念，不断提升风险管理水平，为金融市场的稳定发展贡献力量。同时，中国工商银行也将继续深化风险管理理论与实践的创新，为整个银行业的发展提供有益借鉴。

新时代，商业银行的风险管理理论与实践正迎来新的发展机遇。中国工商银行以其卓越的风险管理能力与实践经验，为我们展示了新时代商业银行风险管理的崭新面貌。我们期待更多商业银行能够借鉴中国工商银行的经验，共同开创风险管理的新篇章。

案例使用说明

一、教学目的与用途

1. 适用课程：金融风险管理、金融机构与金融市场、数字金融。

2. 适用对象：本科生、研究生、MBA 学员的案例教学，也可供有一定实践经验的工作人员或管理者学习。

3. 教学目的：教师通过结合中国工商银行风险管理的具体案例，让学生能对金融风险管理方面的基本概念和基本理论有正确的理解和较深刻的认识，对风险管理的框架、手段及措施等基本内容有较系统的掌握，提高学生在社会科学方面的素养，同时还要能够掌握观察和分析风险管理的正确方法，培养学生的风险管理理念、激发学生学习金融风险管理的兴趣，掌握观察和分析金融风险管理的正确方法和解决风险管理实际问题的能力，也为进一步学习其他专业课程打下必要的基础。

二、启发性思考题

以下几项问题可以预先布置给学生，让学生在阅读案例时进行思考：

1. 简述国内商业银行风险管理的历程。

2. 商业银行面临哪些类型的风险？

3. 商业银行风险管理的主要方法策略有哪些？

4. 中国工商银行是如何进行风险管理的？

三、理论依据及分析

（一） 委托—代理理论

20世纪30年代，美国经济学者伯利（Adolf Berle）和米恩斯（Gardiner Means）为解决企业所有者自己经营企业产生的问题而尝试着提出了"委托—代理理论"，倡导企业所有者保留剩余索取权而将经营权让渡给企业管理人。委托—代理的概念是由美国经济学者罗斯首先提出的，他在研究中指出，当事双方在一项活动中，如果一方委托另一方代表自己的利益进行某些决策行为，那么当事双方就形成了所谓的委托—代理关系。随着现代企业规模的进一步扩大，由资本所有者完全独立控制企业的经营活动越来越受到所有者所具有的精力、专业知识、时间、组织协调能力等方面的限制。当所有者不能在进行风险决策的同时又圆满地从事日常经营管理活动时，就会委托专业经理人员去执行监控企业的职能，从而产生了委托—代理关系，也随之产生了委托—代理问题。

首先，委托—代理关系是指这样的一种明显或隐含的契约，即一个或多个行为主体（委托人）雇用另一些行为主体（代理人）为其提供服务，同时授予后者一定的决策权利，并根据其提供服务的数量和质量支付相应的报酬。这种关系实质上是一种非对称信息条件下所结成的契约关系。同时，由于委托人和代理人具有不同的信息优势地位，这种信息上的不对称引发了很多的"逆向选择"和"道德风险"问题。为了获得更高的利润，委托人向代理人提出了更高的要求，如繁重的经营任务、层层加码的各种经营考核指标等，却不管这些任务和考核指标是否与企业的长期目标一致。代理人为了获得更高的收入和职务上的晋升机会，想尽一切办法完成指标。现代企业的委托—代理主要是指企业的所有者即委托人授权企业的经营者即代理人来经营管理企业的一种合约关系，这种合约关系的建立会给企业带来代理成本。委托—代理理论认为，企业所有权与经营权的分离仅是委托—代理关系的外在表现，企业所有者驾驭企业物质资本能力的局限性，才是企业所有者让渡企业经营权从而使委托—代理关系得以产生的内驱力。

其次，在某些银行风险管理领域，代理人会在银行内部和外部想方设法制造寻租机会，导致交易成本上升、银行内部风险累积，最终结果是放大了银行的操作风险。根据委托—代理理论，为了最大限度降低因委托—代理关系带来的成本，规避"道德风险"和"逆向选择"问题，提高所有者的资本回报，取得更大的资本收益，委托人需要通过规范化、制度化的控制和管理来实现对代理人的权力制衡，这也正是风险管理体系孕育构建的出发点。由此可见，风险管理是缓解委托人与代理人之间冲突的有效的制度设计之一，也说明委托—代理理论为风险管理提供了理论依据。

（二）全面风险管理理论

全面风险管理的定义比较多，不同的定义有不同的侧重点。其中，比较有代表性的是美国联邦储备委员会和美国反欺诈性财务报告委员会（COSO）提出的定义。美国联邦储备委员会把全面风险管理定义为一个能够有效应对突发事件、风险及机会并能提高增加股东价值能力的流程。COSO 2004 年发布的企业风险管理整合框架（Enterprise Risk Management，ERM）认为，全面风险管理是一个受董事会、管理层和其他人员影响的过程，从企业的战略制定开始，这个过程贯穿在企业的各项活动中，对风险进行管理，把风险控制在企业的风险偏好之内，确保企业实现既定的目标。

按照 COSO 的 ERM 框架，商业银行全面风险管理是一个从风险管理目标制定到目标实现的风险管理过程。具体来说，商业银行全面风险管理主要包括以下内容：

第一维：风险管理目标。商业银行全面风险管理目标包括战略目标、经营目标、报告目标和合规目标，它决定了商业银行经营管理中的风险容忍度。战略目标是商业银行的最高层次目标，反映了银行的定位和为股东创造价值的管理选择；经营目标涉及银行资源的使用效率，关系到银行如何提高经营业绩及如何为股东创造更多价值；报告目标则关系到银行报告的可信性；合规目标涉及银行对其所适用的法律法规的遵守情况。报告目标和合规目标在银行的控制范围之内，而战略目标、经营目标更多地受到外部环境的影响，可能在银行的控制范围之外。全面风险管理能够使银行管理层及时了解战略目标、经营目标的实现情况，出现突发情况时能及时对战略目标、经营目标进行调整。

第二维：包括内部环境、目标的设定、风险的识别、风险的评估、风险的应对、控制风险活动、信息和交流、监测等在内的商业银行全面风险管理的八大要素。这八大要素彼此相互独立而又相互联系、相互制约，形成了风险管理的有机统一整体。

第三维：商业银行的各个层级。商业银行的管理层、各个职能部门、各条业务产品线、各个分支机构组成了商业银行全面风险管理的各个层级。风险管理的责任落实到商业银行从上到下的每一名员工：总部管理层负有最终的风险管理责任，领导承担所有者的责任。各职能部门、各分支机构管理层承担各自部门、机构的风险管理责任，各条业务产品线经理承担其职责范围内的风险管理责任，负责把风险降到银行的风险容忍度内。商业银行的风险主管、财务主管、审计人员等负有关键的支持性责任，其他人员按照指令参与全面风险管理。

四、关键要点

本案例深入探讨了中国工商银行在新时代背景下风险管理的理念与实践。通过全面审视信用风险、市场风险、流动性风险和操作风险等关键领域，案例展示了中国工商银行如何通过精细化的风险识别、评估和控制机制，确保银行业务的稳健运行。本案例特别关注中国工商银行在风险管理委员会的领导下，如何制定和实施一系列风险管理政策，包括信贷政策、流动性管理策略、市场风险对冲操作以及内部控制和合规性检查。案例还强调了中国工商银行如何利用现代信息技术，如信贷管理系统和风险监测系统，来提升风险管理的效率和效果。此外，案例还探讨了中国工商银行在面对宏观经济波动和市场变化时，如何灵活调整风险管理策略，以及如何通过风险管理促进业务创新和可持续发展。通过这些实践，中国工商银行不仅保障了自身的资产安全和客户利益，也为整个银行业的风险管理提供了宝贵的经验和启示。

案例十五　广州农商银行加强内部管理赋能农业农村发展

摘要："三农"问题一直是党中央、国务院非常重视的涉及国民经济发展、小康社会建设、乡村振兴，乃至中华民族伟大复兴的重大问题。自2004年以来的中央一号文件都是以"三农"为主题，党的二十大也对未来五年农业农村的发展提出了战略规划，描绘了宏伟蓝图，2022年底召开的中央经济工作会议也提出要建设社会主义农业现代化强国，这些都说明了"三农"问题的重要性。"三农"问题的解决既需要国民经济各部门的共同努力，更需要金融部门的大力支持。金融是现代经济的核心，是国民经济发展的血脉，本案例中的广州农商银行是在农信社的基础上改制而来，该行虽然位居沿海开放地区，但长期以来坚持服务"三农"的定位，并且在经济金融化、金融自由化的发展趋势下，通过加强内部管理，在政策、机制、业务、渠道等方面不断创新，自身也得益于服务农业农村发展，已经成为一家资产规模较大、资产质量较好、经营管理水平较高的农商行。

一、引言

前身为农村信用社的广州农商银行，深深打上了为"三农"服务的烙印，成为其立身之本、从业之基，尤其在我国完成了消除绝对贫困的艰巨任务、开启全面推进乡村振兴新征程的背景下，广州农商银行充分发挥主力军作用，为农业农村经济发展提供高水平、多层次的金融服务，为此该行在授信政策、业务模式、产品服务等多方面进行优化，设立了绿色审批通道，积极支持乡村振兴与农业产业、产业园区、龙头企业、绿色信贷和旧村改造等，推动信贷资源向乡村振兴领域倾斜。同时广州农商银行还针对不同企业的自身情况定制融资方案，提升对涉农企业的综合金融服务能力，如针对农业龙头企业推出的"农业链"现代农业综合金融产品等。

二、加强管理，强化风控，坚定服务"三农"目标

（一）健全规章制度，完善公司治理

银行素有"三铁"美称，其中铁的规章制度备受称誉，但是在现实中不少银行都存在一个通病，就是不去真正落实这些规章制度，只是墙上挂挂、纸上画画而已。为此广州农商银行新一届高管非常重视规章制度的落地执行。

一是加强党建工作，提高政治站位，健全公司治理。广州农商银行坚定把党委会作为公司治理结构的重要组成部分，坚定推进并有效落实重大决策问题党委前置研究的决策程序。

二是坚持以健全和强化全行监督体系为抓手，不断做实做强董事会及其专门委员会内部控制管理职责，推动高级管理层采取必要措施依法合规落实董事会决策，促进内部控制各项职责有效履行。

三是积极做好监管机构的治理协调，加深与监管机构的治理互动，持续推动银行公司治理长效机制建设。

四是严格按照监管要求发布相关公告，并持续利用线上线下渠道，特别是微信公众平台开展信息宣传，做好市场信息回馈与投资者维护，及时公告利益相关方关切的问题，不断增强信息透明度，确保内幕信息管理依法合规。

广州农商银行在业务发展方面注重发挥自身优势，坚持支农定位。首先是在公司章程中明确"三会一层"制定落实支农支小发展战略的职责分工，将支农支小考核目标完成情况作为董事会、监事会和高级管理层履职评价的重要内容；其次是进一步优化董事会结构，注重选聘具有"三农"和小微企业业务背景的董事；最后是将相关部门、分支机构和高管人员的绩效系数与支农支小业务规模、占比等情况挂钩等。

（二）积极落实监管要求，进一步加强金融支农

实施乡村振兴战略是新时代做好"三农"工作的总抓手，是金融系统开展农村金融服务工作的根本遵循。金融监管部门为促进农村金融发展推出了

许多政策法规。广州农商银行结合自身的内部管理，认真贯彻落实监管要求，根据监管部门的文件精神，出台了相应的执行措施和操作流程，为加大农村金融服务、推进乡村振兴提供了制度保证。

第一，立足总行层面，调整授信政策，促进乡村振兴。银行围绕全行风险偏好和资产组合配置规划，出台年度基本授信政策和重点行业领域授信子政策，引导信贷资源重点向本土企业倾斜，进一步加大了对民企和"三农"的支持力度。广州农商银行根据"三农"业务特性，分别就旧村改造、村社经济组织、现代生猪养殖业、种植业等领域推出了针对性的细分授信政策，加强涉农领域授信指引。生猪养殖是乡村振兴中群众增收致富的重要产业，广州农商银行以生猪生态养殖行业为突破口，创新授信合作模式，通过对名单内客户精准营销、优惠利率定价等促销政策，加大针对生猪养殖的投放力度，向某区生猪生态养殖项目投放授信额度7.81亿元。

第二，制定细分政策促进涉农授信业务持续增长。在乡村振兴的五大总体要求中，产业兴旺起先导性作用，是全面实现乡村振兴的前提，对于金融机构而言，这意味着支持乡村振兴必须做好社会资金的有效配置，把金融资源更多地分配到支持农业实体经济发展中去。为进一步扩大对优质涉农企业的金融扶持力度，广州农商银行在2021年全行授信政策中进一步强调支农支小的战略定位，在政策层面确立服务乡村振兴的战略导向。该行还针对不同领域的细分涉农产业适配专项授信政策，面向绿色产业、种植业、畜牧业、现代生猪养殖业、农副食品加工业等行业，以更精细化、专业化的金融服务水平，充分满足各类涉农行业的授信需求。

第三，制定差异化授信政策，为小规模农户提供便捷的金融服务。受自然灾害、市场周期及政策变动等多重风险因素的影响，小规模农户开展农业生产经营往往难以获得充足的金融支持。广州农商银行针对这一情况，梳理划分了普惠小微三类客群的资料清单和审查标准，打通了绿色审批通道，优化了小额授信审批流程。

第四，优化尽职免责制度及流程，加大对"三农"和贷款风险的容忍度。为进一步加大对农业实体经济的金融支持，广州农商银行不断积极落实相关支持政策，将符合条件的、受特定情况影响发生的相关业务不良贷款纳入可尽职免责的范围，充分贯彻落实监管部门关于金融支持乡村振兴战略的意见，为乡村金融服务"开绿灯"。

三、创新涉农产品体系，聚焦乡村金融服务载体

（一）定制综合金融产品，推动特色农业提质增效

广州农商银行敢于突破"砖头思维"，在充分审慎的调研基础上，创新授信合作模式，为农业龙头企业、特色行业量身定制"农业链"现代农业综合金融产品，通过多样化担保形式、优化审批流程等手段，重点支持生猪养殖、水产养殖和综合农业产业等多个细分领域农业龙头企业。

一是创新授信方案，结对帮扶，量身定制，支持乡村振兴。广州农商银行了解到某区养殖农户的贷款需求后，根据该农户的特殊情况设计出授信方案。该方案突破了银行以往存量贷款以"商品房"抵押为主的常规操作，在担保方面实行包括抵押、宅基地物业不完全抵押、土地租赁权质押、银行股权质押等形式，为养殖农户打通金融融资障碍；同时优化审批流程，提供绿色审批通道和业务顾问等增值服务，对水产养殖户实行精准的金融扶持对接。

二是创新"整村授信"金融服务，缓解村民"融资难"。广州农商银行持续创新优化乡村金融服务模式，在农村地区推行"一村一策"金融模式，针对当地不同条件的特定企业、商户、居民和村民等主体，结合村社产业特色建立基础村社信息台账，创新推出"整村授信"的批量融资方案，为各个村社制定特色化整村授信方案，提升支农助农业务服务水平。例如，某村村民姚先生从事鱼类养殖已有 6 年，由于缺乏有效抵押物、信用记录相对空白，很难获得银行的贷款支持。由于姚先生所在村社是广州农商银行整村授信合作村社，银行通过走访了解到姚先生的情况后，迅速收集相关资料并现场调研，及时为姚先生解决了资金短缺问题。

姚先生这样的情况并非个例。近年来，广州农商银行充分发挥地缘优势和农村金融主力军作用，陆续在各区各大村社拉开"整村授信"行动帷幕，得到了各区政府和地方各村社的大力支持和响应。根据村社、村民类型及融资场景，广州农商银行设计差异化"整村授信"方案，通过对村社"一村一策"网格化管理，打造简单便捷的专属融资渠道，解决村民无抵押、首贷难、抗风险能力弱等实际融资难题。

三是创新公务人员支付服务，积极推进"村务卡"落地。近年来，广州农商银行不断加强银政合作，以优质金融服务助力政府政策的实施落地。广

州农商银行积极组织总行相关部门和各行政区村社所在的支行网点进行研究，规划行动方案，在全市各行政区村社全面开展"村务卡"业务推动工作，全力配合市财政局推广"村务卡"结算改革，提升乡村治理能力和廉政建设水平。截至 2022 年 6 月末累计核发"村务卡"9154 张，交易结算量超 2800 万元，交易结算量占全市比例超 95%，并与全市 1000 多个村社签署了"村务卡"结算业务服务协议。

四是创新农村金融服务渠道，打造"家门口的银行"。众所周知，农村金融网点少，金融服务不充分，导致村民办理业务需要外出十几公里甚至更远，不但麻烦，而且春耕农忙时根本没有时间。广州农商银行为了确保农村地区普惠金融服务实现全覆盖，切实打通农村金融服务"最后一公里"，规划在村里开设金融服务站。作为"家门口的银行"，它极大满足了广大村民在家门口就能办理银行业务的愿望，为村民们带来了实实在在的便利。截至 2022 年底，广州农商银行在农村偏远乡镇设立了 141 个农村金融服务站，30 余个助农取款点。另外，广州农商银行不断推动人员、服务和产品下沉，在农村人居环境整治、乡村产业发展、"三农"金融服务等方面取得了一系列实践成果，涌现出"美丽乡村改造"项目、"蛙稻共生"产业扶持项目、农村移动支付应用"十百千示范工程"等一批乡村振兴亮点，多措并举提升"三农"领域服务对象的获得感、幸福感。

五是创新推出"金米碳排放权抵押贷"产品。2021 年 9 月广州农商银行推出"金米碳排放权抵押贷"，该产品是首款支持企业节能减排改造活动，满足绿色发展资金需求，创新路径支持农业绿色发展的环境权益类融资产品，拥有担保方式定制化、融资方式多样化、享受绿色政策支持三大特点。

六是运用主承、分销、投资等多种方式，大力支持省内绿色债券项目的注册及落地，在 2021 年该行以主承销商角色助力农业企业发行债券，以承销团成员或投资者身份助力非农业企业发行绿色债券及乡村振兴债券。此外，在投资银行方面，2022 年上半年该行充分发挥地方主承销商牌照优势，秉承轻资本化发展理念，着力构建以直接融资、资产证券化、结构融资为主的投资银行产品体系，以多样化的投资银行产品支持"三农"发展。

（二）研发涉农存款类理财产品，助力农村财富管理

广州农商银行不仅致力于涉农信贷类产品的创新研发，还坚持"立足本土，服务'三农'"的初心，结合"三农"领域客户的需求，为村社与村民

打造出丰富的涉农存款类产品和优惠政策，包括针对村社客群发行的专项理财产品、给予村社类存款最高上浮到顶的利率优惠等，通过灵活的财富产品供应以及贴心的金融服务，为村社、村民资产增值提供强有力的零售存款产品支撑，推动财富金融服务民生，助力乡村振兴。

广州农商银行坚持以客户为中心，不断完善财富产品体系，满足村社客户多元化的投资需求，为村社客户资产增值提供强有力的产品支撑。目前广州农商银行已建立"五富临门"金米理财、"守护联盟"保险产品、"基不可失"权益产品、"强国兴家"储蓄国债、"点滴成金"黄金产品、"锦上添花"资管产品以及"基业长青"家族信托七大产品体系。"五富临门"金米理财涵盖"稳富""添富""嘉富""睿富""鸿富"等系列产品，种类丰富、期限灵活、购买便捷，其中"金米嘉富266天A款"理财是银行面向村社客户发行的专属理财产品，深受村社客户青睐，至2022年6月末累计发行122只产品，覆盖村社客户近8.4万人。

广州农商银行结合村社客户关注的健康保障、子女成长、养老规划、资产传承和投资增值等需求打造的"守护联盟"保险服务也广受村社客户的欢迎。"守护联盟"是聚焦个人客户家庭保障需求的保险产品体系，包括"守护健康""守护子女""守护晚年""守护传承""守护财富"五大保险产品体系，全方位、一站式满足客户的保障、投资和财富传承需求，助力客户财富稳健增值。

广州农商银行注重培养客户风险投资意识，公众号"金米财富资讯"栏目内容涵盖了基金投资理念、固收＋投资小贴士、金融名词解析、保险小知识、ETF小知识、资产配置理念以及理财投资指南等内容。不仅如此，客户还可以在网点免费领取"金米财富资讯手册"，随时随地了解最新投资资讯。此外，为了让客户更好地了解基金产品体系，银行通过自研模型创新打造了"基不可失"四大代销基金产品体系漫画形象。该漫画形象将四大代销基金的特点生动地展现在客户面前，顺应了客户资产配置的新需求、新趋势、新机遇，有效解决了"选基难、择时难、轮动快"的投资问题。

（三）推动互联网金融创新服务，探索特色乡村振兴模式

随着金融科技和大数据金融的不断发展，国内商业银行都开始重视互联网金融在银行业务经营和管理方面的运用，广州农商银行也在积极推进乡村金融服务数字化转型，打造由营业网点等线下渠道和网上银行等线上渠道组

成的多元化、广覆盖的普惠金融服务渠道，满足农村普惠金融服务需求，赋能乡村振兴。

一是开发"村资宝"业务系统，解决了村社集体资金业务审批效率低的农村金融服务难题。以前村资金报销在村干部审批完之后，还需到镇有关职能部门和镇三资中心进行线下审核，缺了任何一个签名、少了哪个环节都没有办法完成，经常出现"一人外出，全程停滞""签个字等一周"的情况。如今，"村资宝"全镇铺开，单笔审批平均仅需 8 小时。"村资宝"运行后，村报账员在"指尖"即可办理资金审批，下一级审批人员马上收到短信提示，并可通过电脑或移动终端对资金支付进行审批。

二是推进"数智化"业务。为响应国家大力推进数字乡村建设、打造绿色低碳乡村的政策，银行加快数字化平台建设，2021 年"数字财政"累计上线平台 21 个，全市各区上线"智慧乡村"涉农平台 27 个，区级覆盖率90.91%，切实助力村社治理水平不断提升。同时开展"移动支付示范镇"建设，以点带面推动"十百千示范工程"落地，持续优化本行营业网点与农村金融服务站服务能力，探索建设乡村振兴特色网点，解决村民客户尤其是老年客户不适应智能设备的难题。

（四）创新银政联动，共同提升"三农"服务水平

广州农商银行积极响应政府助力乡村振兴工作方案，通过场景建设、产品升级、综合营销多角度发力，有效推动乡村振兴全面高质量发展。该行某支行积极联系当地镇政府，银政联动、总行支行共同筹划，制定了"某村民宿项目"工作方案，计划通过引进民宿、康养产业等，有效盘活旧村场，大力发展周边产业，持续建设田园村居一体化综合服务体，增强村社自主造血能力。该村民宿项目得到镇政府的大力支持，项目规划用地约 70 亩，其中村集体及个人宅基地建设用地约 5000 平方米，计划总投资超 5000 万元；项目主体配置 12 个乡宿小院、72 间客房、6 个无边泳池、1 个村史博物馆、1 个农耕展示中心、1 个民宿私房菜、1 个民宿自然健康馆和 60 亩乡村田园，建成后将形成集住宿、餐饮、文娱、康养、休闲于一体的民宿共享空间，帮助村产业环境"旧貌换新颜"。特色民宿产业的落地，离不开该行的授信资金支持。针对项目"抵押难"的问题，银行打破固有模式，"一村一策"创新服务，采用"保证＋土地经营权抵押＋三方协议"的模式，支持授信 1000 万元，有效满足了项目建设的资金需求。

（五）坚持党建引领，共建乡村振兴慈善项目

广州农商银行积极响应党中央号召，坚持金融向善，以党建领航发挥自身的优势，不断加大与基层农村党组织结对帮扶的力度，提升金融支持乡村振兴。该行某支行于 2022 年 7 月与某村党委签订了党组织共建协议书，并由双方代表启动了乡村振兴慈善项目仪式，向该村捐助了 48 万元善款，专门用于橙子种植基地进出道路的硬底化建设。双方还一同到种植基地和乡村振兴项目工地进行了实地考察，谋划未来打造共建品牌的蓝图。此外，广州农商银行还推动经营业务与慈善项目有机结合，开展"支持村建"专项工作，支持乡村生态宜居与村庄美化，2021 年为 273 个村社的银村党建共建场地修葺、公共设施购置与翻新提供专项资金支持 318.21 万元，助力美丽乡村建设，推动城乡融合发展。

四、发展绿色金融业务，促进绿色农产品信贷

（一）绿色金融喜获佳绩

首先，广州农商银行的一家支行获批升格为绿色金融改革创新试验区分行，将绿色金融发展上升至战略高度；其次，在全国银行间债券市场成功发行首期绿色金融债券（30 亿元人民币），进一步拓宽了专项资金来源；最后，该行还推出综合型绿色金融产品"绿企贷"，以创新产品为抓手推动绿色金融发展。

当前国家正在大力培育与支持"专精特新"、未来成长型企业，力图打造以"专精特新"企业为主体的强大的产业集群。作为持续关注和支持实体经济发展的本土银行，广州农商银行也推出了"专精特新贷"专属金融产品，满足专精特新企业在科技研发、生产经营、资产购置、数字化升级等方面的综合融资需求。在中国人民银行开展的 2021 年度乡村振兴考核评估中，广州农商银行获得"优秀"称号。不仅如此，广州农商银行还获得"首批绿色金融改革创新案例"奖，绿色金融品牌影响力得到进一步提升。

（二）做好绿色产业授信方案

某天然生态农业有限公司是一家集种苗培育、水培蔬菜种植、净菜加工

于一体的现代化设施农业科技企业，其种植基地是全省菜篮子工程生产基地、供港基地。该公司已建成 583.82 亩的无土栽培基地，且已处于满负荷生产状态，企业产品供不应求，急需扩展种植面积。根据预算，扩产项目预计投入 2 亿元，而其资金缺口达 1 亿元，但由于无法提供抵押担保，企业在融资时屡屡碰壁。

针对该项目特点，广州农商银行突破传统的授信业务流程，迅速提供"一企一策"的创新授信方案，通过"土地经营权抵押＋农业设施不完全抵押＋锁定销售回款账户"模式，筑牢风险防线，既满足了企业融资需求，又有效把控了授信风险，最终成功给予该企业授信额度 1 亿元，并在 2022 年一季度发放项目贷款 5000 万元，为企业投入"保供给、稳菜价"菜篮子工程保驾护航，有力地推动了乡村振兴。近年来，广州农商银行还创新措施，推出多种绿色金融产品，有效满足了绿色金融资金需求，如创新绿色产品"金米碳排放权抵押贷"、创新"存量循环＋增量获取"营销拓展方式、针对绿色信贷业务给予 FTP 补贴和考核激励等，推动绿色涉农业务发展。

（三）研发涉农类绿色贷款产品

广州农商银行对"金米村民致富贷""金米村民 e 贷"等涉农类产品进行了创新优化，充分响应了农村市场的多元化需求，丰富了业务适用场景。广州农商银行研发上线了生态公益林补偿收益权担保的贷款产品——"金米乡村振兴林易贷"，推广"农耕贷""生猪养殖贷""村园贷"等涉农授信产品，助力林企、林农更好抚育公益林，发展林下经济等绿色产业，目前已覆盖农业龙头企业、"菜篮子"工程企业 40 余家。

（四）满足多层次绿色资金需求

广州农商银行加大金融服务力度，积极推动城乡融合发展。该行积极拓宽农村产权抵质押物范围，首创推出生态公益林补偿权质押产品"金米乡村振兴林易贷"，同时探索"两权"抵押产品，创新首发运用农村土地承包经营权抵押担保产品"金米乡村振兴农村土地承包经营权抵押贷款"。此外，该行还推动"一村一品、一镇一业"，创新"金米乡村振兴花卉贷"，打造花卉种植行业特色商业模式。

在粮食生产、农产品稳产保供等重点关注领域，广州农商银行持续加强金融服务供给。如对农产品稳产保供贷款贴息客户强化授信支持，助力生猪养殖稳定发展。截至 2021 年末，该行的广州市内稳产保供贴息贷款余额 10.56 亿元，增幅 18.12%；生猪养殖行业贷款余额 12.38 亿元，增幅 9.46%。同时，该银行还积极做好央行支农、支小再贷款优惠政策，促进涉农业务发展，将惠农政策落到实处。截至 2021 年末，该行落地支农再贷款额度 17.97 亿元，撬动贷款投放 95.85 亿元，惠及 2975 户农企、农户；落地支小再贷款 90 亿元，撬动贷款投放 256.15 亿元，惠及 6203 户客户。此外，在做精做专整村授信金融模式方面，该行累计审批通过 500 个村社，投放贷款 7.5 亿元；在创新服务现代农业产业体系方面，各类新型农业经营主体贷款余额 22.47 亿元，增幅 20.48%。

此外，该银行还通过积极运用支农再贷款政策支持农业农村发展。截至 2022 年 6 月末，该行共投放符合支农再贷款政策要求的涉农贷款 36.64 亿元，惠及 1161 户农户和农业企业，加权平均利率仅 5%，向人民银行报销支农再贷款金额达 5.37 亿元。

五、战略入股问题农商行，助力风险化解乡村振兴

（一）积极参与农信联社改制

2018 年 6 月，国务院批准某地市将三家农信联社改组为统一法人农商银行。作为全国农村金融机构改革的先行者，广州农商银行积极响应国家和省政府部署，成立专门部门即农村金融改制办公室推进该地区三家农信联社的改制工作。

农信联社存在"小散弱"问题突出、历史累积风险高、改制资金缺口大、风险处置压力大、体制机制重塑难度大等各种问题。不仅如此，经过数十年的积累沉淀，大部分农信社业务规模位居当地银行业金融机构前列，对当地金融系统有着重要的影响，一旦发生风险事件或风险化解处置不当，都将对当地社会经济稳定产生不良影响，其风险处置异常困难、复杂。更重要的是，农信社改制不是简单地更换招牌，而是要从公司治理、经营机制、市场定位等方面对原机构全方位重塑、转换，确保"穿新鞋走新路"。为此，广州农商银行遵循市场化逻辑，突破了农信联社原有管理体制约束。

一是实行新老股东"同股同价"。鉴于原农信联社资金缺口巨大，新投资者需以较高溢价认购新募集股份以达到组建农商行标准，为提高投资者信

心，该行依据"同股同权"原则，并结合对原自然人股东的适当保护，提出老股东可自愿选择折股、现金补差和退股三种处置方案，推动创新解决高达10亿元的老股金处置问题，为解决同类高风险机构改制投资"瓶颈"提供了有益借鉴。

在加强风险防控和不良处置方面，广州农商银行积极发挥专业优势，帮助帮扶机构化解存量风险。一方面，同步引入该行从多年经验中探索出来的"一工程两行动"风险管理项目，通过强化业务过程管理与人的行为管理，将风险管理工作前置，融入日常工作，重视建立事前预防与长效机制，并帮助通过"强化以市场化方式创新不良清收工作机制"，提前介入新增不良资产处置，专项清收存量不良资产。另一方面，派出专项工作组指导不良资产处置重点户的攻坚清收，例如，在地方政府大力支持下，某商业项目大额不良贷款成功处置，一举实现涉诉标的物拍卖收回贷款本息近2亿元，并通过处置股东购买不良资产包收回现金超3亿元。

二是转型重塑，建构现代金融企业制度。广州农商银行着眼于未来可持续健康发展，将注资、注智、注制相结合，从公司治理、体制机制运营、人才培养与引进等维度，多措并举帮扶新改制农商行更有效地建构现代金融企业制度。特别是在业务层面，广州农商银行以"回归本源，专注主业"为基本原则，搭建营销组织体系、强化部门联动并成立专项"突击队"，为专业高效运营提供组织保障，并结合当地乡村振兴及实体经济发展的金融服务需求，创新服务方式与手段，优化业务产品，做深做透本土服务。

截至2019年8月末，相对于改制组建清产核资基准日，新改制农商行经营表现优异，资产总额超340亿元，增长35%；净利润超2亿元，大幅增长超1300%；存款余额增长至近300亿元，市场占比21%；涉农贷款与小微贷款分别超20亿元与90亿元，市场占比分别为20%和55%；不良贷款率大幅压降至1.77%；资本充足率大幅提高至38%，为乡村振兴提供了有力的金融支持。广州农商银行作为战略投资者成功探索出通过合并改制化解风险、提升支农支小服务能力的农信社改革模式，得到中央和省市领导的充分肯定。

三是回归本源，继续发挥金融服务"三农"本质。在改制化险后，广州农商银行充分调动管理和资源优势，在公司治理、定位引导、全面风险管理、审计监督、运营管理等方面不断加强指导和支持，全面树立稳健、审慎、合规的经营理念，推动新改制农商行回归本源本地，聚焦主责主业，不断提升金融服务适配性。例如，依托信息科技力量，统筹资源支持增强了对帮扶单位经营管理和业务发展的科技支撑，成立专项工作组大力推进系统回迁工作。同时借鉴同业先进经验，大力建设客户经理移动工作站、小微金融平台、微信银行，为拓展获客手段提供得力工具。

此外，该行将成熟的"支农支小"商业模式、微贷技术、优势金融产品和配套管理流程植入新改制农商行，持续丰富控股农商银行产品体系和服务方式。广州农商银行监督和引导该转制农商行专注服务县域城乡居民和小微企业，专注传统信贷主业，将户均贷款、单户 100 万元以下贷款占比等指标纳入考核评价体系，增强了支农支小的内生动力，并大力推广小微拳头产品，指导发挥决策链条短、经营灵活的优势，打通"三农"及小微金融服务"最后一公里"。改制化险以来，新改制农商行 2019 年全面完成小微企业"两增两控"和涉农贷款监管目标任务，为精准滴灌地方经济、支持"三农"和小微企业发展做出了突出贡献。

（二）并购高风险农商行

位于粤北的韶关农商银行由两家农信联社合并而成，资产质量差，风险水平高。2017 年底，广州农商银行对其进行了第一次清产核资，2020 年 6 月完成对其的并购并正式挂牌开业，使其成为一家正常经营、稳健发展的农商行。

由于韶关农商银行是两家农信联社合并改制而成，相较于单家机构改制难度更大，仅清产核资回函就涉及 2 万多名客户存款、贷款、股金函证，且客户配合度不高，还有不良贷款高企等亟须解决的问题。广州农商银行工作组联合韶关农商银行员工挂点督导，实时掌握回函进度和存在问题，提出切实可行的办法，经过一次次努力和沟通，终于取得客户理解，在规定时间内完成函证工作。

启动改制前，韶关农商银行考核机制侧重于内部运营，对业务发展不重视，考核导向脱离市场逻辑，对发展业务的正向激励不足，吃"大锅饭"现象严重，员工干多干少一个样是常态，甚至还出现干得越多收入越少的极端情况，导致员工普遍对前途感到茫然，士气低落。在广州农商银行的指导和支持下，韶关农商银行重塑科学的考核机制，突出业务发展的重要性，结合内部运营管理形成良性考核循环，业绩分配彻底打破吃"大锅饭"的陋习，员工士气得到了较大的提升。

改制后，韶关农商银行不良贷款率从原来的两位数大幅下降至 2.32%，各项重要监管指标都满足监管要求，实现了从原来的旧农信社到全新农商行的华丽转变。之后广州农商银行继续把注资、注智、注制结合起来，着眼于韶关农商银行未来可持续健康发展，从公司治理、体制机制运营、人才培养与引进等维度，多措并举支持韶关农商银行更有效地构建现代金融企业制度。广州农商银行在科学引导韶关农商银行切实加强风险控制的同时，以规范的法人治理结构、高效的金融发展模式、严格的内控制度、完善的决策机制为目标，着力推进制度创新、机制创新和服务创新。广州农商银行通过有效整合资源，提升现代金融企业的经营理念和管理思维，充分发挥人缘、地缘优势，持续探索三农金融服务，加快产品结构的优化和创新，提高综合竞争能力，为当地金融稳定发展注入了新鲜活力。

六、尾声

党的二十大报告提出，高质量发展是全面建设社会主义现代化国家的首要任务。如何更好地服务国家战略、推动实体经济高质量发展，已经成为广州农商银行高层重视的战略课题。广州农商银行坚持服务"三农"，坚定"支农支小"定位，在"三农"金融、小微金融、绿色金融等领域持续创新，充分彰显银行的温度与担当。广州农商银行将不断增强使命感和责任感，扎实履行职责，继续坚持"支农支小"定位，开拓创新成长业务，提升综合服务水平，助推乡村振兴的高质量可持续发展。

案例使用说明

一、教学目的与用途

1. 适用课程：普惠金融、绿色金融、金融理论与政策、投资学。

2. 适用对象：本科生、研究生、MBA 学员的案例教学，也可供有一定实践经验的工作人员或管理者学习。

3. 教学目的：本案例较为详细地讲述了广州农商银行加强内控管理，坚持金融服务"三农"、创新绿色信贷产品，助力乡村振兴。案例还通过广州农商银行积极履行社会责任，参与韶关农商银行的改制，既有效化解了山区农村金融的风险，又使重组后的农村金融机构更好地发挥了金融支持"三农"、服务"三农"的作用。具体教学目标如下：（1）掌握农村金融的有关知识和理论；（2）掌握普惠金融、小微企业农户贷款的有关知识和理论。

二、启发思考题

以下几个思考题可以预先布置给学生，让学生在阅读案例时进行思考：

1. 广州农商银行制定了哪些金融服务"三农"的政策？这些政策在支持"三农"业务中发挥了什么样的作用？

2. 广州农商银行金融服务"三农"的创新产品有哪些？带来什么样的成效？其意义表现在哪里？

3. 与城市金融相比，农村金融存在什么难点？为什么"三农"问题是国民经济发展中的重要问题？金融服务"三农"怎样才能有效？

三、理论依据及分析

（一）农村金融理论概述

1. 国外农村金融理论简介

在农村金融理论研究领域，具有代表性的是农业信贷补贴论和农村金融市场论，近年来受信息经济学的影响又形成了不完全市场竞争论。

第一，农业信贷补贴论认为，农村居民特别是贫困阶层没有储蓄能力，农村面临的是资金不足问题。由于农业的"强位弱势"的产业特性（收入的不确定性、投资的长期性、低收益性等），农业不可能成为以利润为目标的商业银行的融资对象，因此为增加农业生产和缓解农村贫困，就需要从农村外部注入政策性资金，并建立非营利性的专门金融机构来进行资金分配，对农业的融资利率也必须低于其他产业，以缩小农业与其他产业之间的结构性收入差距。同时，考虑到高利贷等非正规金融使农户更加穷困并阻碍了农业生产的发展，为促使其消亡，应通过银行的农村支行和农业信用合作组织，将大量低息的政策性资金注入农村，除此之外还要发放以贫困阶层为目标的专项贷款。

第二，农村金融市场理论认为，农业信贷补贴论要求政府财政大量补贴农业给发展中国家带来了沉重的财政负担，而且补贴的有效性也值得怀疑。因此该理论与农业信贷补贴论完全相反，认为农村居民以及贫困阶层是有储蓄能力的，没有必要由外部向农村注入资金；低息政策妨碍人们向金融机构存款，抑制了金融发展；运用资金的外部依存度过高，导致贷款回收率降低；由于农村资金拥有较高的机会成本和风险费用，非正规金融的高利率具有其合理性。

第三，不完全竞争市场理论并不是针对农村金融提出来的，而是被用来诠释农村金融发展中存在的问题，因自成一体，被归为农村金融理论的一个部分。新古典经济学派所谓"看不见的手"原理是建立在理性经济人、完全信息、充分竞争、无外部性以及不存在交易成本等严格的假设前提基础上，而这些假设在现实中很难具备，因此市场会失灵，即市场机制并不能像新古典微观经济学纯理论模型中那样实现资源配置的帕累托最优，表明自由市场经济在资源配置方面并非像新古典微观经济学描述的那样完美，因此建立在这一认识基础上的理论被称为不完全市场竞争理论。

斯蒂格利茨概括了金融市场中市场失败的情形，包括对公共品的监控，监控、选择和贷款的外部性，金融机构破产的外部性，市场不完善，不完全竞争，竞争性市场的帕累托无效率以及投资者缺乏信息七个方面，认为发展中国家的金融市场不是一个完全竞争的市场，尤其是放款一方（金融机构）对于借款人的情况根本无法充分掌握（不完全信息），如果完全依靠市场机制就可能无法培育出一个社会所需要的金融市场，为此需要采取诸如政府适当介入金融市场以及借款人的组织化等非市场措施去支持它。

2. 中国对农村金融发展的研究

国内学者根据中国小农经济的现实状况，对中国的农贷制度进行了理论分析并提出了农户信贷需求论。张杰教授引出两种信贷需求，即理性小农命题下的商业性信贷需求和道义小农命题下的救助性信贷需求，他认为，如果能够确定中国的农户都是理性小农的话，那么商业性的农贷制度就应该跟上；而如果最终认定农户坚守的是生存经济原则，那么救助性农贷制度就必不可少了。但无论是从"理性小农"视角还是从"道义小农"视角来考察中国农村经济中的农户，得出的结论都难免简单化。

农户信贷需求理论从农户对信贷资金的需求角度进行分析，认为理性小农完全和企业家一样追求利润最大化，从而引致商业性信贷需求；而对道义小农来说，维持生存比赚取利润更现实也更重要，他们崇尚的是"活着"的经济学，而不是现代经济学的最优选择，因而更需要救助性信贷。商业性农贷制度在中国的建立与发展取决于小农家庭的转型，而这种转型又取决于与之相伴随的社会、经济与政治成本。当国家和社会难以支付这些成本时，小农家庭经济及其小农信贷制度就有了继续存在下去的充分理由。为此，农贷制度的改革要达到以下目标：一是要恢复农信社的政策性质，兼顾政策与商业两重性质的结果必然是"两头耽搁"；二是要放松对民间农贷的管制与限制，要通过营造宽松适宜的金融环境使其向正规性农贷方向发展；三是要重新认识合作农贷，充分研究如何把它嵌入中国农贷制度的框架里面来。

（二）农村合作金融理论概述

1. 农村合作金融理论

合作金融是以金融资产的形式参与合作，并专门从事规定范围内的金融活动，是合作经济在金融领域的具体表现形式，因而与其他金融组织形式有着不同的产权特征，表现为：一是合作金融的产权制度是某个给定范围内直接合作的个人对某一共同范围内的金融资源大致均等地占有。二是合作金融是互助金融，不以营利为唯一目的，合作金融的本性是不过分追求利润，不图虚伪成绩，不参加股市投机活动。三是合作金融的本质是人的合作，而非资本的结合。合作金融实行一人一票，不论缴纳股金多少，每个社员一般都只有一票表决权。资本显然在这里已失去了特权，它只是充当达到合作社服务目的的一种手段。

2. 合作金融制度的缺陷

班纳吉（Abhijit Banerjee）等建立了一个理论模型，研究了信用合作社的制度设计产生的监督成本。该模型假设合作社有两个社员 A 和 B，每个社员都拥有资产土地和现金 k。

现假设社员 A 对其土地进行投资，因而需要的资金为 $k+K$，而社员 B 没有投资机会，但可以获得其土地资产的回报。假设 $k<K$，这就意味着合作社所有的资金都不够社员 A 借贷，因此必然有部分资金要向外部融资，如果外部的融资为 b，那么社员 B 的融资就为 $K-b$。现设定外部融资的利率为 R，社员融资的利率为 r。社员 B 具有三种身份：一是贷款人；二是担保人，假定担保的债务为 $l(l \leqslant bR)$；三是监督人。

根据上述假定，信用合作制度可以定义为函数 (b, l, r)。接下来，班

纳吉等引入了变量 μ 表示社员 A 投资项目的成功率，μ 虽然是由社员 A 选择，但社员 B 也受影响。设 $\mu\epsilon(\mu,1)$，那么预期利润为 $E(\mu)=\mu\phi(\mu)$，如果 ρ 为贷款人放贷资金的机会成本，那么根据零利润条件，可以得到以下表达式：

$$\mu Rb + (1+\mu)l = \rho b \tag{1}$$

对社员 A 来说，其投资项目借款产生的总利息为：

$$\Gamma = Br + (K+b)r = [\rho b - (1-b)l + (K-b)r\mu]/\mu \tag{2}$$

社员 B 能影响社员 A 的项目选择，影响的方式是对社员 A 选择风险性高的项目施加一个处罚 C，因此社员 A 的选择满足以下等式：

$$\mu[\Phi(\mu)-\Gamma] \geqslant \mu[\Phi(\mu)-\Gamma] - C \tag{3}$$

式（3）中的 C 由函数 $M(C)$ 决定。

对社员 B 来说，可以选择 C 使其利益

$(k-b)r\mu - (1-\mu)l - M(C)$ 最大化，由此产生一阶条件为：

$$[(k-b)r+l]\frac{\partial h}{\partial C} = M'(C) \tag{4}$$

求解式（4）可以得到 $C=f(b,l,r,\mu)$，即成本由两部分构成：一部分为合作制制度的函数；另一部分为项目成功率。

对合作社来说，剩余最大化可以由下式给出：

$$V = E(\mu) - M(C) - \rho K + (K-b)\delta \tag{5}$$

式（5）表示合作社剩余等于预期的项目利润减去监督成本和所有贷款的机会成本，再加上或减去社员 B 贷款部分资金的机会成本的溢出（收益大于机会成本时）或溢入（收益小于机会成本时）。

由于合作制的设计定义为函数 (b,l,r)，所以 μ 和 C 为影响其剩余的外因，要取得式（5）的最大值，可以通过选择 μ 和 C 实现。对式（5）求 C 的偏导数，可得：

$$\frac{\partial V}{\partial C} = \frac{\partial E}{\partial \mu} \times \frac{\partial \mu}{\partial C} - M'(C) = 0 \tag{6}$$

其中，$E'(\mu)=\dfrac{\partial E}{\partial \mu}$ 为监督的边际收益。

为此，班纳吉等给出命题：合作制度的设计会产生较大的边际成本 $M'C$，使边际监督收益小于边际成本。命题的成立可以用反证法证明。由式（5）对 l 求偏导可得：

$$\frac{\partial E}{\partial \mu} \times \frac{\partial \mu}{\partial l} - M'(C) \times \frac{\partial C}{\partial l} \geqslant 0 \tag{7}$$

假设边际监督收益小于边际成本这一命题不成立，则：

$\dfrac{\partial E}{\partial \mu} \times \dfrac{\partial \mu}{\partial C} - M'(C) \geqslant 0$，证明对所有 l，式（7）严格为正，而且 $l = Rb$，在

这种情况下，$\dfrac{\partial r}{\partial \mu} = 0$，且 $\dfrac{\partial \mu}{\partial C} = \dfrac{\partial h}{\partial C}$，根据式（4）可得：

$$M'(C) = \left[(k-b)r + Rb \right] \times \frac{\partial h}{\partial C} = \varGamma \times \frac{\partial h}{\partial C} > E'(\mu) \times \frac{\partial h}{\partial C} = E'(\mu) \times \frac{\partial \mu}{\partial C} \quad (8)$$

即边际监督收益等于边际成本，与假设矛盾。所以命题成立。

四、关键要点

党中央、国务院多年来高度重视农业农村发展问题，作为提供农村金融服务的农商行发挥了突出作用。广州农商银行通过加强内部管理，克服了不良资产双升、业务发展受挫、农村金融服务不足等种种问题，各项业务得到正常发展，农村金融服务及创新层出不穷。选择广州农商银行作为案例代表还考虑到以下几个方面：一是广州农商银行资产规模位居全国同类银行前列，又是在香港联交所上市，具有较大的影响力；二是该行多个高管人员涉及贪污腐败，反映了我国金融机构中公司治理缺失、内部人控制严重的问题，但广州农商银行狠抓内部管理，吸取了教训，重新发展起来，因而更具有代表性；三是广州农商银行坚持服务"三农"，在政策制定、产品创新、服务意识、人才培养，以及参与农信机构改革化解金融风险方面都取得了较好的成绩，因而用作案例分析更为典型。

案例十六 广发银行引进境外战略投资者提升经营管理

摘要： 2024 年 1 月，国家金融监管总局负责人在国新办举行的新闻发布会上宣布，监管部门已经取消了银行保险机构的外资股份比例限制，包括取消外资参股、收购、增资金融机构的股权比例限制。无独有偶，新华社 2024 年 1 月报道，中共中央办公厅、国务院办公厅近日印发了《浦东新区综合改革试点实施方案（2023－2027 年）》，明确了"支持符合条件的外籍人才担任中国（上海）自由贸易试验区及临港新片区、张江科学城的事业单位、国有企业法定代表人，允许取得永久居留资格的外籍科学家在浦东新区领衔承担国家科技计划项目、担任新型研发机构法定代表人，吸引全球高层次人才牵头负责科技创新项目"。

广发银行作为一家全国性的股份制国有银行，21 世纪初就在监管部门和地方政府的积极支持和大力推动下，引进境外战略投资者花旗集团，并由花旗集团派出行长、副行长、业务总监等高级管理人员进驻该银行任职，虽然该外资机构持有的股份没有超过 20% 的比例限制，但也开了外籍高管经营管理国有银行的先河，使广发银行从之前管理水平低、不良比率高的风险行转变为各项监管指标良好、业务经营管理基本正常的一家国有大行。花旗集团投资入股广发银行多年，银行业监管部门始终主导并负责广发银行的引进外资战略投资并实际进行监管，切实了解、掌握外方高管经营管理中存在的磨合问题、公司治理等各种问题，以及如何进行有效的监管，为放开外资股份比例限制积累了丰富的经验，也将为我国允许外籍人员管理国有企业提供诸多参考和借鉴。

一、引言

引进境外战略投资者入股中资银行是我国建设现代化商业银行制度的一

个重要举措，2003 年银监会成立后就积极推动落实，并取得了较好的成效，如 2004 年的交通银行、2005 年的建设银行和中国银行、2006 年的中国工商银行等国有大银行成功引进了境外战略投资，其他全国性的股份制商业银行、区域性的城商行也纷纷加入引进境外战略投资的队伍。而在引进境外战略投资者的浪潮中，又以广发银行尤为典型。广发银行是最早成立的国有股份制商业银行之一，由于历史的原因和内部管理不善等自身因素，广发银行资本充足率低下、不良资产高企，在监管部门的年度监管评级中被列为问题银行，改革重组、引进战略投资者势在必行。花旗集团在竞争中脱颖而出，于 2006 年底战略入股广发银行，并受让了广发银行的全面管理权，尤其是 2009 ~ 2013 年，境外战略投资者纷纷退出或减持之前入股的中资银行，如 2009 年瑞银、苏格兰皇家银行出售中国银行股份，2012 年汇丰银行出售平安集团股份，2013 年高盛出售工商银行 H 股、美国银行出售建设银行股票，以及西班牙对外银行（BBVA）减持中信银行等，但花旗集团不为所动，继续保持广发银行大股东的地位并行使经营管理权近 10 年，使广发银行凤凰涅槃，重新发展成为各项业务指标和监管指标均能达标的正常银行。

二、引进战略投资的前期工作

（一）风险处置

一是加强班子建设。通过从外部调入行长、内部提拔副行长的方式，补齐了高管团队，完善了管理架构，力图解决长期以来存在的管理薄弱问题。

二是加强外部监管。在非现场监管方面对广发银行各项业务进行分析监控，并采取窗口指导、下发监管通报和监管意见书、下调风险评级水平等措施要求广发银行认真整改。在现场检查方面组织了多个检查组对广发银行公司治理、信贷业务、外汇业务、财务会计进行了全面的现场检查，并延伸检查了部分分行，对检查中发现的问题提出了整改要求，做出了处理决定，使广发银行长期以来经营不善、管理混乱的局面有了改观。

三是制定处置预案。在前期现场检查和非现场监管的基础上，监管部门积极借鉴国内外问题金融机构的处置措施，制定了多套风险处置预案，如行政接管、分拆性救助、组合性救助等，最后明确了地方政府注入优质资产后，再引进新的投资者进行重组，地方政府、人民银行和银监会加强对重组工作的监督和支持的总体思路。

(二) 原有股东的清理规范

银监会作为银行监管部门及广发银行改革重组的指导机关，对广发银行原股东的清理规范工作非常重视，专门就折股方案提出监管要求：一是落实老股东的股本金，若出现股东抽逃资本金，广发银行将承担有关责任；二是折股方案要合法有效，按程序走完；三是董事会要获得授权，并向股东公告，避免日后出现法律纠纷。

首先是设立初期，有很多股东是政府部门或事业单位，按照现行法规已不具备股东资格。该部分股权全部转让给了政府控股的公司。

其次是在多级法人制时期，有分行曾发行过优先股和内部职工股，按照现行法规个人股东已不具备股东资格。广发银行指导有关分行认真做好个人股东的解释和沟通工作，确保相关股权转让工作平稳进行。

最后是总行以及部分分行工会组织持有几百万股，另外部分企业股东用于抵债，合计2000多万股，也一并清理规范。

(三) 不良资产处置

1. 处置原则

政府高度重视广发银行不良资产的处置工作，多次指示要求依法合规，特别是对抵债资产要严格按照国资委和财政部规定操作，否则即使回收比例高于会计师事务所的回收标准，也要追究责任。

银监会也积极指导广发银行不良资产的处置工作。当时广发银行按照政府要求将不良资产整体打包转让时，四大国有资产管理公司的报价都不到三成，达不到政府的最低比例要求，势必增加政府注资成本。为此政府有关部门领导及广发银行高管到银监会寻求政策指导，银监会相关部门负责人了解情况后，详细解释了国家不良资产处置的法律规定，对地方性金融机构处置不良资产提出了相关的意见建议，极大地推动了政府依法依规、妥善解决不良资产处置工作。

2. 处置措施

不良资产协议转让之后，广发银行获得了不良资产处置的授权，在报经政府同意后按不良资产的实际情况，分别采取公开拍卖、协议转让、债权减免、债权折让等不同的方式进行处置。

首先，对于产权清晰的抵债资产、债权关系清楚的不良贷款，原则上采取委托拍卖、公开招标、报刊公示等公开方式进行处置。

其次，对于部分产权有争议或存在法律问题的项目，如果处置价格高于会计师事务所审计和评估公司评估结果10%以上（含）并一次性收回现金的，采取协议转让的方式进行处置。

最后，对于损失类资产，如果拟回收的现金金额在本金（抵债金额）账面价值10%以上的（含），可采取协议转让的方式进行处置；如果在本金（抵债金额）账面价值10%以下的，则须采取拍卖、公示等方式公开处置。

三、境外战略投资的遴选工作

广发银行发布公告后，约有40多家国内外潜在投资者表达了投资意向，广发银行择优向其中20多家发出了正式邀请。经过向潜在投资者发放投资意向书和信息备忘录、投资者演示、管理层演示、投资者多轮尽职调查和提交重组方案及报价、银行聘请的专家委员会评比筛选等环节，选出了3家投资者团队参与最后一轮竞投。

（一）境外战略投资者入股比例

2004年底，媒体就有报道称中央政府和地方政府联合出资重组广发银行，同时引进国内金融机构入股，但一直没有落实。2005年两会期间，广发银行改革重组又成为新闻热点，媒体大量报道广发银行可能要引进境外战略投资者，在不改变中资银行性质的基础上，境外战略投资者可以投资入股超过25%的比例红线。

据媒体报道，信息备忘录中明确了可将重组后的广发银行管理权出让给境外战略投资者，同时地方政府也在口头上提到过突破外资比例限制的可能。

"比例限制"是指银监会发布的《中资商业银行行政许可事项实施办法》规定："单个境外金融机构及被其控制或共同控制的关联方作为发起人或战略投资者向单个中资商业银行投资入股比例不得超过20%，多个境外金融机构及被其控制或共同控制的关联方作为发起人或战略投资者投资入股比例合计不得超过25%。"但有专家对此规定进行了解释。世界银行一位高级金融专家表示："这是一种建设性模糊，因为中国并没有规定外资不得突破25%，只是根据相关法规，超过25%企业性质即变为合资银行。在当时的环境下，保留这样一种开放的可能性，可以推动重组获得最大化的成果。"事实证明，这种模糊策略成功地吸引了境外战略投资者，意在进入中国市场的花旗集团更是雄心勃勃。

（二）确定潜在战略投资者

战略投资者的确定是关系广发银行改革重组成败的关键。2005年7月底，重组工作财务顾问和国际协调人联合提出了初步的潜在投资者候选名单，包括23家战略投资者和19家财务投资者候选对象。之后地方政府和有关专家在提交初步意向书的12家潜在战略投资者中进行了第一轮筛选，花旗集团等6家潜在战略投资者入选。接着这6家潜在战略投资者对广发银行开始为期一周的有限尽职调查，同时广发银行也向潜在战略投资者进行管理层演示。

随后确定了进入下一轮谈判的投资者名单，包括花旗集团等5家潜在战略投资者，并由这5家潜在投资者对广发银行开始为期约两个月的第二阶段尽职调查。中介机构向境内外潜在战略投资者发出了股份认购协议及相关协议文本，投资者按规定时间和要求提交反馈意见。在经过5轮谈判后，花旗集团团队、法国兴业银行团队和平安保险团队于2005年底投标认购广发银行85%股权。但本着"不仅选价，更要选优"的原则，最后哪家集团中标依然没有确定。

（三）谈判的原则

2005年底3家潜在投资者团队投标认购、提交正式要约后，地方政府向3家投资者团队明确了以下事项：

一是外资持股广发银行比例不能突破国家现行规定。同时，3家投资者团队成员构成及各成员参股广发银行比例也发生了变化，因此需要交换意见，明确双方要求，为下一阶段进行签约做好准备。

二是为提高沟通效率，广发银行的法律顾问将提供一份中方要求的标准文本，由投资者团队基于自己的考虑进行修改。为便于投资者提交修改文本，财务顾问会与投资方进行多种形式的沟通。此外广发银行也将对资料室资料进行补充，资料时间更新到2006年3月底，并全天候开放，供投资者团队成员进行尽职调查。

三是鉴于 2005 年底 3 家投资者团队已在出价方面分出高低，签约谈判不再讨论价格问题。但是在股份认购协议的其他条款，特别是承诺与保证方面尚有差距。签约谈判重点解决此问题，这是参股广发银行的充分条件。只有必要条件与充分条件达到均衡，达到完美结合，才能最终参股广发银行。

四是广发银行出让 85% 的股权，今后的管理权实质上属于投资者团队。希望投资者团队成员在符合监管部门规定的入股资格前提下，不仅给银行带来资金，而且要带来管理技术、管理经验，以及有利于银行健康发展的资源，如业务资源和客户资源。投资者团队在调整成员构成时，如有必要中方也会进行推荐，但推荐的单位能否最终成为成员单位，由投资方自行决定。

五是在收到 3 家投资者团队提交的修改文本后，将分析、对比 3 家投资者团队的充分条件和必要条件，按照"必要条件选高不选低""充分条件选好不选差""必要条件和充分条件均衡"的原则，提出倾向性意见，按程序报批。一旦批准，马上进行签约性谈判。

中介机构则就将要提交给 3 家投资者团队的标准协议版本的要点向投资者进行了重点说明。3 家投资者团队也就投资者成员构成及拟持股比例的调整问题与中介机构进行了互动交流。其中，投资者团队提出了有关问题，包括修改文本提交后投资者团队成员的调整是否可以继续，以及向投资者团队推荐成员的问题等。

（四）确定境外战略投资

经过多轮沟通和谈判，3 家投资者团队于 2006 年 8 月提交了具有法律约束力的最终要约。按照前述标准，广发银行选择了花旗集团组成的投资者团队首先进行最终签约性谈判，另外两个团队作为备选团队。按照既定程序，在限定的时间内，广发银行和花旗集团投资团队完成了谈判。

2006 年 11 月，广发银行与花旗集团投资团队签署股份认购协议及相关附属协议，如技术合作与协助协议、商标协议等。在与花旗集团签署的技术合作与协助协议中，花旗集团承诺将在风险管理、内部审计和控制、公司治理、财务管理、资产负债表管理、人力资源管理、信息技术、金融创新八个主要领域向广发银行提供支持和协助，帮助广发银行实现综合经营管理水平的提升。同时，花旗集团也承诺输出品牌和技术，帮助广发银行培训和培养未来发展所需的各类高素质专业人才。

四、完成交割

（一）投资者团队成员的资格审查

在对投资者股东资格审核方面，监管部门提出以下要求：一是投资者自身对其入股资格要有认识，若因投资者股东资格不合格而出现问题，将追究投资者责任。二是广发银行要对投资者资格进行初审，合格后再将审核材料报送监管部门。三是律师事务所必须对投资者提交材料的真实性出具法律意见书，对投资者的入股条件是否符合要求必须做出判断。四是投资者声明其资金来源真实、合法，并由律师事务所出具明确的法律意见书。涉及关联企业、关联交易的，要提交各投资者参股金融机构情况，并由广发银行对各投资者成员之间是否存在关联关系做出判断。

按照监管要求，广发银行及中介机构比照 2006 年 2 月 1 日起实施的《中资商业银行行政许可事项实施办法》的规定，组织投资者提交资格审查材料，并向监管部门报送。

（二）协议审核

从签约后到正式完成交割，还需要监管部门的批准。为了达到公平公正、依法合规的重组目标，保护国家利益和中小股东权益，监管部门对签订的各项协议进行审核，包括《股份认购协议》《股东协议书》《技术合作与协助协议书》《商标许可协议书》《披露函》等，发现存在以下问题。

一是广发银行在《披露函》中的情况披露与法规不符。例如《披露函》中披露，广发银行于 2002 年 4 月向人民银行申请变更注册资本，但未得到批复，因此 2001 年新入股的 12 家股东资格没有得到核准。该披露与有关规定和事实有出入。这 12 家股东持股都不超过 10%，按照当时中国人民银行有关规定，持股比例不超过 10% 的股权变更，无须监管部门核准。

二是在《股东协议书》的条款中，赋予了花旗集团确定除投资者外通过转让和认购方式新加入广发银行的股东的提名权，实际上这种权力应该由董事会来执行。

三是花旗集团与投资者团队其他成员签署的相关协议（包括内部协议）在购股权、购股价、公司治理、违约责任、适用法律等方面，存在股东权利不平等、承诺不合理、违约责任不对称等不利于中方投资者的问题条款。相关协议内容必须修改，以求股东之间能够公平、完整地行使股东权利、享有股东利益。

四是监管部门还要求广发银行聘请的法律中介机构对有关协议中的适用法是否符合我国法律要求情况出具明确的法律意见书。

（三）新的高管团队成立

经过监管部门一个月的审核，2006年12月花旗集团牵头的投资者团队与广发银行正式交割，包括花旗集团在内的4家公司各持股20%、IBM公司持股4.74%。

在新一届董事会成员构成方面，花旗集团派出五名董事，分别是行长、副行长。在高管层方面，花旗集团派出多个条线的高级管理人员，包括人力资源总监、合规总监、资金总监、公共事务总监、首席财务官、稽核总监、技术和运营总监，以及公司银行总监。

五、利益冲突导致的磨合问题

（一）特点与创新

一是广发银行改革重组的原则和程序始终坚持"公开、公平、公正"，并参照国际标准、按照国际惯例先后进行了审计、评估、尽职调查、投资者选择等重要环节和程序。

二是实现了之前设定的核心目标。改革重组后广发银行不良资产率、核心资本充足率、资产及贷款损失准备充足率等核心指标均达到监管要求，同时能引进先进的经验和技术，以实现经营管理能力和水平的全面提升。

三是广发银行改革重组方案的设计和操作具有"三方互动、同步完成"的特点。具体来说，就是剥离不良资产、弥补历史亏损和增加资本金这三个主要环节同步展开、始终互动。该模式虽然交易结构复杂、交易过程各方互动难度加大，但是实现了交易时间的压缩，实现了政府、投资者团队、老股东等多方共同弥补损失的格局，创造了由新引进的战略投资者团队承担部分历史亏损弥补责任的国内先例。

四是广发银行改革重组所出售股权比例达到85.6%，在国内商业银行中最高；由新引进的战略投资者团队掌控银行控股权和经营管理权也是国内首例，是对公司治理改革进行的新的尝试和探索。

五是广发银行改革重组引起了国内、国际的广泛关注，参与竞投的国内外潜在投资者数目最多。从最初的 40 多家直至最终选定一家团队，整个过程保持了公平竞争。最终购股价格达到国内同类交易最高水平，模拟交易市净率为 2.27 倍，高于国内绝大多数非上市商业银行引入战略投资者的购股价格。

（二）整合问题

1. 原高管公开质疑

广发银行原副行长郭小平在北京参加一个研讨会上声称对花旗集团重组带领银行走出困境正由"充满信心"到"逐渐丧失信心"到目前"没有信心"。他给出的理由如下：

第一，客户正在流失。郭副行长说："公司的客户和业务也正在流失。相对于国内同业总资产 20%~30% 的增速，广发银行前进缓慢。"他还表示，花旗集团入主银行以来没有看到期待中的变化，反而是一些公司骨干和中层正在纷纷离开，总数达到了上百人，其中包括 5 家分行的主要负责人。

第二，不支持 IPO。郭副行长还声称花旗集团在进驻一段时间内主张发行可转债，而不是上市融资，导致股东间分歧，造成银行业务发展速度受限，这或许正代表了花旗集团的某种意图，因为发行可转债可以使花旗集团将来进一步增加持股比例，进而获得公司完全的控制权。

第三，费用支出增加。郭副行长认为新高管层更多采取的是务虚动作，如派出大量人员到花旗集团进行培训、提议更换银行业务的电脑系统、购置新的办公大楼等，而不是广发银行原来一些员工真正迫切看到的变革，如补充资本、尽快开拓新业务和增加网点布局。另外花旗集团派驻银行的高管、业务顾问，以及技术人员约 30 人，银行每年将固定向花旗集团支付教育培训费上亿元。

2. 公司治理问题

一是董事会尚未发挥主动的决策职能，对银行的发展战略、组织架构等重大问题未予明确。

二是外方高管人员的身份有待确认。花旗集团派出了包括行长、副行长、部门总监在内的 11 名高管人员，这些高管认为他们是根据《技术合作与协助协议》借调来的，其身份仍然是花旗集团的雇员，在广发银行的借调期结束后，他们的工作安排和职务晋升都由花旗集团决定，他们在广发银行期间的薪酬和福利待遇也是由花旗集团支付，广发银行再根据相关协议，于每个会计年度末以其他形式如支付管理费的方式补偿给花旗集团。

但《技术合作与协助协议》4.1 条规定："按照现行的年度技术合作与协助计划，投资者应在技术合作与协助委员会决定和决议的时间和期间向银行调派规定人数的管理人员，以向银行提供任何与技术合作与协助有关的现场建议与指导……尽管投资者借调人员根据 4.1 条被借调到银行，其仍为投资者的雇员，其工资及福利待遇应由银行补偿给投资者。"显然《技术合作与协助协议》是将借调人员归属于劳务人员一类，但作为高管人员的行长、副行长、业务条线总监，其经营管理职责与借调人员的"现场建议与指导"职责是完全不同的。

三是高管层缺乏议事规则，管理混乱。外方高管到位后，直接向行长报告，但原有高管人员并未免职，也未对原有的规章制度进行修订，新老高管人员职责界限不分明，新、老规则共同运作，日常管理较为混乱。中方高管担心原广发银行行级领导是由政府任命的，至今仍未免职，但实际上已经没有经营管理权，如果广发银行出现经营管理上的重大风险或案件，原行级领导如何承担责任。

3. 经营效率未得到提高

重组前广发银行贷款项目是由信贷政策委员会审批，重组交割后外方高管取消了信贷政策委员会，改为先由中方对贷款项目进行初审，再由首席风险官的工作小组进行复审，最后由风险总监决定是否批准贷款项目。这个流程存在的问题如下：一是由于外方高管语言不通，交流存在障碍，递交的文件需要翻译成英文后才能签发出来，增加了管理层次，降低了工作效率。二是对分行的授权额度小，多数贷款项目需要经过总行审批。但外方高管不熟悉、不了解中国国情，一些分行上报的贷款项目审批时间过长，导致部分较好的贷款项目流失。

4. 激励约束机制不健全

花旗集团没有公开派驻银行的这些外方高管的选拔机制和程序，广发银行只是被动地接纳，至于外方高管的业务水平、管理能力如何，银行缺乏话语权。监管部门也只是按照行政许可的有关规定对这些高管进行任职资格的审核，既无权也无法对其实际能力进行考核。

另外，外方高管进驻后的薪酬是由花旗集团垫付，而不是银行直接支付，导致外方高管的责、权、利没有挂钩，并与银行的利益统一起来，且住房租金补贴远远高于中方高管。

5. 在 IT 采购、人员培训等方面引发中方高管较大争议

外方高管进驻之初曾征求各业务部门意见，制定了"补救行动"计划，旨在对银行 IT 系统、资产负债管理信息系统拾遗补阙，加以完善。例如信用卡部 2007 年初就向主管科技的外方高管申请开发信用卡管理信息系统项目。但外方高管提出引进花旗集团开发的核心银行系统，耗资巨大，而信用卡部需要的系统项目未安排开发，也无立项时间表。

在人员培训方面，花旗集团开办了跨文化交流、投资银行和证券等方面的培训，也派出部分管理人员到花旗集团的境外分行短期学习、考察。但这些培训项目没有征求中方的意见，培训课程不够专业、具体，而且参与学习考察的中方管理人员也认为接触不到银行的实际业务，难以达到学习考察的目的。由于花旗集团设计的培训课程不实用，而参加培训的人员需要缴纳培训费，中方高管认为花旗集团有利用培训费用支出变相从银行进行转移支付的嫌疑。

6. 信息资料保密压力大

一是外方高管本身并不对银行的制度、流程、架构进行评估，而是简单外包给中介机构完成，甚至银行的核心数据也是请中介机构处理。据某业务部门中方管理人员透露，外方条线总监和其一名助手曾在机场打电话说要飞往新加坡，要求银行尽快把资料送交给他，被银行员工质疑其将资料携带出境后才放弃要求。另外，外方高管在不申明用途的情况下索要银行某业务的核心业务信息和信贷管理信息，有泄露商业秘密之嫌。

二是广发银行根据要求对网上银行业务进行安全评估时，计划由经过监管部门资格认定的中国金融认证中心进行评估，但外方行长坚持要由花旗集团聘请的中介机构进行安全评估。中方高管担心网上银行业务秘密会因此泄露。

7. 中外双方高管沟通存在问题，相互之间缺乏信任

外方高管认为银行原高管的经营理念、行为方式，以及日常银行运营和执行程序均需改变，但改变的难度和过程超出预想。中方高管则认为花旗集

团不愿将其先进的管理理念、技术（尤其是核心技术）和经验系统地引进银行，至今没有制定风险管理政策和措施，也未介绍先进的风险管理方法。在花旗集团具有优势的零售业务方面，外方高管以技术支持为名向某业务部门索取了一些操作流程、数据系统等资料，但未提出如何修改、完善的反馈意见。

针对中外双方高管出现的上述问题，中方高管提出建立党政联席会议制度作为研究银行重大问题和决策的平台，但未得到外方高管的回应。

六、地方政府和监管部门的处理措施及成效

（一）地方政府的意见

地方政府认为重组后在银行内部的确存在中外两种文化的差异，也存在两股力量的碰撞，省政府对此高度重视，将对广发银行的发展给予大力支持，但银行的内部问题应依靠其自身的公司治理来解决，不宜依赖政府干预。

（二）监管部门的意见

监管部门认为广发银行应在新的董事会、新高管层带领下团结一心，缩短磨合期，切实维护银行员工思想稳定、队伍稳定和经营稳定，确保银行健康平稳发展。为此监管部门提出了具体要求：一是建议挑选了解中国银行监管政策、法规和国情的高管人员，在经营和管理方式上尽快达成共识，确保银行有序运行。中外双方高管人员除技术专家支持外应实行同工同酬。二是董事会和高管层要高度重视资本充足率未达到监管要求的问题，并认真加以研究解决。三是督促银行加强合规管理，特别是要加强信贷风险和操作风险防范，切实防止发生各类案件，确保银行规范稳健发展。四是加大信贷风险控制力度，优化信贷资产结构，高度关注国家宏观调控和产业政策的变化，有效防范信贷风险。五是进一步提高风险防范能力，确保银行健康、持续发展。广发银行应采取有效措施，尽快补充资本，提高拨备覆盖率，加大不良贷款清收和核销力度，提高风险防范能力和持续发展能力。

对于广发集团派驻高管与广发银行的整合问题，监管部门表示会采取以下措施：一是随时向政府汇报改革进程及有关问题，请其继续给予关注、指导和支持；二是在股东、高管与各级员工之间建立畅通的信息交流渠道，加强沟通，扩大共识；三是明确高管人员的职责边界，建立良好的协作机制；

四是完善各项工作制度，理顺工作程序，建立科学的工作运行机制；五是各级管理人员应齐心协力抓好当前经营管理工作，做到改革与发展并重，确保各项业务健康稳步发展。

（三）业绩成效

经过各方努力和广发银行内部员工的观念转变，中外双方的磨合问题逐渐得到解决，业务发展走上正常轨道。改革重组引进广发集团后一年，广发银行资产总额较年初增加近 600 亿元，增幅达 15.09%，其中各项贷款余额约 2500 亿元，较年初增加 300 多亿元，增幅 15.24%；负债总额较年初增加 580 亿元，其中各项存款余额 3600 亿元，较年初增加 330 亿元，增幅 10.18%；贷款损失准备余额约 80 亿元，较年初增加 35 亿元，增幅为 81.63%；当年实现扭亏为盈，全年实现税后利润 25.35 亿元。

七、结尾

花旗集团入股广发银行带来业绩上的成效，还有管理上的改进。尽管初期存在猜忌和诘问，但外方战略投资者还是助力广发银行突围零售业务。在后来花旗集团出售银行股份彻底退出广发银行当年，广发银行的零售业务在营收中的占比达到 52%。另外在引进花旗集团后，风险控制、内部管理流程、组织架构、产品研发等在广发银行也逐渐得到改善和发展。

广发银行改革重组从最初方案的出台到最后的完成都是高层设计、高层决策、高层推动、高层领导，全过程依法依规，既遵循市场规律，又灵活把握国家政策，妥善处置了改革重组中的各种问题，实现了共赢。

首先保证了国有资产的保值增值。与外资银行收割中资银行高额盈利相比，更为大众所诟病的是国有资产在改革转制中的流失。但广发银行进行的是改革重组而不转制，既没有流给外资，也没有流给民资，保证了国有资本对广发银行的控股权。

其次对存在的整合问题，地方政府强调通过公司治理、内部管理予以解决，体现了对外资银行先进经营管理理念的尊重，而不是一味迎合不理性的呼声。监管部门也通过依法监管，查找问题，提出监管意见，促进中外双方的理解和包容，广发银行发展至今业已成为国内外一家有影响力的银行，其中花旗集团 10 年间所起的作用也是有目共睹的。

案例使用说明

一、教学目的与用途

1. 适用课程：公司金融、企业战略管理、财务报表分析。

2. 适用对象：本科生、研究生、MBA 学员的案例教学，也可供有一定实践经验的工作人员或管理者学习。

3. 教学目的：本案例较为详细地讲述了广发银行在地方政府、人民银行和银监会的领导下，以市场运作方式，依法合规地成功引进花旗集团作为外资战略投资者，并授权花旗集团进行经营和管理，提高了银行的经营管理水平。具体教学目标如下：（1）掌握委托代理方面的有关知识和理论；（2）掌握内部人控制的有关知识和理论。

二、启发思考题

以下几个思考题可以预先布置给学生，让学生在阅读案例时进行思考：

1. 广发银行为什么要改革重组？

2. 广发银行改革重组的原则是什么？如何确保这些原则？引进花旗集团作为战略投资者产生了哪些文化、理念与管理上的冲突？最后是如何解决的？

3. 什么是委托代理理论和内部人控制理论？广发银行如何在改革重组中坚持委托代理理论，从而保证国有资产不流失？如何解决重组后的内部人控制问题的？

三、理论依据及分析

（一）委托—代理理论

1. 委托—代理理论概述

委托—代理理论是制度经济学契约理论的主要内容之一，主要研究委托代理关系。所谓的委托代理关系是指一个或多个行为主体根据契约，指定、雇用另外的行为主体为其服务，同时授予后者一定的决策权利，并根据后者提供的服务数量和质量对其支付相应的报酬。授权者就是委托人，被授权者就是代理人。

该理论认为，委托—代理关系是随着生产力的较大发展和规模化大生产的出现而产生的，其原因如下：一方面，生产力发展使生产分工进一步细化，权利的所有者由于知识、能力和精力的原因不能行使所有的权利了；另一方面，专业化分工产生了一大批具有专业知识的代理人，他们有精力、有能力代理行使好被委托的权利。但在委托—代理关系中，由于委托人与代理人的效用函数不一样，委托人追求的是自己的财富最大化，而代理人追求的是自己的工资津贴收入、奢侈消费和闲暇时间最大化，这必然导致两者的利益冲突。在没有有效的制度安排下，代理人的行为很可能最终损害委托人的利益。

2. 三种主要的委托代理理论模型方法

第一种是由威尔逊（1969）、泽克豪森（1971）和诺斯（1973）提出的"状态空间模型化方法"，其优点是每种技术关系都很自然地表现出来。第二种是由莫里斯（1974，1976）最初使用、霍姆斯特姆（1979）进一步发展的"分布函数的参数化方法"，这种方法可以说已成为标准化方法。第三种是"一般分布方法"，这种方法最抽象，它虽然对代理人的行动及发生的成本没有很清晰的解释，但是它让我们得到非常简练的一般化模型。

在对称信息情况下，代理人的行为是可以被观察到的。委托人可以根据观测到的代理人行为对其实行奖惩。此时，帕累托最优风险分担和帕累托最优努力水平都可以达到。在非对称信息情况下，委托人不能观测到代理人的行为，只能观测到相关变量，这些变量由代理人的行动和其他外生的随机因素共同决定。因而，委托人不能使用"强制合同"来迫使代理人选择委托人希望的行动，激励兼容约束是起作用的。于是委托人的问题是选择满足代理人参与约束和激励兼容约束的激励合同以最大化自己的期望效用。当信息不对称时，最优分担原则应满足莫里斯—霍姆斯特姆条件，这是由莫里斯（1974，1976）提出、由霍姆斯特姆进一步解释的。

3. 国有企业委托—代理问题

委托—代理理论对国有企业改革具有较好的应用性。因为所有权和经营权的分离而导致的委托代理问题是股份公司与生俱来的，国有企业改革的一个重要目标就是要建立现代企业制度,因此也同样要面对委托代理的问题,特别是国有企业的特殊性决定了委托—代理关系更为复杂,产生的问题也更加突出。主要表现在:一是代理人追求自身利益而导致对国有资产利益的损害;二是在产权重组中使国有资产流失;三是多层代理关系与较高的代理费用;四是代理关系选择的非市场化;五是国有产权代表缺乏风险责任能力;六是利用委托人与代理人信息不对称,对委托人隐瞒事实。

(二) 内部人控制理论

1. 内部人控制理论概述

内部人控制是在现代企业中所有权与经营权相分离的前提下形成的,由于所有者与经营者利益的不一致导致了经营者控制公司,股东很难对其行为进行有效的监督。早在1992年美国组织委员会就发布了一份报告,即《内部控制——整体框架》报告。在这份报告里面,内部控制被定义为:受董事会、管理层和其他员工影响,目的在于取得经营效果和效率、财务报告的可靠性、遵循适当的法规等目标而提供合理保证的一种过程。

2. 内部控制目标

现代企业中的内部控制主体包括董事会、经理人、管理者和企业,针对不同的内部控制主体,其内部控制目标也应不同。

首先,董事会在公司治理结构中既属于股东代表,又是企业的经营决策者,因此其内部控制的目标既包括对外目标,也包括对内目标。对外目标是实现股东利益最大化;对内目标是保证公司经营的有效性和合法性、保护公司财产安全、保证会计信息的真实和完整。由于董事会具有双重身份,两个目标时常会发生冲突,因此董事会在内部控制结构中就显得尤为重要。然而,董事会在很大程度上掌握在"内部人"手中,经营者实质上控制了董事会,作为股东代表的控制目标很难实现,损害广大股东的利益也就不足为奇,因此应该对董事会的职责和人员组成进行改革。

其次,经理人受聘于董事会,其内部控制的主要目标就是完成董事会的各项受托责任,包括公司经营的有效性和合法性、保护公司财产安全、保证会计信息的真实和完整。该内容与董事会的内部控制目标基本一致。

再次,管理者是企业内部各个责任中心的负责人,是经营者的受托人,对该主体的内部控制目标主要是完成各项责任目标。

最后，职工是企业中委托代理关系的最后一层，其内部控制的主要目标就是完成其岗位责任。

以上四个层次中，以董事会为主体的内部控制处于最高层次，同时，由于董事会是企业的法人代表机构，董事会的内部控制目标代表着企业的内部控制目标，也是其他控制主体的直接或终极控制目标。

3. 国有企业中的内部人控制

由于国有企业的行政化，国有企业负责人一般都具有一定的行政级别，对国有企业一把手缺乏约束，导致国有企业内部人控制现象尤其严重，主要表现为：过分的在职消费；信息披露不规范，而且不及时，报喜不报忧，随时进行会计程序的技术处理；短期行为；过度投资和耗用资产；工资、奖金等收入增长过快，侵占利润；转移国有资产；置小股东利益和自己的声誉于不顾；大量拖欠债务，甚至严重亏损等。国有企业存在内部人控制问题的主要原因在于：一是产权主体缺位；二是债权主体缺位；三是职责不对等。国有企业内部人控制问题可以说问题出在企业内部，而其根源在企业外部，即外部职责的懈怠和外部治理功能的缺失。

四、关键要点

广发银行在引进外资战略投资者之前就已经经营困难、步履维艰，改革重组势在必行，而广发银行改革重组又恰逢中国建设现代商业银行制度之际，这给广发银行的改革重组带来了更多的选择。本案例就是着眼于当时引进外资战略投资者的时代要求，广发银行引进外资战略投资者并授权其经营管理后，银行获得的巨大改变，为中资银行的现代商业银行股份制改造进行了较好的背书。尽管目前广发银行在经营管理方面还存在各种各样的问题，但不可否认的是，在各方面的积极支持和努力下，花旗集团投资入股广发银行并进行全面管理，把一家风险银行改造成了一家基本面较好的银行，达到了当初的预定目的，实现了预定目标。

第六篇　金融风险

案例十七　土耳其里拉坐上"过山车"

摘要： 在全球化和贸易保护主义盛行的背景下，特别是在美联储加息和世界经济缓慢复苏的双重压力下，土耳其等新兴经济体的经济增长面临前所未有的挑战。土耳其进入政治体制和经济体制改革的新时代后，与美国的关系不断恶化，对里拉汇率产生了巨大影响，最终导致土耳其货币危机的爆发。本案例分析了造成里拉危机的经济及政治等因素，有助于更深入地理解汇率风险产生的原因及汇率风险产生的影响。

一、引言

土耳其作为中东地区现代化实践的先驱，以及新兴经济体的代表，其在全球舞台上的地位日益凸显。近年来，因其独特的横跨欧洲与中东的地理位置，土耳其在国际政治舞台上发挥了举足轻重的作用，无论是北约事务还是叙利亚难民危机，均可见其影响。尽管土耳其在全球的地位持续上升，然而，其仍面临着一系列严峻的内部和外部挑战，包括历史上的内部政变以及与其他国家的冲突。土耳其政府当前面临的主要考验之一是土耳其里拉相对于美元的大幅贬值。2022 年 9 月，土耳其的通货膨胀率高达惊人的 83.45%，在 G20 成员中位居榜首，紧随其后的是通胀率为 80% 的阿根廷。相比之下，排名第三的国家的通胀率仅为 11%，显示出土耳其和阿根廷在通胀问题上的严峻形势。虽然土耳其的货币贬值速度尚未达到极端程度，但若持续以当前的速度贬值，不久的将来，土耳其民众恐将深刻体会到货币贬值带来的购买力大幅下降的困境。

二、相关背景

自 2008～2009 年全球金融危机以来，发达经济体的利率一直处于历史低点。国际投资者越来越多地转向新兴市场，以寻求更高的投资回报率。土耳其21 世纪初的经济改革、可观的增长（2010～2017 年年均增长 6.9%）和庞大的国内市场（人口约 8000 万），使其成为国际投资者的一个有吸引力的目的地。

土耳其共和国简称土耳其，是一个横跨欧亚两洲的国家，北临黑海，南临地中海，东南与叙利亚、伊拉克接壤，西临爱琴海，与希腊以及保加利亚接壤，东部与格鲁吉亚、亚美尼亚、阿塞拜疆和伊朗接壤。土耳其的地理位置和地缘政治战略意义极为重要，是连接欧亚的十字路口。1980 年，土耳其选择改革开放转向市场经济，从那个时候开始，土耳其就开始依靠外商投资，经济开始迅速发展。2002～2013 年，土耳其的人均 GDP 从 3000 美元一路飙涨到 12000 美元，迅速跻身发达国家行列。近年来，尽管土耳其在全球舞台上的地位不断提高，但它面临着一系列内部和外部挑战，从中可以看到土耳其面临的危机。

土耳其各大银行及重要企业广泛吸纳外国投资，以美元为主的外部融资填补了该国巨大的年度经常账户赤字，令其成为全球赤字最严重的国家之一。这种对外部资金的强烈依赖，使土耳其极易受到信贷市场变动及其他外部因素的影响。例如，随着美国联邦储备委员会逐步提高利率，土耳其的借款成本相应增加。同时，投资者对土耳其的信用状况产生了质疑。在 2018 年 6 月总统和议会选举前夕，投资者开始怀疑土耳其建筑业的繁荣以及扩张性财政和货币政策的持久性。此外，土耳其与美国之间的政治紧张关系加剧，削弱了投资者的信心。2018 年 8 月，特朗普政府对两名土耳其内阁部长实施了制裁，这进一步导致投资者对土耳其的信心下降。随着投资者减少对土耳其的投资，对里拉的需求开始降低，货币价值随之下滑。随后，土耳其债务的名义价值（以里拉计）上升，这进一步加剧了投资者对土耳其债务可持续性的担忧，进一步抑制了投资者的投资意愿，从而进一步降低了里拉价值，形成恶性循环。

三、土耳其货币危机

2018 年土耳其的货币里拉暴跌，货币价值当时打了个 5 折，就在 2021 年末，土耳其又一次遭遇货币危机，这一波暴跌中，里拉汇率再次下跌 50%，在不到两年的时间内，土耳其央行行长就换了三位。

自 2021 年 9 月起，土耳其央行已四次降低基准利率至 14%。在此期间，土耳其的股市和债市遭受了严重打击，并两度触发交易熔断机制。事实上，土耳其的通货膨胀问题早就存在。2018 年，土耳其里拉已多次经历剧烈贬值，其中最严重的一天里拉暴跌了 16%，短短两个月内里拉兑美元贬值了 50%。

显然，土耳其已深陷一场严重的货币危机，且经济崩盘的迹象已初步显现。2021 年 12 月 20 日星期一收盘时，伊斯坦布尔证券交易所的里拉兑美元汇率已达到近 20 年来的最低点。当天，总统在每周内阁会议结束后的新闻发布会上，公布了一系列旨在稳定经济的措施，包括政府承诺补偿低于相应美元存款利息的里拉存款、增加政府对养老金的支持比例，以及降低政府对出口商品的征税。这些措施在几小时内便促使近十亿美元转换为里拉，里拉在伦敦和纽约市场的汇率开始迅速回升。

西方媒体对土耳其的政策一直持批评态度，指出通货膨胀给土耳其民众带来了沉重负担，尤其是城市居民和低收入家庭。然而，当其他国家如美国通胀率达到 9% 左右，面临全球质疑时，或是英国、意大利等国的通胀率攀升至 7%～8%，导致领导人相继辞职时，土耳其民众却表现出了相当高的抗压能力。这可能与他们在 2001 年就已经历过高通胀有关。

不得不承认，多次危机还是严重侵蚀了民众和投资者对土耳其里拉与经济增长的信心，暴露出土耳其政府经济治理的缺陷，也给未来土耳其的发展增添了诸多不确定性。

四、危机根源

（一）政策

土耳其经济结构性问题根深蒂固，很长时间未得到根本性解决。其经济外部地位相对薄弱，与基本面状况不匹配，导致经济发展中内外部失衡加剧。通胀率持续高企、利率上升、经常账户赤字不断恶化，同时外汇储备相对不足，与外债及银行和非金融企业的外币再融资需求相比显得捉襟见肘。这些因素共同增加了大规模和长期资本流动逆转的风险，进而促成了货币危机的爆发。

自 2003 年起，土耳其开始接受国际货币基金组织（IMF）提供的 110 亿美元紧急援助方案。尽管这一方案名义上为援助，但实际上附加了大量条件。在接受援助后，土耳其政府开始经济改革，重点推动国企私有化和自由市场改革，以加快全球化进程。从 2003 年开始，土耳其将私有化确立为国家战略，导致几乎所有具有经济价值的国有资产都被拍卖出售，包括能源、交通、烟草、银行、医院、教育和住房等关键行业。在近 10 年的私有化进程中，埃尔多安政府取得了显著的经济增长。依靠出售国有资产，土耳其的 GDP 年均增长率达到了 7.3%，人均 GDP 也从 2003 年的 4700 美元增长到了 1 万美元以上。同时，土耳其在通胀率控制方面也取得了一定成效，2012 年之前通胀率一直维持在 5%~8% 的水平。然而，这种以出售优质国有资产为代价的经济增长模式具有不可持续性。一旦这些资产被全部出售，土耳其的财政收入将大幅下降，最终陷入中等收入国家陷阱。

2008 年，美国次贷危机引发全球金融动荡，土耳其经济迅速受到冲击，增长停滞。为应对此局面，埃尔多安政府采取了发行更多货币的措施。自 2012 年起，土耳其效仿美联储，实施了数轮量化宽松政策，导致里拉大量涌入股市和房地产市场。由于土耳其资本市场相对不成熟，大量资金集中在房地产和基础设施建设上，政府依赖房地产经济来维持财政稳定。然而，这些收入并未投入新兴产业，而是继续扩大基础设施建设规模。在此期间，土耳其国内到处都在进行机场、公路建设和旧城改造，整个国家仿佛变成了一个大型施工现场。2012~2015 年，尽管土耳其经济勉力维持了 3 年增长，但这种增长模式难以持久。2015 年，美联储开始加息，导致土耳其里拉大幅贬值，从最高时的 1 美元兑换 3 里拉暴跌至 1 美元兑换 17 里拉。在接下来的 5 年多时间里，里拉一直在贬值。尽管 2018 年里拉因贬值幅度过大而有所反弹，但整体贬值趋势并未改变。同时，土耳其的通胀率也从 2016 年开始失控，平均通胀率达到了 10%，2018 年 6 月甚至超过了 16%，进入了恶性通胀阶段。尽管如此，土耳其民众对此已有一定心理准备，因为在 1999 年，土耳其曾经历过 100% 的通胀率，因此当前的通胀水平仍在可承受范围内。

利率政策对于经济增长和货币传导机制的有效性产生了一定的抑制作用。为了应对通胀和物价上涨，利率政策在中央银行货币政策中的地位日益凸显。自 2006 年起，土耳其央行开始实施明确的通货膨胀目标制，旨在维护金融稳定。2008 年以后，为了减轻全球危机的不利影响，中央银行在利率政策中引入了不对称的"宽利率走廊系统"，将银行业融资利率作为利率工具。这一基于积极流动性的灵活框架政策，有助于在全球不确定性增加时减少资本流动的波动性，但同时也影响了货币传导机制的有效性。2009~2016 年，土耳其的年度短期利率普遍维持在高位。其中，2009 年短期利率达到 10.14%，而在其他多个年份，利率也超过了 10%，仅在 2013 年为 6.93%，2015 年，短期利率达到了顶峰，为 10.95%。土耳其长期的高利率水平引发了以套利为目的的国际热钱大量流入。此外，高利率也抑制了市场活力，降低了经济增长速度，并对整体就业水平产生了负面影响。2017 年，土耳其经济出现了过热现象，国内生产总值增长率达到了 7.4%，位居世界第一。进入 2018 年后，由于通胀率持续高企，土耳其银行间隔夜同业拆借利率从 1 月的 13.3% 迅速上升至 7 月的 18.5%。为应对此情况，土耳其央行将 7 天回购利率从 2018 年 5 月的 8% 上调至 7 月的 17.75%。

2018 年初，土耳其央行曾向埃尔多安总统提出通过提高利率控制通胀的政策建议。埃尔多安总统否决了这一政策建议。在整个危机的演进过程中，土耳其中央银行的独立性受到外界严重质疑。埃尔多安认为，为了实现经济独立，必须追求一种新的模式，这种模式更多地依赖于土耳其的生产潜力和市场活力，而不是其他国家的良好意愿。他认为实施由低利率驱动经济增长的新模式，基于低利率、有吸引力的汇率（相对低于 2021 年初）和更高的出口，这种方法将提高土耳其的生产能力，吸引越来越多的西方公司寻找靠近市场的廉价和专业劳动力及生产中心，并从服务和旅游业获得更高的收入。因此 2018 年从 9 月到 12 月中旬，政府将利率从 19% 下调至 14%。然而，这项政策的问题在于，它导致里拉的汇率迅速而急剧下降，这一下降超出了政府和中央银行的预期。由于通货膨胀已经很高，里拉的贬值将导致通货膨胀水平自动恶化，并对大多数土耳其公民的生活产生深远影响。

（二）高通胀

常年的高通胀对土耳其的经济损害非常大，这不仅意味着里拉的国际购买能力被严重高估，贬值是必然，而且还意味着土耳其的供需严重不平衡，经济随时可能崩溃。土耳其历史上的多次经济危机，尤其是 2000 年的银行流动性危机和 2001 年金融危机的冲击，彻底改变了土耳其人的消费习惯。尤其是年轻人储蓄意愿淡薄，崇尚超前消费。这就造成国内消费总需求超过消费品供给和进口消费品之和，消费膨胀成为土耳其社会的普遍现象。埃尔多安在执政的前 10 年积极向欧美靠拢，在出售国有资产的同时，还吸引了不少欧美资本入场。但随着埃尔多安和美国决裂，美国加大了对土耳其的经济制裁，资本也开始疯狂外逃，这让土耳其的经济雪上加霜。

（三）高负债

2011～2018 年，土耳其外债总额不断攀升。2011 年 3 月，土耳其外债总额为 3020.9 亿美元。2018 年达到最大值 4669.75 亿美元。2011 年中央政府债务总额占 GDP 的比重为 42.36%，2016 年为 31.87%。可以看出，中央政府外债总额占 GDP 的约 1/3，比重比较大。当外部环境变化时，过度举债成为发展的重要隐患。外债高的同时，土耳其外债偿还能力较弱。原因如下：一是经常账户长期赤字。二是土耳其外汇储备远低于外债总额。2016 年外债为 4092.51 亿美元，外汇储备为 920.60 亿美元，外债是外汇储备的 4.45 倍。2017 年外债为 4550.77 亿美元，外汇储备为 841.93 亿美元，外债是外汇储备的 5.41 倍。三是随着土耳其里拉的贬值，外债偿还成本越来越高。

土耳其的债务期限结构不合理。2016 年后，土耳其采用宽松的货币政策和积极的财政政策恢复经济。基础建设是主要经济推手，多数项目依赖外债，主要是欧元和美元。外债占 GDP 的比例持续上升，短期外债占比超过合理水平（20%）。这种结构使外债易受汇率波动影响，增加了偿债风险。2017 年底至 2018 年 3 月，土耳其外债规模迅速增长，占 GDP 的比重达到 52.9%，短期外债占比高达 25.94%。高短期外债占比和高汇率波动敏感性增加了债务违约风险。此外，土耳其银行坏账率约为 7% 且不断上升，显示企业还款能力下降，可能引发债务违约。经常项目赤字和外汇储备减少引发了市场对土耳其大规模违约对全球金融造成冲击的担忧。

土耳其严重依赖进口，导致贸易赤字严重，政府不得不举债来平衡逆差。截至 2020 年底，土耳其外债规模庞大，占 GDP 的 60% 以上，而外汇储备仅为外债的 1/3。外债大部分以美元计算，若美元加息或升值，还债成本将大幅增加，导致企业急于兑换美元还债，进而使里拉暴跌，引发货币挤兑。这些原因最终都会导致银行流动性风险上升和市场避险情绪加剧，形成羊群效应，加剧里拉的暴跌。高通胀不利于出口，有利于进口，进一步加剧了经常账户逆差。为平衡逆差，埃尔多安政府不得不举债，形成高外债。若外汇储备耗尽，土耳其将面临债务违约和破产风险。但土耳其外债主要来自欧盟国家，违约将对欧盟造成较大影响。土耳其可能转向自给自足和内循环经济，表明高通胀、高逆差和高外债是相互关联的。

五、结语

当年亚洲金融危机时，国际资本先利用汇率波动制造混乱，随后利用美元进行抄底操作，多轮操作之后，优质资产被以极低价格收购。埃尔多安政府大幅降息的做法，无疑会吸引国际投机者的关注，他们可能会利用此机会做空土耳其市场，一旦市场出现破绽，这些投机者便会疯狂涌入，瞬间瓦解土耳其的金融市场。而这样的动荡会进一步强化美元的避险属性，形成恶性循环，使土耳其的经济崩溃看似难以避免。如果里拉持续贬值，其汇率可能崩溃，外债无法偿还，国家信用也将破产。在这一过程中，普通民众和欧洲债权人将受到较大损失，而持有土耳其大量固定资产和制造业的利益集团可能不会受到太大影响。最糟糕的情况是，土耳其可能不得不重建其货币体系，甚至可能退回到以物易物的原始交易方式，并将债务问题转嫁给国际社会。尽管货币贬值有助于提升土耳其的贸易出口，但长期来看，这一策略可能导致贸易逆差扩大，需要通过外国投资或借款来弥补。货币疲软还加剧了土耳其的通货膨胀问题，使进口商品价格上涨，影响了进口数量，未来可能会出现贸易顺差的情况。而这一切都是以牺牲劳动密集型产业和民众利益为代价的。土耳其的经济操作对其他发展中国家的伤害可能最大，尤其是那些与土耳其有竞争关系的国家。

　　土耳其里拉汇率问题实际上是土耳其经济问题的反映，是多种因素长期累积的结果。土耳其政府采取的策略如果成功，将带领国家实现经济转型，并挑战西方经济学的理论；如果失败，可能导致违约和债务问题传导至欧洲，甚至引发全球经济危机。届时，欧洲可能会像拯救希腊一样出手援助土耳其。对于大国而言，无论发展中国家之间的竞争结果如何，它们都能从中获利。最受伤的仍将是土耳其的普通民众，他们将在政府和资本的双重压力下承受巨大损失。

案例使用说明

一、教学目的与用途

　　1. 适用课程：金融风险管理、国际金融、公司金融等任何与"汇率决定、汇率波动、汇率风险管理、货币危机、货币政策"有关的课程。

　　2. 适用对象：本科生、研究生、MBA 学员的案例教学，也可供有一定实践经验的工作人员或管理者学习。

3. 教学目的：本案例重点讨论土耳其货币危机发生的过程、原因及发展趋势，剖析了相关国家货币危机及背后国家汇率风险的形成原因及其影响。具体教学目标如下：（1）熟悉汇率风险的相关知识和理论。（2）掌握影响汇率风险因素的知识理论。（3）掌握汇率风险带来的影响。

二、启发思考题

以下几个思考题可以预先布置给学生，让学生在阅读案例时进行思考：

1. 什么是汇率风险？

2. 影响汇率波动的主要因素有哪些？

3. 汇率风险会带来什么影响？

4. 土耳其里拉汇率风险给发展中国家的启示是什么？

5. 可以通过哪些方式降低汇率波动带来的损失？

三、理论依据及分析

（一）现代汇率决定理论

现代汇率决定理论的研究，普遍被认为是从瑞典经济学家卡塞尔（Gustav Cassel）提出的购买力平价理论开始的。20世纪70年代布雷顿森林体系解体前，汇率理论的核心一直是购买力平价理论。该理论是以一价定律为基础，认为两种货币的汇率取决于各自对商品的购买力。这种汇率决定理论是从商品市场的角度去考虑汇率决定问题的，并且建立在一些严格的前提假设之上，如完全竞争的市场、完全信息（完全预期）、各国在市场上都遵从小国模型的运行规律等。但是这些严格的古典假设并不完全符合实际。其后，研究人员从其他角度对汇率问题进行了深入的研究。研究的方向从流量分析转向存量分析，从商品市场分析变为侧重于资产市场分析，带有鲜明的时代需求特征。就现代汇率形成来看，其中任何一种单一的理论都不足以支持汇率形成，如早期提出的购买力平价理论是使用一国货币国内的购买力与比较其他国家货币购买力来确定汇率，但从实际来看，该理论与实现情况有比较大的差异。

1. 购买力平价理论

购买力平价理论（purchasing power parity）由瑞典经济学家卡塞尔于1922 年提出，并在《1914 年以后的货币与外汇》一书中进行了完整的阐述。该学说认为一国货币对外币汇率主要是由两国货币在其本国所具有的购买力决定的，两种货币购买力之比决定了两国货币的兑换比率。购买力平价隐含下列假设条件：一是市场完全竞争，商品价格呈完全弹性，市场一切要素的变化均能及时反映到商品价格的变化之中；二是本国和外国的价格体系完全相同；三是不考虑运输成本、保险及关税等交易费用。由此可见，购买力平价理论的假设条件相当苛刻。用公式表示为：

$$S = \frac{P}{P^*}$$

上式称为绝对购买力平价。它表明汇率是一个取决于两国相对价格的名义变量，当本国的价格水平相对上升时，本币购买力相对下降，即本币贬值，汇率就下跌，相反，当本国的价格水平相对下降时，本币购买力相对上升，即本币升值，则汇率就上升。这就是购买力平价所揭示的汇率与货币相对购买力或相对价格水平之间的经济关系。除了绝对购买力平价外，卡塞尔还提出了相对购买力平价的概念。首先，确定一个基期，设基期的汇率水平为 S_0，则相对购买力平价可以表示为：

$$S_t = \frac{P_t}{P_t^*} S_0$$

虽然卡塞尔认为汇率水平和变动趋势的基础是购买力平价，但他并未排除其他因素对汇率的影响。他承认其他变量和随机因素的作用也会影响现实的汇率水平，但认为购买力平价是汇率最重要的决定因素。购买力平价作为汇率决定理论具有相当重要的地位，表现在它往往是其他汇率理论中的一个重要假设。例如，以价格自由浮动为特征的货币模型假设购买力平价在短期内是成立的，而以价格黏性为特征的货币模型则假设购买力平价为一长期均衡条件。

2. 利率平价理论

利率平价理论（interest rate parity）是由英国著名经济学家凯恩斯（John Maynard Keynes）于 1924 年提出的。他认为汇率变动与两国间的利差有关，投资者根据两国利差大小以及对未来汇率的预期进行投资选择，以期获取收益或避免风险。如果资本在各国间可以自由流动，不存在交易成本，投资者将资金在本国生息，在到期日将得到 $(1+i)$ 的回报，如果将资金转移到国外，则在到期日用本币计算将得到的回报为：

$$(1+i^*)\frac{F}{S}$$

如果这两个值不相等，则投资者就存在套利的机会，因此在资本充分流动的前提下两式相等，转换之后得到：

$$\frac{F-S}{S} = \frac{i-i^*}{1+i^*} \approx i-i^*$$

这就是利率平价表达式。当 F 为远期汇率时，这个公式又被称为抵补的利率平价，反映出的关系就是汇率的远期升水（贴水）与两国利差的关系。

在开放经济情况下，对政府政策效果的分析是蒙代尔—弗莱明模型最为著名之处。首先考察货币政策的效果，按照蒙代尔—弗莱明模型的结论，在浮动汇率和资本具有充分流动性的条件下，政府所实行的货币政策可以有效地影响生产。假设政府增加货币投放量，在既定的收入水平上，货币的供大于求使本国利息率降低至国际市场利息率水平之下，结果导致资本外流，国际收支出现逆差。在外汇市场上，本国货币随之出现贬值。如果马歇尔—勒纳条件成立，本币的贬值使进出口贸易趋向顺差。出口的增加将使本国的收入上升，使本国的利率回升，只要本国的利率低于国际市场的利率，资本的流动就不会停止，因而出口持续的顺差将最终使利率恢复到国际市场的水平。在新的均衡下，本国的生产水平提高了。在浮动汇率下的财政政策将不能有效地影响生产。假设政府增加财政支出，将使本国的收入增加，导致进口需求增加，同时在货币总量不变的情况下，货币需求增加，使利率上升。在资本自由流动的情况下，资本项目的调整占支配地位，国际收支出现顺差，资本内流，本币升值。本币的升值将使经常项目逆差加剧，国内收入下降，最终使利率回到国际市场利率的水平。经济活动的水平又回到了财政支出增加前的水平。政府财政支出增加所导致的需求增加被因本币升值所造成的出口需求下降所抵消。需求总量没有发生变化，只是需求结构发生了改变。

3. 蒙代尔—弗莱明模型

蒙代尔—弗莱明模型是在 20 世纪 60 年代由罗伯特·蒙代尔（Robert Mundell）和马库斯·弗莱明（Marcus Fleming）提出的。该模型将资产市场和资本流动与凯恩斯主义的开放经济的宏观经济学结合起来，分析了在不同的汇率制度下政府宏观经济政策的有效性。它是当时西方发达国家宏观金融管理的重要理论基础，目前仍然是国际经济学和国际金融学教科书中的重要部分。

首先模型假定价格水平是既定的，社会上存在未被充分利用的资源，总供给曲线是平缓的，因而经济活动的水平由总需求决定。或者从另外的角度来说，模型进行的是短期分析。在这种情况下，产品市场的均衡就可以表示为：

$$Y = A(i, y) + N(S, y) + G$$

国内的总产量 Y 在均衡时等于国内的支出 A（本身是利率和收入的函数）、本国的净出口 N 与政府支出 G 的总和。

该模型分析的是一个小国经济，因为国外的价格和利率水平等经济变量是给定的，本国经济的变化未对其产生影响。蒙代尔—弗莱明模型包括产品市场的均衡方程、货币市场的均衡方程、国际收支平衡方程和实际利率、实际汇率两个恒等式等内容。经济的总体均衡是由产品市场、货币市场和国际收支都达到平衡决定的。其中的货币市场均衡就是传统的 IS－LM 分析中的 LM 函数，即货币需求与利率成反比，与收入成正比。国际收支的均衡表示在浮动汇率下，一国的经常项目和资本项目的差额应该为零。

在开放经济情况下，按照蒙代尔—弗莱明模型的结论，在浮动汇率和资本具有充分流动性的条件下，政府所实行的货币政策可以有效地影响生产。假设政府增加货币投放量，在既定的收入水平上，货币供大于求使本国利息率降低至国际市场利息率水平之下，结果导致资本外流，国际收支出现逆差。在外汇市场上，本国货币随之出现贬值。在固定汇率下，情况正好相反：由于货币供应量是内生变量，政府没有货币政策的自主性，因而货币政策不能影响产出。而财政政策将有效地影响经济活动的水平。假设政府采取扩张性的财政政策，则利率上升，资本内流，本币面临升值压力。

4. 灵活价格模型

灵活价格模型（flexible price monetary model，FLMP）强调货币市场的供求状况在决定汇率水平中的重要作用。该模型的核心思想是，汇率是两国货币的相对价格，而不是两国商品的相对价格，因此汇率水平主要由货币市场的供求状况决定。该模型假定了稳定的货币需求函数，货币需求依赖于实际收入、价格水平和利率。其公式如下：

$$s_t = p_t - p_t^* = m_t - m_t^* - \phi(y_t - y_t^*) + \lambda(i_t - i_t^*)$$

公式中的小写字母表示宏观变量的对数形式，＊号代表外国。在方程中，我们可以看到，本国货币供应量的增加和利率水平的上升将导致本币贬值，而本国国民收入的提高将导致汇率升值。

5. 汇率超调模型

汇率超调模型（exchange rate overshooting model），也称黏性价格货币模型（sticky-price monetary model），是由多恩布什（Rudger Dornbusch）于1976年提出的。

汇率超调模型放弃了购买力平价持续有效的假设，而是假定购买力平价在长期内有效。汇率超调模型关于长期汇率的决定理论同灵活价格货币模型是一致的，但在分析汇率的短期波动上，汇率超调模型是遵循凯恩斯主义的理论，货币供应量的变化将会导致实际汇率水平发生变化。汇率超调方程为：

$$s_t - \bar{s}_t = -\frac{1}{\alpha\lambda}(p_t - \bar{p}_t)$$

汇率超调模型实际上是介于凯恩斯主义和新古典主义之间的一种理论，即在短期内是凯恩斯主义所持的货币政策对经济具有实际影响的观点，而在长期内则是新古典主义的货币政策为中性的观点。这一理论将货币市场、国际收支、产品市场结合起来，以比较综合的视角来研究汇率的变化，应该说，它比购买力平价理论和灵活价格货币模型更加全面。此外，在汇率自由浮动、商品价格呈黏性的情况下，货币供应量的变化会导致名义汇率出现剧烈的波动，而名义汇率的波动又会使实际汇率发生变化，从而对一国的经济活动产生重要影响。

6. 资产组合平衡模型

资产组合理论认为，由于金融市场具有风险收益的特征，而外汇市场风险不可能通过资本转移而完全消除，风险是投资者确定投资本国有价证券还是外国有价证券所要考虑的首要问题。因此，无抵补的利率平价不可能成立。由于风险的存在，投资者倾向于使其持有的风险资产多样化。相对于其他资产，那些收益较大的资产在资产组合中的比例将不断扩大。由于财富一定，投资者必须减少另一种资产的持有比例，因此在不同的资产之间只能是部分替代。汇率受经常项目收支状况的影响，外国资产的增减通过资本项目的累积方式表现，因此国际收支在汇率的决定和变动中起着重要的作用。资产组合理论认为汇率是由所有金融资产（包括货币资产）存量结构平衡所决定的，风险的存在意味着两国的利差等于汇率的预期变化加上随时间变化的风险收益。包含风险收益是资产组合理论的显著特征。资产组合平衡模型如下：

$$s_t = c_0 + c_1(m_t - m_t^*) + c_2(y_t - y_t^*) + c_3(p_{t-1} - p_{t-1}^*) + c_4(w_t - w_t^*) + c_5\rho$$

7. 汇率的新闻模型

汇率的波动是市场参与者对未来市场基本因素预期变化的一种反映，而在实际中那些未被预期到的变动对汇率波动产生了重要的影响。汇率的新闻模型认为，汇率波动应该用不断进入外汇市场的新信息来解释，因为汇率的变动可能是反映基本因素的非预期变动。而所谓的"新闻"（news）就是指那些与汇率有关而在前一期没有被预期到的新信息。实际上，汇率的新闻模型是把影响汇率的所有因素融入新闻项里进行分析，是对原来汇率结构模型的一种扩展。汇率总的决定因素可分为预期因素和非预期因素，通过模型就能判断新闻在汇率决定中的作用。新闻项影响外汇市场上交易者的预期，任何新闻因素都会及时地、有效地融入即期汇率或远期汇率中而影响外汇市场的交易。这也解释了在即期到远期的时间内获得的新信息可能导致远期汇率是将来即期汇率的有偏估计，而远期汇率很难解释将来即期汇率的变动。

（二）汇率风险管理理论

1. 汇率风险识别

风险的识别首先是通过已有的经验对风险进行研究和判断，其次是对过去产生的相关反馈进行整理分析，进而找出所有的相关因素，有针对性地预防和规避。风险识别内容包括：首先，分析应当考量存在何种风险；其次，对风险的成因进行判定；最后，确定存在的风险所导致后果的严重程度如何。风险识别有以下五个特点：不确定性、连续性、主观性、个别性以及全面性。

汇率作为不同币种的比价，其实质为一种货币的价格在另一种货币形式上的体现，汇价的波动会造成汇率的不确定性，产生汇率风险。所谓汇率风险，一般是指在一定时期内金融主体在不同货币间的相互兑换或折算过程中，因汇率发生未曾预料到的变动，导致相关主体的实际收益（或实际成本）与预期收益（或预期成本）发生偏离，从而使其获得额外收益或蒙受经济损失的可能性。狭义的观点认为汇率风险等同于外汇风险。随着研究的深入，大多学者认为汇率风险和外汇风险这两个概念并不完全相同。狭义的汇率风险是指外汇风险，而广义的外汇风险除了外汇风险以外，还包括国家政策风险、外汇信用风险以及外汇交易风险等。通常会把汇率波动带来的风险分为三种，即交易风险、折算风险和经济风险。

首先是交易风险。交易风险主要指企业或个人在与客户进行外汇买卖的业务或在以外币进行贷款或投资以及随之进行的外汇兑换活动中因无法预料汇率变动而遭受到的损失。而交易风险又可以分为交易结算风险和买卖风险。

交易结算风险指企业因为经营外币存款和汇兑业务时必须随时买入或者卖出外汇以保证流动性而产生的风险。这是因为企业在结算交易中处于被动地位，在日常经营中需要保持一部分未平盘头寸。

买卖风险指银行在进行外汇买卖及以外汇资金借贷时因出现敞口头寸多头或空头而承担的交易风险。如银行的代客购汇业务在客户下订单和交割时点之间如果汇率异常变动就可能给企业带来损失。企业的外汇存、贷款的币种头寸错配也会带来汇率风险。

其次是折算风险。折算风险是指由汇率变动而引起企业资产负债表某些外汇项目金额变动的风险。其产生是因为进行会计处理时将外币折算为本国货币，而不同时期使用的汇率不一致。

最后是经济风险。经济风险是指由于汇率的非预期变动引起企业未来收益发生变化的可能性，即未来现金流量的现值的损失程度。汇率波动会引起利率、价格、进出口、市场需求等各种经济指标的变化，这些又将直接或间接地对企业的资产负债、授信业务、结售汇、国际结算业务量等产生影响，从而带来损失。

汇率风险和利率风险一样是商业银行经营中面临的主要市场风险。利率与汇率经常相应变动，因此银行的利率水平也会间接地影响其外汇暴露风险。

总结各种理论，可以发现汇率风险产生的外部原因主要有两个：

首先是汇率变动。企业之所以会面临汇率风险，从本质上来说主要是由于汇率变动所导致的，因此影响汇率波动的因素也就成了致使企业面临汇率风险的原因。造成汇率变动的因素众多，主要有三种：一是国际收支状况。国际收支的支出项目构成了该国的外汇需求。当本国对外贸易出现国际收支顺差时，国际储备增加，使外汇供给大于需求，本国货币将面临升值的压力，外币相对贬值，使以外币计价的企业收益减少，从而产生了汇率风险。二是利率。汇率作为两种货币间的兑换比例，必将受到资金流动的影响。而资金的国际流动是由各国的利率水平决定的，因此利率对汇率的变动也起着决定性的作用。当一国利率水平较高时，会吸引大量的国际短期资金涌入，使外汇市场上本币供不应求，本币面临升值的压力，导致企业面临由于利率变动带来的汇率风险。三是通货膨胀水平。通货膨胀是造成汇率变动的一个长期因素。一国发生通货膨胀表示该国单位货币所代表的价值量将减少，对内贬值，外汇汇率上升，本币汇率下跌；倘若一国发生通货紧缩，物价下跌，该国单位货币所代表的价值量将增加，对内升值，外汇汇率下跌，本币汇率上升。这种汇率变动将给诸多企业带来汇率风险。

其次是外汇市场。企业可以通过保值性交易规避汇率风险，因此外汇市场发展程度的高低直接影响着企业防范汇率风险的能力。但目前，中国外汇市场的不完善主要表现在两个方面：一是外汇市场的组织架构不健全。在中国银行间外汇市场组建后，由于其批发市场的性质，外汇市场的真正参与主体基本上只包括中国人民银行与几家从事外汇业务的大型商业银行，可以说企业几乎是被排除在外的，也不存在真正意义上的外汇经纪人，使外汇市场表现出排他性和垄断性。这种排他性和垄断性将使企业不能在外汇市场上通过保值性交易来规避汇率风险，从而加大了企业的汇率风险。二是避险工具单一。理论上，企业可以通过金融工具来对汇率风险进行管理，但由于中国金融市场不够成熟，对外汇仍然实行较为严格的管制，国内银行仅能向企业提供远期外汇交易保值，提供的防范工具品种单一，缺少国际发达资本市场的避险工具。如此等等，都在宏观上制约了企业规避汇率风险的能力。

企业的自身状况所导致的汇率风险是企业汇率风险产生的内部原因，主要包括以下几个方面。

一是汇率风险管理意识不强。目前，很多企业缺乏风险管理意识，而且普遍认为汇率变动由宏观环境决定，对此采取消极的风险管理态度，所以企业对汇率风险的防范不是很重视。同时，企业管理层对汇率的变动反应迟钝，严重缺乏汇率风险预测方面的知识和能力。因此，企业不能准确判断汇率的走势及其对企业对外投资业务的影响，难以适应汇率日益剧烈的变化，不能有效地规避汇率风险。

二是汇率风险管理体系尚待建立。一方面，大部分企业都没有设立专门的货币管理部门，一般对外投资企业的涉外业务往往由财务部统一管理，相应的汇率风险职位也是由财会人员兼任，而不是由专业的汇率管理人员担当。由于财务人员一般不具备专门的汇率管理知识，因此也就无法有效利用金融工具对汇率风险进行规避，进而使对外投资企业面临汇率风险。另一方面，企业普遍缺乏有效的风险监控体系。良好的风险监控体系是汇率风险管理的重要组成部分，缺乏完备的风险监控体系，企业就无法对相关风险进行识别、评估和规避，进而增大了汇率风险。

三是专业外汇管理人才缺乏。由于汇率风险管理的概念被企业所接触和接受的时间并不长，加上汇率风险管理意识上的缺失，导致整个社会不是特别重视对汇率风险的管理。

2. 风险度量

控制风险的前提是准确地度量风险。传统的用于度量汇率风险的方法还有外汇敞口分析和敏感度分析。

企业的外汇敞口是由于银行外汇资产组合与外汇负债组合之间不匹配以及表内外业务中的货币错配形成的。在某一时段内企业某一币种的多头头寸与空头头寸不一致所产生的差额就形成了外汇敞口。近几年来，外汇汇率的波动幅度很大，汇率的波动给企业的外汇敞口带来了不确定的损益。这种不确定的损益使企业面临着较大的汇率风险。当汇率向不利的方向变动时，外汇敞口就会给企业带来潜在的损失。国际银行界通常采用的计量方法有净汇总敞口计量方法、总汇总敞口计量方法、汇总短敞口计量方法。后基于这三种方法提出了改良后的加权总敞口计量方法。

净汇总敞口是企业各币种多头头寸形成的长敞口与空头头寸形成的短敞口相互抵消后的绝对值。用公式表示即为：

$$NAP = |L - S|$$

其中，L 为各币种的长头寸，S 为各币种的短头寸。当外汇敞口组合中的货币变动高度相关时，长头寸外币敞口与短头寸外币敞口之间的汇率风险可以相互抵消，在这种组合下，适合采用净汇总敞口计量方法衡量汇率风险。

总汇总敞口是银行各币种多头头寸形成的长敞口和空头头寸形成的短敞口相加。用公式表示即为：

$$GAP = L + S$$

其中，L 为各币种的长头寸，S 为各币种的短头寸。当外汇敞口组合中的货币变动完全不相关时，长头寸外币敞口和短头寸外币敞口之间的风险就不能相互抵消。在这种组合下，适合采用总汇总敞口方法来衡量汇率风险。

我国商业银行计算外币总净敞口采用的是汇总短敞口计量法。汇总短敞口计量法也是巴塞尔委员会在计算银行汇率风险的资本要求时采用的计量外币总净敞口头寸的方法。

汇总短敞口是指银行各币种多头头寸形成的长敞口与缺口头寸形成的短敞口之间取值较大的一方。用公式表示即为：

$$BAP = \max[L, \ S]$$

加权总敞口是考虑到各种外币汇率之间存在着相关性，因此要精确计量外汇敞口，就应该考虑不同货币之间的相关系数。用公式表示为：

$$WAP = WgGAP + WnNAP$$

其中，Wg 为币种的长头寸的权重，Wn 为币种的短头寸的权重。通过不同汇率间的相关系数来计算加权的汇率相关系数，然后推测最优的权重。根据对不同币种外汇汇率相关性的计量，精确计算汇率风险敞口头寸，企业可以量化自己的汇率风险。在持有多种货币头寸，货币头寸方向相反、金额相同的情况下，高度相关的货币可以产生对冲效应，银行的汇率风险敞口将下降。

国际大银行则普遍使用 VaR 计量汇率风险。VaR 被称为"在险价值"，是指对于给定的置信水平，市场在正常波动的状态下，在未来特定的持有期内所遭受的最大可能损失。它具有科学、精确、实用等特点，因而被西方广泛用于银行、证券、金融衍生工具等方面。1993 年，G30 集团首度提出用 VaR 方法来度量市场风险；1994 年，JP 摩根风险管理集团系统总结了 VaR 模型的原理和计算方法，并公开发表了其风险计量模型——Risk Metric；1995 年，巴塞尔委员会也同意具备条件的银行将 VaR 作为基本计量工具。

VaR 就是一种测量风险的方法，它将风险化为一个容易理解的数字，简单明了地表示市场风险的大小，在数学上可以表示为：

$$prob(\Delta p > VaR) = 1 - \alpha$$

VaR 可以通过历史模拟法、方差—协方差法、蒙特卡罗模拟法情景分析与压力测试法来测算。它可以用来量化汇率风险，使商业银行风险管理者能够实现对风险度的把握，提高银行汇率风险控制与管理水平。目前，VaR 方法因能全面、准确地反映商业银行面临的汇率风险状况，已成为全球各主要银行、公司及金融监管机构重要的风险管理方法之一。

压力测试法是在"最坏事件"的假设前提下，衡量汇率在市场变量发生突变或者在某一极端的市场状况下可能的表现及可能的最大损失。压力测试主要有两种类型：一种是敏感性分析；另一种是情景测试。敏感性分析是对汇率风险的线性度量，是一种单因素分析方法，主要是指在保持其他条件不变的情况下，研究单个市场风险要素的变化可能对收益或经济价值产生的影响；情景分析法是一种多因素分析方法，研究多种因素同时作用可能产生的影响。每种汇率风险度量方法都有其适用性与实用性。

3. 风险转移与风险分散理论

风险转移理论是指通过某种方式将风险从一个主体转移到另一个主体的过程。在金融和保险领域，这通常涉及将潜在的损失风险转移给第三方，如通过购买保险或使用衍生金融工具。风险转移的目的是减少或消除风险对原始承担者的影响。

风险分散理论又称为多元化理论，是指通过分散投资组合中的资产来降低风险的方法。该理论认为，将资金投资于不同的资产类别或市场可以减少特定投资的波动性对整个投资组合的影响。通过分散投资，投资者可以降低非系统性风险，即特定于个别资产或公司的风险，但无法降低系统性风险，即影响整个市场的风险。

四、关键要点

(一) 案例分析关键点

本案例分析的关键在于确定汇率的影响因素，进一步进行汇率风险识别、度量及管理。

(二) 关键知识点

本案例分析所要运用和掌握的关键知识点主要有汇率风险识别、汇率风险成因、汇率风险产生的影响。

(三) 能力点

通过对本案例的分析与讨论，培养学生的综合分析与概括能力、创新思维能力、理论探源能力及对实际风险管理问题的分析、诊断与解决能力。

案例十八 艺术品也疯狂

——文化产权交易所的金融创新和风险控制

摘要：本案例以主要经营模式为核心，对文交所的交易制度、风险进行了总结。天津文化产权交易所（以下简称"天津文交所"）交易模式缺乏稳固的投资基础，其类证券化的交易方式未建立有效的退出机制，使投资者可能陷入充满风险的"击鼓传花"游戏。实际情况似乎验证了后者的担忧，份额化交易在初期高涨后迅速遭遇暴跌，伴随而来的种种问题和潜在风险在媒体曝光后，引发了政府的高度关注。有人对文交所的股权结构及其运营规则提出质疑。具体而言，他们疑惑为何文交所这一重要的文化交易平台，其控股权会掌握在民营房地产企业手中。同时，他们也不解为何文交所既是交易规则的制定者，又是交易活动的参与者，这种双重身份是否存在潜在的利益冲突。艺术品证券化交易的投机性已经引发了市场的广泛担忧。随着投机资金的涌入，艺术品的定价越来越偏离其实际价值。在这种情况下，投资者参与市场的唯一动机便是预期价格上涨，而非对艺术品的真正欣赏或投资。在投机氛围的影响下，投资者的决策逐渐失去了理性。他们往往盲目追求短期的高收益，而忽视了长期的投资价值。这种非理性的投资决策，不仅加大了市场的风险，也损害了投资者的利益。

一、引言

艺术品作为市场中的重要投资品种，不仅具有保值和增值的潜力，更承载着丰富的文化和历史内涵。它们是人类文明的瑰宝，是时间的见证者，也是情感的寄托。随着社会经济的发展和人们对艺术的认知提升，艺术品市场正逐渐成为一个备受瞩目的领域，展现出蓬勃的发展态势。随着科技的进步，数字艺术和虚拟艺术也崭露头角，为投资者提供了前所未有的选择。数字艺术以其独特的创意和表现形式，吸引了大量年轻投资者的关注。而虚拟艺术则通过虚拟现实技术，将观众带入一个全新的艺术世界，让人仿佛身临其境。这些新兴的艺术形式不仅丰富了艺术品市场的多样性，也为投资者提供了更多的投资渠道。

2023 年，艺术品交易呈现出线上交易常态化的趋势。这一变化得益于互联网技术的快速发展和普及。许多拍卖公司纷纷尝试线上交易的形式，通过网络平台展示和销售艺术品。线上交易不仅拓宽了艺术品的流通渠道，还降低了交易成本和时间成本，为投资者和藏家提供了更加便捷的交易方式。然而，线上交易也面临着一些挑战。例如，如何保证艺术品的真实性和品质成为线上交易的一大难题。为了解决这一问题，一些拍卖公司开始引入区块链技术，通过数字证书和加密技术来确保艺术品的真实性。此外，线上交易还需要建立更加完善的法律法规体系来保障投资者的权益。

除了线上交易常态化外，2023 年的艺术品市场还呈现出一些其他趋势。例如，跨界合作和艺术衍生品市场的兴起为艺术品市场注入了新的活力。跨界合作使艺术品与其他领域进行融合创新，产生了许多新颖的艺术形式和作品。而艺术衍生品市场则将艺术品转化为日常生活用品，让更多的人能够接触和欣赏到艺术。艺术品市场似乎正处在一个充满变革和机遇的时代。随着科技的发展和市场环境的变化，艺术品市场将不断迎来新的机遇，随之而来的也有各种风险。

二、我国文化产权交易所发展历史

2007 年，沪深等地提出构建"文化产权交易所"。

2008 年，在全国政协十一届一次会议上，有提案提出要成立北京文化艺术品交易所，提案认为，文化艺术品交易所的成立可以在一定程度上使文化艺术市场信息更公开透明，有利于文物艺术品的回流和保护。

2009 年 6 月 15 日，我国第一家文化产权交易所——上海文化产权交易所正式揭牌，同年 9 月 17 日，天津文交所成立，同年 11 月，深圳文化产权交易所成立。

2010 年，以份额化为特征的艺术品产权交易模式首先出现。

2011 年 1 月 26 日，类证券化的艺术品份额化交易模式投入实践。其后不到 3 个月的时间里，全国范围内又有 20 多家文交所推出了艺术品份额化交易。

2011年11月，国务院出台《国务院关于清理整顿各类交易场所切实防范金融风险的决定》，公布了交易所"五不准"原则：除依法设立的证券交易所或国务院批准的从事金融产品交易的交易场所外，任何交易场所均不得将任何权益拆分为均等份额公开发行，不得采取集中竞价、做市商等集中交易方式进行交易；不得将权益按照标准化交易单位持续挂牌交易，任何投资者买入后卖出或卖出后买入同一交易品种的时间间隔不得少于5个交易日；除法律、行政法规另有规定外，权益持有人累计不得超过200人。

2012年，《国务院办公厅关于清理整顿各类交易场所的实施意见》发布，艺术品份额化业务受到了监管限制。

2014年，开发了新的交易标的——邮币卡，即邮票、钱币和磁卡。

2017年，全国共设有交易场所1131家，开展邮币卡交易的有15家；文化艺术品类交易场所共有113家，其中开展邮币卡交易的有37家。国务院批设的清理整顿各类交易场所部际联席会议办公室向各地下发文件要求对邮币卡类违规交易模式果断采取措施，控制交易场所和主要庄家的人员与资金，防止卷款潜逃。

截至2019年底，根据天眼查数据以及各大文交所统计，正常开展业务或已公示在"白名单"内的文化艺术品产权企业不足50家（不含香港、澳门、台湾地区），基本上维持了"一地一类交易场所保留一家"的政策要求。

2022年发布的《关于推进实施国家文化数字化战略的意见》指出，国家文化数字化战略应以"国家文化大数据体系建设为抓手"，"文化产权交易机构要充分发挥在场、在线交易平台优势，推动标识解析与区块链、大数据等技术融合创新，为文化资源数据和文化数字内容的确权、评估、匹配、交易、分发等提供专业服务"。因此，建设文化大数据交易平台，是推进实施国家文化数字化战略中国家赋予文交所行业的使命与任务。文化产权交易所是为了促进文化产业发展而成立的专业化、市场化产权交易平台。

目前来看，大部分文交所在政策法规之下谋求生路，很多文交所规避了此前备受争议的艺术品份额化交易这一方式，积极处理遗留问题，寻找新的途径，开展其他方面的业务，步伐谨慎，着力长远，试图打开文交所发展新局面。交易所承载了以下四大核心职能和业务：一是作为文化产权交易的核心平台，运用尖端的网络技术与平台，结合高效的计算机交易系统，发布及时、准确的文化产权交易信息，促进买卖双方的高效对接，从而加快文化产权流转速度，大幅缩短交易周期。二是文化产业投融资平台为各类文化企业或相关方提供定制化的投融资产品设计方案与专业的资讯服务，以满足不同企业的独特需求。三是承担着文化企业孵化的重要任务，为相关企业提供股权登记、资产托管与重组、企业改制等一站式配套服务，助力企业稳健成长，并助力其实现在资本市场的成功上市或重组。四是作为文化产权登记托管平台，提供全面的文化产权托管服务，负责执行文化产权的登记工作，并承担交易见证、过户、质押登记等关键职能，确保产权交易的合法性与安全性。

三、艺术品"证券"面世

天津文交所是由三家股份有限公司及部分自然人共同出资，经政府批准，于 2009 年 9 月 17 日注册成立的。公司注册资本 1.35 亿元。天津文交所被列入《T 市 2009 年第二批金融改革创新 20 项重点工作计划表》，其总体协调由当地金融办、发改委和开发区管委会负责。2010 年底天津文交所艺术品交易所推出了艺术品证券化交易，即以艺术品作为交易标的，将其分割成多个份额进行交易。在天津文交所，投资者可以像买卖 A 股股票一样买卖艺术品份额。这种艺术品交易方式与股票交易方式几乎相同，都有开户、首发申购、集合竞价、每次买卖至少 1 手等相似的步骤，当然在涨跌幅限制、资金托管第三方、退市机制等方面有不同的规则。从 2011 年 1 月 26 日至同年 10 月 21 日，天津文交所共发行了 4 批 20 件艺术品，此后受政策影响，再未发行任何新的产品。

（一）份额交易

天津文交所使用的份额化艺术品投资是将一件艺术品分为若干份额，投资者可以在交易平台上交易这些份额。每份份额初始价格为 1 元，以艺术品总价除以 1 就是该艺术品的总份额。其交易方式类似于股票交易，吸引了不少中小投资者入场。

（二）"T+0"模式

最初天津文交所大胆采用了"T+0"的交易方式。"T+0"是一种证券交易制度，凡在成交当天办理好证券和价款清算交割手续的交易制度，就称为"T+0"交易。通俗地讲，就是当天买入当天就可以卖出。其操作方法可以使资金在当天进行频繁的买入卖出，一旦投机资金进入买卖市场，一幅艺术价值不高的作品价格就会被炒得很高，如果散户贸然跟进，很容易被深度套牢。

（三）交易时间

天津文交所的交易包括集合竞价阶段和连续竞价阶段，每个交易日都有固定的时间段进行交易：开盘集合竞价时间为 9：15 至 9：25，开盘集合竞价与连续竞价之间的时间为 9：25 至 9：30，连续竞价时间为 9：30 至 11：30 和 13：00 至 15：00。其中，9：20 至 9：30 阶段，天津文交所的交易主机不接受撤单申报；在其他接受交易申报的时间内，未成交申报可以撤销。

（四）交易费用

天津文交所的交易费用包括佣金和上市费用，佣金 0.2%，根据交易金额累计程度的不同收取，上市费用由发行代理商支付。佣金双向收取，单笔交易佣金费用不足 1 元的按 1 元计算。协议转让佣金费率按成交金额的 1.5‰收取。

（五）交易规则

天津文交所的交易规则与股票市场相似，包括开户、首发申购、集合竞价、每次买卖至少 1 手等。

（六）交易对象

天津文交所的交易对象并非传统的股票、债券或商品，而是艺术品的份额。这意味着投资者不再只能购买整个艺术品，而是可以选择购买艺术品的部分所有权，即份额。艺术品作为一种特殊的资产，其价值往往受到多种因素的影响，包括艺术家的知名度、作品的历史背景、稀缺性以及市场需求等。因此，艺术品投资往往被认为是高风险、高回报的投资方式。然而，通过文交所的交易模式，投资者可以将风险分散，因为他们只需购买艺术品的部分份额，而不是整个作品。艺术品的份额化交易流程通常是这样的：首先，艺术品会被专业机构进行评估，确定其市场价值。其次，这个价值会被分割成若干份额，每份代表艺术品的一部分所有权。投资者可以根据自己的风险承受能力和投资目标，选择购买适量的份额。这种交易方式不仅降低了艺术品的投资门槛，也使更多的人有机会参与到艺术品市场中来。

四、市场风起云涌

2011 年 3 月 17 日，天津文交所第二批上市交易的 8 个交易品种在连续 5 个交易日内全部涨停，涨幅达到 377%，其中引人注目的两件艺术品的涨幅高达 1700%，其市值远远超出了预期。这种异常现象引发了监管部门的关注，导致部分交易品种被暂停交易。一位金融工程量化投资分析师推测，这种异常涨势可能源于供需失衡，供给较少而需求旺盛。此外，部分投资者可能被这些艺术品的财富效应所吸引，导致热钱的涌入。由于艺术品的创作过程需要艺术家的独特才华和创造力，每件艺术品都是独一无二的，随着时间的推移，艺术品的数量会逐渐减少，稀缺性也会进一步增加，从而推动了其市场价值的提升。此外，艺术品还承载着特定的文化和历史背景，具有独特的艺术风格和表现形式，使其成为收藏家和投资者追逐的对象。

然而，与股市不同，艺术品市场缺乏实质性的分析数据，投资决策更多地依赖主观判断和市场炒作。管理层试图通过暂停交易和增加供给来控制市场的过热，但这也引发了投资者的担忧和不满。有人担心，过度扩张可能会吸引股市资金流入文交所，但也有人认为，艺术品市场与股市有着本质上的差异，不同类型的投资资金并不会轻易转移。

五、争议

我国首创的艺术品金融投资模式自诞生以来，一直受到社会各界的广泛关注与深入讨论。支持者认为，在民间资本活跃、艺术品投资需求强烈的背景下，份额化交易的推出极大地丰富了艺术品的投资方式，并创新性地打破了艺术品投资市场长期以来竞买无竞卖的局面，具有深远的意义。然而，也有观点认为，该模式缺乏稳固的投资基础，其类证券化的交易方式未建立有效的退出机制，使投资者可能陷入充满风险的"击鼓传花"游戏。实际情况似乎验证了后者的担忧，份额化交易在初期高涨后迅速遭遇暴跌。

伴随而来的种种问题和潜在风险在媒体曝光后，天津文交所的异常交易现象引发了市场的热议和监管层的干预，同时也引发了对艺术品市场投资价值和运作机制的思考和质疑。具体而言，他们疑惑为何天津文交所这一重要的文化交易平台，其控股权会掌握在民营房地产企业手中。同时，他们也不解为何文交所既是交易规则的制定者，又是交易活动的参与者，这种双重身份是否存在潜在的利益冲突。此外，他们还关注到文交所短期内连续修改交易规则，调整开户制度，这一行为是否合理，是否充分考虑了市场参与者的利益和市场的稳定性。这些质疑反映出对天津文交所运营透明度和公正性的高度关注。

（一）争议一：规则谁来制定？如何制定？

天津文交所设定了明确的申购规则，第一批、第二批均采用了非定额申购模式：任何参与申购的单一艺术品份额账户，其申购数量必须达到或超过1000份，并以1000份为增量单位，但不得超过该艺术品发售总量的5‰。但第三批产品则采取了定额申购策略，且不同产品的定额申购数量存在差异。理论上，非定额申购模式更契合自由的份额化交易特性。那么，天津文交所为何会在第三批产品中引入定额申购机制呢？通过简单的数学计算，我们可以揭示其中的原因。以 FCL 挂件为例，该产品的总发售数量为 2500 万份，面向投资者的发售量为 1980 万份，而定额申购数量设定为 10 万份。根据这一设定，成功申购的投资者人数将为 198 人。类似地，其他三款产品的中签人数也均为 198 人。这一结果表明，这一申购策略是经过精心计算的结果。

天津文交所还频繁变更规则。天津文交所采用 T＋0 交易方式，并设定了日涨跌幅度上限为 15%，同时为防止市场过度投机，还设定了 5% 的交易量上限。然而，由于市场投机炒作氛围浓厚，天津文交所不得不频繁调整交易规则以维护市场秩序，最高纪录曾一日之内修改规则高达 20 次。规则的修改主要集中在更改交易周期、下调涨停幅度、对价格异常波动的艺术品实施特殊处理。但调整规则也十分草率。比如在 2011 年 3 月 7 日，天津文交所发布公告称，对非上市首日艺术品的每日价格涨跌幅比例由 15% 调整到 10%，但是却未公布具体执行日期。直到 2011 年 3 月 18 日收盘后，才突然宣布从下周一开盘后正式实施。天津文交所还对连续 6 个交易日达到涨跌幅限制的艺术品实施特殊处理，涨跌幅限制比例调整至 1%。至此，上市艺术品非上市首日涨跌幅限制比例由最初的 15% 降至 10% 后，还可能降为 1%。天津文交所也未明确指出达到月涨跌幅 20% 限制的艺术品将会受到怎样的处理。此外，对于风险保证金制度，艺术品退出交割规定和交易模式也都做了调整，交易所的交易规则如果自行制定，没有第三方参与，则只是一个格式化合同。

天津文交所不仅负责制定游戏规则，还负责收取费用，因此它们在市场上的行为具有很大的自由度。对于投资者而言，他们甚至不清楚监管部门是谁，更不用说了解监督举报电话了。相比之下，上交所和深交所的上市公司不仅要受到交易所的监管，还要受到证监会的监督。同时，交易所本身也受到证监会的监管，以确保其公正性和透明度。值得注意的是，这些交易所不会向普通投资者收取佣金。天津文交所的交易规则和发行说明书相对简单，信息披露的透明度不足。发行说明书没有明确限制原始份额流通的问题，这使投资者在交易过程中面临较大的不确定性。由于流通份额与全部份额数量在交易软件上显示一致，投资者很难判断原始份额的流通是否受到限制。在这种情况下，投资者可能会因为缺乏准确的信息而做出错误的投资决策，从而遭受经济损失。

此外，天津文交所股东资质标准不明，股东责任和义务不清，这也是影响市场透明度的一个重要因素。股东作为交易所的重要利益相关者，其资质和行为直接影响着交易所的运营和市场的发展。此外，承销商身份界限不明也备受争议。H文化艺术品投资有限公司作为艺术品交易的承销商，其身份和资历引起了市场的质疑。该公司的详细介绍和联系方式并未在发行说明书中找到，信息的不透明让市场对其资格产生疑虑。最后便是缺乏代表公众利益的独立第三方监管等。天津文交所合作的鉴定评估机构在公信力和专业学术方面存在不足，未能达到权威认定的标准。

艺术品份额的证券化过程缺乏严谨的学术工作支撑，这种做法显得轻率而不负责任。从金融行业的角度看，上市公司的股票价值必须建立在坚实的业绩基础之上，而书画等艺术品的价值判断则不能简单地以这些因素为依据。艺术品份额可以随意分拆上市，将严重扰乱金融市场秩序，甚至可能导致任何物品都被用作投机炒作的工具，金融稳定将受到极大威胁。

（二）争议二：艺术品如何定价？

艺术品交易所上市的艺术品估值方式存在疑问，缺乏权威机构的准确评估，而是依赖原持有者与代理发行商的协商确定发行总金额。这引发了投资者对艺术品真实价值的质疑。上市公司的股票价值取决于其业绩和利润，而书画等艺术品的价值则主要取决于书画家的知名度、在艺术界的地位以及作品的艺术水平等因素。然而，这些因素缺乏明确的标准，使定价变得异常困难。

天津文交所推出的首批份额化产品 P 画和 Q 画，其发行总价分别为 600万元和 500 万元。这个价格是否适当？有研究者将发行价与该作者的作品的市场价格进行对比，在份额化交易前该作者的作品成交价最低时每平方尺不足 200 元。而以其发行价来计算每平方尺接近 6 万元。P 画和 Q 画的发行单价明显高于当前的拍卖市场价格。造成这种价格差异的原因除了附加费用（如托管费、保险费、上市费、市场推广费等）带来的成本增加外，也不能排除有关方面（如文交所、代理商、原作持有人和鉴定评估机构）可能存在的价格操纵行为。如此高的发行溢价，即便投资者以申购价买入，也是高风险投资。

此外，天津文交所推出的艺术品品种过于单一，8 幅作品均出自同一画家之手，这也导致了投资者产生交易所可能包装炒作该画家并寻求垄断性收入的担忧。根据 2011 年 2 月 24 日的收盘价计算，P 画和 Q 画的总市值已分别高达 3240 万元和 2500 万元。然而，在同一时期，市场上仅需 3000 万元便可购买到齐白石、徐悲鸿或黄宾虹等顶尖画家的作品。这种远超实际价值的价格是在市场急涨急跌的氛围中形成的。

资本市场从业人员指出，艺术品交易市场存在过强的可操作性。由于流通盘小、总市值不高，少量的资金便足以控制市场走势，这也是导致市场出现"不涨停就跌停"现象的重要原因。以 P 画为例，其总份额仅为 600 万份，最新市值 3240 万元，与股票市场中动辄上亿股的流通盘相比显得微不足道；其单日成交额最高不超过 1863 万元，最低仅为 33 万元。

（三）争议三：泡沫的诱惑

艺术品证券化交易的投机性已经引发了市场的广泛担忧。艺术品的定价已经严重偏离了其实际价值，交易过程逐渐演变成为一场资金的较量，而非基于理性的投资决策。行业专家指出，尽管这种投机行为可能带来短期的暴利，但同时也伴随着巨大的暴跌风险。随着投机资金的涌入，艺术品的定价越来越偏离其实际价值。

以天津文交所上市的 P 画和 Q 画为例，这两件艺术品在市场顶峰时分别达到了 18.7 元和 18.5 元的价位，据此计算，其市场总值分别高达 1.122 亿元和 9250 万元。这一数字令人震惊，已经远超许多知名艺术大师作品的价格。在这种情况下，投资者参与市场的唯一动机便是预期价格上涨，而非对艺术品的真正欣赏或投资。在投机氛围的影响下，投资者的决策逐渐失去了理性。他们往往盲目追求短期的高收益，而忽视了长期的投资价值。这种非理性的投资决策，不仅加大了市场的风险，也损害了投资者的利益。在投机性交易中，技术分析往往失去了指导意义，因为艺术品的定价已经严重偏离了其实际价值，任何基于历史价格走势的技术分析都可能失效。投资者如果只依赖技术分析来做出决策，很可能会陷入误区。但是，任何标的物，一旦其价格远远超出其实际价值，最终都将面临泡沫破裂的命运。P 画和 Q 画的暴跌就是典型的例子。当市场热情冷却下来后，这些被投机资金推高的艺术品价格必将回归理性。这时，投资者可能会面临巨大的损失。

实际上，巨大的泡沫风险是否存在，与天津文交所是否为民营企业或股东是否为房地产商并无直接关联。真正相关的是艺术品份额交易本身的游戏规则，它带来了丰厚的利益。受到对这种产品缺乏了解以及追求盈利心理的驱使，投资者盲目跟随市场行情推动交易，这种现象并不健康，极有可能在短期内引发市场的大崩盘。

六、"后份额化时代"文交所何去何从

自《国务院关于清理整顿各类交易场所切实防范金融风险的决定》颁布后，大部分文交所纷纷采取回购措施，以解决其份额化产品的后续问题。为应对这一政策调整，2013 年，天津文交所提出了一个替代方案，即利用协议转让的方式开展艺术品或其份额的交易。这一举措并未改变交易的本质，只是为投资者提供了另一种退出路径。然而，由于规定单笔交易必须达到或超过 5 万份的限制，市场对此反应冷淡，鲜有投资者愿意参与。此外，由于当前市场价格远低于投资者的预期购买价位，投资者担心在协议转让中蒙受实际损失，因此该方式并未发挥预期的效用。尽管天津文交所的份额化交易至今仍在继续，但交易量的锐减使市场流动性几乎枯竭，无论对投资者还是对文交所而言，其意义都变得微不足道。天津文交所也已经调整了业务重心，更加侧重于艺术品的展览、直接销售以及产权交易等领域。

目前国家已建立新的文交所运营规范，规定了文交所的设立条件、组织机构等，尽管文化艺术品交易市场在控制之下违规交易减少，但总有一些不法分子利用制度的漏洞和监管的盲区，通过巧妙伪装的手法，将收藏品甚至虚拟商品化身为其他形式进行非法交易。文化艺术品交易所的初衷是为艺术品的买卖提供一个公平、透明、规范的平台。然而，在实际操作中，由于监

管措施不完善和执行力度不足，一些投机者开始钻空子。一些不法分子甚至利用互联网和社交媒体平台，发布虚假信息，制造市场恐慌或炒作热点，以吸引不明真相的投资者跟风购买。如 2014 年后的邮币卡电子盘交易，就是借助网络平台和交易软件，使线下的邮币卡交易市场转换为网上的交易报价、撮合、成交的业务平台。电子盘交易平台的线上运营极大地推动了交易的顺利进行，显著提高了业务规模与业务量。然而，伴随其发展的同时，金融问题和风险也逐步累积并显性化。随着市场的投机氛围日趋浓厚，部分邮币卡在电子交易中的价格已大幅偏离其线下实物市场价值。在缺乏有效监管和风险控制措施的情况下，邮币卡电子盘交易脱轨发展，催动了第二次清理整顿工作。

随着数字技术的发展，文化艺术品交易也有了很多创新。如某公司推出影视衍生品金融化创新模式"电影 + 金融 + 创意艺术品"，即通过平台以影视衍生品为主线，借助金融的力量充分发挥电影周边的价值，深度链接电影 IP 方、衍生品生产商、影迷剧迷以及收藏爱好者。借助前期路演和市场推广，经影视版权方授权，该公司成功挂牌发行了影视衍生品——一款由白银包裹深海玉化碎碟的艺术品，无论从外观设计还是其影视主题寓意都让购买者十分喜爱，提货量超万件。数字资产、股权、大数据、技术、环境、茶叶、酒等都可以成为数字合约的标的物。虚拟货币以及 NFT（non-fungible token，非同质化代币）艺术衍生品交易的发展也为投资者和监管者带来新的挑战。随着技术的快速发展和数字化转型的深入推进，风险控制和合规管理对于保障投资者权益显得尤为重要。

案例使用说明

一、教学目的与用途

1. 适用课程：金融学、金融风险管理、证券投资学、金融法。

2. 适用对象：本科生、研究生、MBA 学员的案例教学，也可供有一定实践经验的工作人员或管理者学习。

3. 教学目的：（1）了解金融创新对艺术品市场的影响和风险挑战。（2）掌握金融风险管理的基本理论和方法。（3）能够识别和评估资产证券化交易中的各种风险，包括市场风险、信用风险、操作风险等。（4）学会制定和实施有效的风险管理策略和控制措施，以降低风险并保护投资者利益。（5）了解艺术品交易所的运作机制和监管要求，以及相关法律法规。能够分析和解决实际案例中的风险管理问题，提出合理的建议和解决方案。

二、启发思考题

以下几个思考题可以预先布置给学生，让学生在阅读案例时进行思考：

1. 艺术品份额化交易与股票交易有何异同？

2. 影响一项资产价格的主要因素有哪些？投资者和监管者如何识别市场的泡沫？

3. 案例中涉及的风险类型有哪些？产生的原因是什么？

三、理论依据及分析

（一）《中华人民共和国证券法》第九条

公开发行证券，必须符合法律、行政法规规定的条件，并依法报经国务院证券监督管理机构或者国务院授权的部门注册。未经依法注册，任何单位和个人不得公开发行证券。证券发行注册制的具体范围、实施步骤，由国务院规定。

有下列情形之一的，为公开发行：（1）向不特定对象发行证券；（2）向特定对象发行证券累计超过二百人，但依法实施员工持股计划的员工人数不计算在内；（3）法律、行政法规规定的其他发行行为。

（二）资产证券化与艺术品证券化

资产证券化是将未来能够产生现金流的基础资产通过打包、增信、分层之后，在二级市场卖给投资者的过程。与普通金融产品（如股票、债券）依托于企业项目不同，证券化产品依托于可产生未来现金流的资产。资产证券化作为一种关键的融资方式，其核心在于利用固定资产作为基础资产，并通过科学开发提升其价值评估与信用等级。通过证券发行或其他形式，实现资产现金流的转化，从而助力企业或个人的融资需求。目前，资产证券化的操作流程已相当规范，对参与者的资质要求也十分严格。

同理，艺术品的证券化亦遵循此逻辑，成为推动流动性较弱资产实现资本增值的重要途径。对比资产证券化的模式与艺术品证券化的模式发现：首先，资产证券化解决了标的物在市场中缺乏流动性这一问题，证券化使标的物流动性提高，是一种融资手段，而艺术品证券化不仅解决了艺术品流动性的问题，还是一种金融创新，它具有发掘艺术品价值的功能，将过去少数人才可以参与的艺术品投资市场发展成人民大众都可以涉足的艺术品交易市场。其次，资产证券化要求标的物需有可预见的现金流，而艺术品这种特殊的资产升值比较慢，难以产生可预见的现金流。

（三）资产证券化风险管理

风险是经济学的基本概念，亚当·斯密等古典经济学家的著作中已经有了风险的基本思想。美国学者海恩斯（Haynes，1895）将风险作为经济要素进行了系统研究，认为风险即损失发生的可能性。他认为，只要某种活动将可能造成有害的结果，该活动即可被看作有风险。芝加哥学派奠基人耐特（Frank Knight）从是否可计算的角度，将风险与不确定性区分开来，认为风险是概率分布已知的随机事件，而不确定性事件的概率分布也未知（Knight，1921）。

资产证券化是将具有稳定现金流的资产（如房地产贷款、汽车贷款、信用卡债务等）转化为可交易的证券，资产证券化作为一种金融手段，具有风险分散和风险转移的重要功能。对于投资者而言，通过资产证券化，可以实现资产的优化配置，有效分散投资风险。对于发起者而言，资产证券化则能够帮助其降低基础资产风险，通过向投资者转移基础资产，将风险分摊给第三方。从整个金融系统的视角来看，资产证券化不仅实现了风险的转移，而且在转移过程中，通过结构化设计、信用增级以及基础资产池的分散组合等操作，提高了产品与投资者之间的风险适配度，有助于降低整个金融系统的风险敞口。

尽管资产证券化具有诸多优势，但仍存在一些不容忽视的问题。第一，资产证券化可能引发监管套利行为，对市场的稳定和健康发展构成潜在威胁。第二，资产证券化本身的监管政策也可能存在不足之处，需要进一步完善和强化。第三，资产证券化还可能引发发行机构的逆向选择和道德风险问题，这些问题可能会对整个金融系统的稳定性产生负面影响。第四，资产证券化还可能增加金融机构间的系统关联性，使风险在不同机构之间传播的可能性增加。第五，资产证券化所具备的信用创造功能也可能会弱化货币政策的政策效果，使宏观调控的难度加大。资产证券化的风险特征主要包括信用风险、流动性风险和市场风险。信用风险指的是债务人无法按时偿还债务的风险；流动性风险指的是市场上买卖资产证券的难度；市场风险指的是市场价格波动对投资者的影响。资产证券化的效应是将资产转化为流动性更高的证券，提高了投资者的选择和市场效率。

艺术品证券化是将艺术品的所有权转化为可交易的证券。与资产证券化相同的是，艺术品证券化也具有风险分散和风险转移的重要功能，也同样面临风险积聚效应。艺术品证券化的风险特征主要包括市场风险、信息不对称和估值风险。市场风险指的是艺术品市场价格波动对投资者的影响；信息不对称指的是投资者难以获取准确的艺术品信息和市场数据；估值风险指的是艺术品价值评估的主观性和不确定性。艺术品证券化的效应是将艺术品的所有权分散给多个投资者，提高了艺术品市场的流动性和参与度。两者主要的不同点，在于资产证券化更注重信用风险和流动性风险，而艺术品证券化更注重市场风险和信息不对称。此外，艺术品证券化还面临估值风险，因为艺术品的价值评估更加主观和不确定。